Ich bedanke mich bei meinen Lesern, die mich mit interessanten Informationen versorgt haben, bei denen, die im Internet Ihre Erfahrungen und Beobachtungen verbreiten, und bei allen, die für den Fortschritt des Lebens arbeiten.

Haftungsausschluß: Auch wenn ich mich mit medizinischen Themen befasse, kann ich keine Verantwortung für eine aus diesem Buch resultierende Behandlung übernehmen.

Ich hoffe, daß keiner meiner Leser aus Teilen meiner Bücher einen Aufruf zu Haß oder Gewalt ableitet. Diese Informationen sollen dem Verständnis der Vorgänge auf unserer Welt dienen und nicht der Zuweisung von Schuld.

Die Deutsche Bibliothek - CIP-Einheitsaufnahme

Conrad, Jo

Ursprünge: Über die Vielfalt des Lebens, die Ordnung und den Grund unseres Hierseins. /Jo Conrad - Worpswede, Bignose Media, 2000

ISBN: 3-933718-01-5

Gesamtgestaltung und Satz: Jo Conrad

Bignose Media, Osterweder Straße 2a, 27726 Worpswede

Fax: 04792-3537

www.joconrad.de

info@joconrad.de

1. Auflage Nov. 2000

JO CONRAD

Ursprünge

Über die Vielfalt des Lebens, die Ordnung und den Grund unseres Hierseins

Ob ich mir denn anmaße, mehr zu wissen als die anderen Leute? Ich nicht, aber die Quellen, welche die anderen Leute nicht benutzt haben.

Franz Josef Mone

Denkt so, als ob jeder eurer Gedanken in Feuerschrift am
Firmament eingeätzt würde, damit alle Wesen und
jedes Ding sie sehen können.
Denn so ist es in Wahrheit.

Sprecht so, als ob die ganze Welt nur ein einziges Ohr wäre,
das hören wollte, was ihr sagt.
Und so ist es in Wahrheit.

Handelt so, als ob jede Tat auf euch zurückfallen sollte.
Und so geschieht es in Wahrheit.

Verlangt so, als ob ihr selbst das Verlangen wäret.
Und das seid ihr in Wahrheit.

Lebt so, als ob Gott selbst euch nötig hätte,
um sein Leben zu leben.
Und das hat er in Wahrheit.

Aus "Das Buch Mirdad" von Mikhail Naimy

Willst Du Dein Land verändern, verändere Deine Stadt.
Willst Du Deine Stadt verändern, verändere Dein Haus.
Willst Du Dein Haus verändern, verändere Dich selbst.

arabisches Sprichwort

Inhalt

Vorwort

Ihr Verstand wird sich gegen vieles sträuben, was Sie in diesem Buch lesen werden. Sie werden „Quatsch" und „Blödsinn" denken und sich fragen, ob ich solche Dinge nur schreibe, um meine Bücher besser zu verkaufen. Ich hoffe, daß Sie nicht nur Ihren Verstand zu Rate ziehen, sondern auch eine gute Intuition haben, daß Ihr Herz für Sie eine Rolle spielt, zu spüren, ob etwas wahr ist oder nicht.

Auch ich kann keineswegs garantieren, daß alle Informationen, die ich bekommen habe, wahr sind. Jedoch habe ich bei allem, über das ich geschrieben habe, die Überzeugung, daß die Menschen es wissen oder zumindest einmal darüber nachdenken sollten. Vielleicht lesen Sie das Buch erst mal als Science-fiction.

Ich bewege mich nicht auf wissenschaftlich gesichertem Boden. Und das meiste ist kaum zu beweisen. Selbst wenn ich jetzt in diesem Augenblick ein UFO aus meinem Fenster sehen würde, wäre es sogar schwer oder unmöglich, Ihnen das zu beweisen,. Ich hätte zwar meine Wahrnehmung, aber wie sollte ich sie Ihnen vermitteln? Ein Foto machen? Dann wäre möglicherweise nur ein kleiner Lichtpunkt drauf. Und die eine Hälfte meiner Leser würde es als Fälschung abtun, die andere einfach alles glauben.

Also, stellen Sie einfach mal fest, was Ihnen Ihr Herz sagt, ob Sie mich für einen profitgierigen Schreiberling halten, dem es egal ist, womit er seinen Lesern das Geld aus der Tasche zieht, oder ob Sie spüren, daß es mein aufrichtiger Wunsch ist, daß Sie diese Dinge erfahren. Ich habe kaum Quellenangaben, wie es bei wissenschaftlicher Arbeit üblich wäre. Ich schreibe über die Dinge, über die ich Bestätigung von Leuten habe, die ich ernst nehme und für aufrichtig halte. Leider kann ich diese Personen nicht als Quelle angeben. Ich hoffe also, daß Sie mir ein bißchen Vertrauen entgegenbringen, daß ich Ihnen keine wild erfundenen Geschichten unterjubeln will, sondern an der Vielfalt des Lebens mit allen seinen spannenden und teilweise unglaublichen Facetten teilhaben lassen will.

Ich hoffe, daß Sie nach der Lektüre meiner Bücher ungefähr erfassen können, wie wundervoll das Leben ist, wenn man sich von den Jahrtausendealten Manipulationen befreien kann.

Alles, was Sie wissen müssen

Wie fängt man ein neues Buch an, wenn man schon zwei geschrieben hat? Die einen, die meine anderen Bücher kennen, haben eine völlig andere Basis als diejenigen, die sie nicht kennen. Für die einen müßte man die grundlegenden Dinge neu erklären, die anderen würden sich über die Wiederholungen beschweren. Also sollte ich zunächst vielleicht einmal einen Überblick über die wichtigsten Dinge schaffen. Schließlich geht es um den Sinn des Lebens und darum, warum es so schwer ist, ihn zu erkennen. Und ich möchte betonen, daß ich keineswegs die Wahrheit habe, sondern daß ich Ihnen darlegen möchte, warum ich bestimmte Dinge glaube und wie ich dazu gekommen bin. Sie sollten grundsätzlich gar nichts glauben, sondern erst mal zweifeln. Gerade an den Dingen, die Ihnen tagtäglich von den Massenmedien vorgesetzt werden oder die Sie für gute Schulbildung halten, sollten Sie zweifeln, da es viele Interessengruppen und Leute auf diesem Planeten gibt, die meinen, sie müßten die Menschen kontrollieren oder ihnen etwas verkaufen, sogar am besten das, was sie denken, da die Massen ihrer Meinung nach offenbar grundsätzlich zu dämlich sind, die einfachsten Dinge zu begreifen. Es gibt keine einfachen Erklärungsmuster dafür, wer Sie in welchem Bereich versucht zu manipulieren, dennoch will ich Sie anregen, über das, was Sie zu wissen glauben, nachzudenken und irgendwann vom Glauben zum Wissen zu gelangen.

Wissen bekommt man erst durch eigene Erfahrung. Glauben gehört in die Kirche. Ich möchte, daß Sie den Wust religiöser Dogmen abwerfen und, nach einem Verstehen des sinnvollen Konzepts des Universums, zu innerem Wissen gelangen. Bereit?

Ich sehe, daß es eine hohe Ordnung im Universum gibt. Ordnung entsteht nicht von selber, sie wird gemacht. Die Vorstellung vom Urknall setzt voraus, daß man eine Ordnung sieht und sie dem Chaos zuschreibt. Wenn es für Sie eine befriedigende Vorstellung ist, daß das Universum durch diesen „Big Bang" entstanden ist, daß sich von selber aus dieser Explosion runde Himmelskörper gebildet haben, die sich dann „zufällig" so angeordnet haben, daß die Himmelskörper, die Hitze und Licht ausstrahlen, zum Mittelpunkt für andere Himmelskörper wurden, die nun um die leuchtenden Himmelskörper herum kreisen, dann muß ich Ihnen sagen, daß ich diese Erklärung nicht für befriedigend halte.

Ich habe vielfach mit solchen Menschen diskutiert, die meinen, daß das nun mal so ist und daß die Naturgesetze so sind, daß die Dinge sich einfach so ordnen. Ich frage sie dann immer, woher dann die Naturgesetze kommen, warum die Himmelskörper, die aus dieser Explosion herausgeschleudert wurden, rund sind und in geordneten Bahnen umeinander kreisen. Warum sie nicht gegeneinander stoßen.

Ich fühle mich dann ein wenig an den „Kleinen Prinzen" erinnert, der den Erwachsenen seine Zeichnung von einer Schlange, die einen Elefanten gefressen hat, zeigt und alle einfach nur sagen: „Das ist ein Hut". Manche „Erwachsene" glauben die merkwürdigsten Dinge, und es hat manchmal einfach wenig Zweck, sich mit ihnen zu unterhalten.

Na, ich bin doch auch erwachsen, und Sie vielleicht auch. Und dennoch frage ich: „Warum?" und kann mich mit der einfachen Erklärung, „das ist nun mal so", einfach nicht anfreunden.

Aber anfreunden konnte ich mich auch nie so recht mit dem Gott, von dem die Erwachsenen erzählten. Einige glauben eben daran, andere eher nicht, aber ihre Antworten sind doch immer so unbefriedigend wie: „Das ist ein Hut!"

Diejenigen, die in den geordneten Bahnen der Planeten um die Sonnen und überhaupt im Universum und dem ganzen Rest nicht ein zufälliges Geschehen sehen, sondern an einen ordnenden Geist dahinter glauben, enttäuschen einen dann gleich mit den einfältigsten Vorstellungen von diesem Geist. Er sei den Menschen vor Tausenden von Jahren erschienen, habe ein Volk durch die Wirrnisse der Geschichte geführt und sei sogar Autor eines Buches, der Bibel, die sie zu lesen anempfehlen.

Das soll Gottes Werk sein? Gewalt und Verbrechen? Naja gut, auch Nächstenliebe und Vergebung im zweiten Teil. Aber seien wir doch mal ehrlich: ist das nicht ebenso verwirrend wie die Frage „Warum sollen wir vor einem Hut Angst haben?" des kleinen Prinzen?

Welche Teile sind Gottes Wort und welche nicht? Hat er keine Zeit zum Redigieren gehabt oder hatte seine Textverarbeitung einen Computervirus? Ich denke, wenn Gott ein Buch geschrieben oder Menschen die Worte eingegeben hätte, wäre es ein Buch, das sich in seiner Klarheit und Schönheit jedem erschließen würde, und es wäre für jedermann ganz offensichtlich, daß dieses Buch nur Gott geschrieben haben konnte.

Wie der kleine Prinz machte ich mich also auf die Suche nach Antworten, befragte verschiedene merkwürdige Leute an den unterschiedlichsten Orten über mein Bild von der Schlange, die einen Elefanten gefressen hatte und bekam die unterschiedlichsten Antworten, die mehr oder weniger befriedigend waren.

Naja, ich wollte Ihnen ja eine Zusammenfassung der Erkenntnisse meiner ersten beiden Bücher geben, die die einen nicht langweilt und die anderen nicht ratlos zurück läßt. Hier also meine Gottesvorstellung:

Alles was ist, ist kein Zufall. Alles-was-ist, ist Gott. Es gibt nichts außerhalb von Gott. Alles-was-ist war vielleicht irgendwann mal ganz klein. Genaugenommen gab es keinen Raum und keine Ausdehnung und keinen Zollstock, um seine Größe zu messen. Es gab auch keine Zeit, daher ist es auch schwierig zu sagen, wann das war. Jedenfalls war Alles-was-ist bewußt. Es war nicht einfach tot, da es überhaupt nichts Totes gab und auch heute noch nicht gibt. Es gab eine Singularität mit weder räumlicher noch zeitlicher Ausdehnung, das nicht mal kleine graue Zellen zum Nachdenken hatte, was es aber nicht daran hinderte, nachzudenken. Und es fühlte sich irgendwann langweilig und einsam. Vielleicht kennen Sie das Gefühl. Es suchte jemanden, mit dem es sich austauschen konnte. Aber es war ja nichts anderes da, denn es war ja Alles-was-ist, bzw. war. Die beste Idee, die es irgendwann hatte, war, sich zu teilen. Alles-was-ist bestand nun aus zwei Teilen von sich selber, und der eine Teil konnte sich mit dem anderen Teil unterhalten. Es gab unendliche Freude und ganz neue Möglichkeiten. Das Sein war wieder spannend und faszinierend.

Ach ja, ich wollte es ja kurz machen. Also, Alles-was-ist teilte sich immer öfter, da es immer mehr Möglichkeiten und Vielfalt gab, je mehr Teile miteinander agieren und spielen konnten. Alles war noch rein geistig, aber später wurde auch experimentiert, aus den Teilchen von Alles-was-ist festere Gebilde zu erzeugen. Jedes Teilchen, das seine Aufmerksamkeit auf etwas richtet, schickt quasi Teilchen, oder besser Quanten, der Aufmerksamkeit. Das ist Energie, die zu etwas verwendet werden kann. Auch heute fühlen sich die meisten Menschen – und auch die Tiere, Pflanzen und Gegenstände - wohl, wenn man seine Aufmerksamkeit auf sie richtet. Das „gibt" einem irgendwas. Energie oder was auch immer.

Die Vielfalt von Allem-was-ist, das sich myriadenfach geteilt hatte, ist unendlich, und es findet, daß die neuen Erfahrungen, die es immer wieder mit sich selber machen kann, unglaublich toll. Das Tolle ist, daß auch Sie ein Teil von Allem-was-ist sind, und daß es überhaupt nichts außerhalb von Allem-was-ist gibt. Das Problem ist nur, daß ein Teil der neuen Erfahrungen, die Teile von Alles-was-ist sammeln will, auch darin besteht, wie es ist, wenn man sich nicht mehr daran erinnert, daß man ein Teil von Allem-was-ist ist. Und genau das sind Sie und ich, und Ihr Nachbar und Ihre Katze und Ihr Baum. Nunja, sie alle machen vielleicht unterschiedliche Erfahrungen. Ganz sicher macht Ihre Begonie am Balkon andere Erfahrungen als Ihre Großmutter. Wie, die ist tot? Tut mir leid. Aber das güldet nicht. Es gibt kein „tot" in Alles-was-ist. Denn wenn wir nicht gerade inkarniert sind, dann erinnern wir uns gewöhnlich daran, daß wir ein Teil von Allem-was-ist sind, und dann finden wir die Dinge, die mit unseren körperlichen Hüllen geschehen, eher nebensächlich. Klar, traumatische Erlebnisse, die ein Körper macht, wirken sich belastend auf Alles-was-ist aus. Aber nicht nur Ihre Seele, Ihr höheres Ich, oder wie immer sie es bezeichnen wollen, ist Teil von Allem-was-ist. Alles, was Sie vielleicht als tot bezeichnen, besteht aus den kleinsten Teilchen, die Teile von Allem-was-ist sind. Nicht alles hat den gleichen Bewußtseinszustand. Ein Baum macht sicher ganz andere Erfahrungen als Sie, und ein Stein sicherlich noch andere. Aber es gibt nichts außerhalb von Allem-was-ist.

Geschnallt? (Mir fällt die Werbung an den Autobahnen fürs Anschnallen ein.) Das ist ein witziger Gedanke. Witzige Gedanken liebe ich. Und genau das ist es, was Gott oder Alles-was-ist, ursprünglich vorhatte; Damals, als es noch keinen Raum und keine Zeit gab, hätte nicht einmal Gott über „Geschnallt" lachen können. Jetzt, wo wir ein Teil von Alles-was-ist sind, haben wir sehr viel mehr Möglichkeiten. Die Vielfalt des Lebens innerhalb von Alles-was-ist hat dazu geführt, daß wir jetzt jeden Tag neue, witzige oder erhebende Gedanken haben können und uns daran freuen. Natürlich können wir uns auch den ganzen Tag grämen. Aber verstehen Sie? Gott sammelt neue Erfahrungen. Das hat er sich vorgenommen. Und obwohl wir Gott als allwissend und als Schöpfer ansehen, sind wir ein Teil dieses Schöpfungsprozesses. Wir haben es nur vergessen und schlagen uns deswegen mit so unerfreulichen Dingen wie Steuererklärungen oder Computerbetriebssystemen rum. Aber am Anfang war es öd und leer. Gott hatte wahrscheinlich nicht den blassesten Schimmer, daß es dereinst Computer geben würde, die immer gerade dann abstürzen, wenn man einmal einen guten Gedanken hat oder voller Elan bei der Arbeit ist. Sie können sich nicht vorstellen, daß Gott so dumm ist? Gott ist nicht dumm. Sie sind ein Teil von Gott. Und alles, was Sie sich denken können, ist ein Teil dessen, was Gott „denkt".

Natürlich ist es dabei äußerst betrüblich, festzustellen, daß ganz viele unserer Erfahrungen überhaupt nicht neu sind, und im Gegenteil, Millionen, wenn nicht Milliarden Menschen sich ständig auf der Erde vor die Glotze hängen, und sich Erfahrungen „reinzuziehen", die andere gemacht haben, oder die noch nicht mal echte Erfahrungen sind, aber millionenfach in den Teilen von Gott wiedergekäut werden.

Wie, das kommt Ihnen erbärmlich vor? Ja, mir auch. Trotzdem nehme auch ich immer wieder an dieser Massenerfahrung teil. Denn es gibt viele langweilige und etliche spannende Momente im Leben. Und auch für einen Stein sind die meisten Erfahrungen, die er in Millionen von Jahren macht, nicht immer aufregend. Aber Zeit spielt keine so große Rolle. Alles-was-ist hat die lineare Zeit für uns nur erfunden. Es gibt nicht ständig neue Erfahrungen, aber die Vielfalt der Möglichkeiten, die Milliarden bewußte Lebewesen allein auf diesem Planeten sammeln können, ist doch ziemlich bemerkenswert, oder nicht? Und machen Sie nicht manchmal sehr aufregende Erfahrungen? Z.B. dieses Buch zu lesen? Klopft Ihr Herz schneller, sind Sie aufgeregt, weil Ihnen ein paar Sachen dämmern? Weil Sie´s vielleicht „geschnallt" haben? Ist das eine spannende Erfahrung? Ich hoffe doch. Ich weiß nicht, ob Sie das Buch umtauschen können, wenn es Sie langweilt. Für Gurus oder aufgestiegene Meister gibt es vielleicht Sonderkonditionen.

Im Grunde ist alles, was ich Ihnen hier niedergeschrieben habe, überhaupt nicht neu. Es ist nur immer wieder faszinierend, mitzukriegen, wenn die Erwachsenen sagen: „Das ist ein Hut!" und man ihnen eine zweite Zeichnung machen muß, damit sie verstehen, daß es alles andere als ein (alter) Hut ist.

Wenn ich Sie langweile, blättern Sie einfach weiter. Es kommen noch Interviews mit reptiloiden Wesen, die auf der Erde leben und eine ganz andere Geschichte zumindest der Entwicklung der Erde drauf haben. Es ist okay, wenn Sie das mehr interessiert.

In meinem zweiten Buch „Zusammenhänge“ habe ich noch etwas ausführlicher niedergeschrieben, wie ich mir Alles-was-ist vorstelle, wie es zu dem „Fall“ gekommen ist, was das Böse ist und warum wir von all dem nichts wissen. Kurz gesagt: auch das Böse ist Teil unserer Freiheit, die wir als Teil von Allem-was-ist bekommen haben, um neue Erfahrungen zu machen. Dazu gehört auch, daß wir andere davon abhalten können, sich daran zu erinnern, daß sie Teil von Gott sind, um zu sehen, was es mit uns macht, wenn wir die Energie, die für alle da ist, an uns heranziehen und nicht mehr ausgeben. Wenn wir alles aufsaugen, wenn wir es genießen, andere leiden zu sehen, wenn wir uns gegen die Gesetze, die in Allem-was-ist vorherrschen, auflehnen und meinen, wir könnten die Dinge besser regeln.

Wir bekommen einfach die Konsequenzen dessen, was wir tun, irgendwie selber zu spüren, da wir ja Teil von Allem-was-ist sind und alles zu uns zurückkommt. Und so lernen wir hoffentlich irgendwann aus eigener – vielleicht neuer – aber eben aus unserer individuellen Erfahrung, daß es viel mehr Spaß macht, wenn sich alle daran erinnern, daß sie Teil von Alles-was-ist sind. Aber wer weiß, viele Erfahrungen, die wir gemacht haben, weil wir uns mit scheinbar negativen Dingen rumgeschlagen haben, waren vielleicht auch nötig, um die Vielfalt des Lebens zu erhöhen, was ja ursprünglich die Idee von Alles-was-ist war. Hätten sich alle daran erinnert, daß sie Teil von Gott sind - wer weiß, es wäre vielleicht recht langweilig.

Sie sind jetzt sauer, weil ich Ihnen weismachen will, daß unsere Welt, in der so Vieles im Argen liegt, eigentlich ganz in Ordnung ist, weil das alles zu den Erfahrungen Gottes gehört? Ja, das will ich Ihnen weismachen. Aber nicht in der Hoffnung, daß Sie jetzt alles so hinnehmen, wie es ist, sondern daß Sie erkennen, welches Potential darin steckt. Wenn Sie sich bewußt werden, daß Sie ein gleichberechtigtes Teilchen von Gott sind, was können Sie dann nicht alles machen?

Wie, Sie können nicht einfach aus Ihrer Haut? Sie haben Schulden, müssen arbeiten, und es ist alles andere als göttlich? Tja, das Leben ist hier nicht gerade einfach. Aber Sie haben sich selber mal in diese Lage hinein manövriert. Sie wollten diese Erfahrungen unbedingt machen. Sie wollten am Strand in der Sonne liegen, einen Körper mit erregenden Funktionen haben, den Geschmack von Limonade spüren, die Freuden der Liebe und der Sexualität, all das, was Engel nicht tun können. Sie müssen als Individuum, als individuelles Teil von Gott erst wieder die Dinge lernen, die Sie vergessen haben. Sie können Ihren Körper nicht so einfach verlassen, weil Sie noch ein paar Aspekte lernen müssen. Es reicht eben nicht aus, sich zu erinnern, daß man Teil von Gott ist. Man muß auch die Energien wieder ausgleichen, die man mißbraucht hat, die Fehler wieder ausbügeln. Sie sind sicher auf dem besten Wege, sonst würden Sie dieses Buch kaum lesen. Und vielleicht konnte dieses Kapitel ein bißchen helfen, daß Ihr Weg etwas schneller wieder zurück in die Einheit geht... („Ich will zu meiner Einheit...“).

Sie haben sicherlich einiges verbockt, wenn nicht in diesem Leben, dann in denen davor. Seien Sie sicher: Sie haben ganz klar einige Dinge gemacht, die gar nicht schön waren, sonst wären Sie jetzt nicht hier. Aber es kann Ihnen eine ganze Menge vergeben werden, besonders wenn Sie fortan etwas anders mit dem Leben umgehen. Nämlich erkennen, daß alles Teil von Gott ist, der/die neue Erfahrungen sammeln will. Hören Sie also auf, zu urteilen über andere, die es noch nicht „geschnallt“ haben und Ihrer Meinung nach ganz behämmerte Dinge tun. Das alles ist Teil des Spiels. Vielleicht tragen Sie fortan auch dazu bei, daß sich die Menschen daran erinnern, daß Sie Teil von Gott sind. Nicht als Missionar für irgend eine Kirche. Denn das Schöne ist, Gott ist nicht da oben, sondern hier. Jetzt bei Ihnen zu Hause, wo Sie dieses Buch lesen. Er ist überall. In Ihrem Partner, Ihrem Hund, Ihrem Goldfisch, Ihren Geranien, sogar in Ihrem Mercedes. Wie, Sie fahren keinen? Auch gut, ich auch nicht. Gott ist mit Sicherheit auch in Ihrem alten, japanischen Reiskocher, oder was auch immer für ein Gerät Sie zu fahren belieben. Vielleicht behandeln Sie es auch mal so. Vielleicht treten Sie Ihr Auto nicht mehr, wenn es muckt, und vielleicht überlegen Sie mal, was für Bedürfnisse es hat.

Seien Sie sicher, alles besteht aus kleinsten Teilchen von Allem-was-ist, die bis zu einem gewissen Grade bewußt sind. Alles reagiert auf Ihre Gedanken. Denn alles ist Teil von Gott! Und alles „flutscht“ besser, wenn Sie miteinander arbeiten als gegeneinander - auch mit den Dingen, die Sie für tot halten.

Ich behaupte keineswegs, Gott zu verstehen, indem ich eine solche Beschreibung seiner „Karriere“ abliefere. Im Gegenteil, die Bewunderung und die Demut vor der phantastischen Schöpfung wird immer größer, je mehr man den Ballast sich widersprechender religiöser Vorstellungen von einem eifersüchtigen Gott ablegt. Worum es geht, ist aufzuzeigen, daß wir an diesem Schöpfungsprozeß beteiligt sind. Wenn wir uns diesen Planeten ansehen, das wunderbare Zusammenspiel der Natur, die Schönheit des Lebens, dann ist das nur das eine, was unseren Planeten ausmacht. Ein ebenso bewundernswürdiges Merkmal dieses Planeten ist auch das, was die Menschen geschaffen haben. Ohne das wäre dieser Planet zwar voller blühender Natur und phantastischer Landschaften, aber ohne Kultur, ohne Architektur, ohne Musik, ohne Liebesgeschichten, sicherlich auch ohne eine Menge Dreck und Zerstörung. Aber das Universum wächst - durch die Schöpfungen von Allem-was-ist und die Schöpfungen der Menschen.

Das Schöne an dieser Gottesvorstellung ist, daß sie völlig mit Gottes Vorstellung von Gottesvorstellungen übereinstimmt. Hm. Sagen wir so, es ist schön, daß ich Bestätigung für das, was ich geschrieben habe, in Gottes Wort gefunden habe. Denn es steht u.a. geschrieben:

Ihr müßt Euch nur an das erinnern, was Ihr bereits wißt, und danach handeln. (...)

Alles-was-ist wußte, daß es alles war, was da war – aber das war nicht genug, weil es seine vollendete Großartigkeit nur begrifflich, aber nicht erfahrungsmäßig erkennen konnte.

Der Schöpfer hat nur eine Möglichkeit, sich in der Erfahrung als Schöpfer zu erkennen: Er muß erschaffen. Und so gab ich all den zahllosen Teilen meiner selbst die gleiche Macht zu erschaffen, die ich als Ganzes besitze. (...)

Als ich Euch erschuf, war es mein Ziel, mich selbst als Gott kennenzulernen.

Diese Texte stammen nicht etwa aus der Bibel, wenn Sie meinen, daß das Gottes Wort wäre. Nein. Während eines Vortrags, in dem ich über Alles-was-ist sprach, fragte mich einer der Zuhörer, warum ich nicht sagen würde, daß meine Vorstellung aus dem Buch „Gespräche mit Gott“ stammten. Nun, ich kam erst sehr viel später dazu, in diesen drei wundervollen Büchern zu lesen. Ich kann sie Ihnen nur wärmstens ans Herz legen.

Der Sinn des Lebens besteht also darin, zu leben und sich daran zu erinnern, daß man Gott ist - oder wenn Ihnen das zu viel ist, eben ein Teil von Gott.

Im übrigen gibt es natürlich auch Leben anderswo im Universum. Genaugenommen überall. Und manche besuchen uns. Denn das Leben ist der Grund für die Erschaffung des Universums. Es gibt garantiert Wesen, die weiter entwickelt sind als wir. Aber das Potential, das uns das Leben auf diesem Planeten bietet, ist unerschöpflich. Wenn wir eine bessere Welt denken können, kann es sie auch geben. Aus dem Widerstreit der Kräfte, die Trennung schaffen, und derjenigen, die Einheit schaffen, entsteht ständig neue Erfahrung. Und wir sind ein Teil dieses Schöpfungsplanes.

Ich hoffe nun, daß sich bis jetzt niemand gelangweilt hat, auch wenn er meine anderen Bücher schon kennt. Aber auch in den Kapiteln, die sich mit finsteren Dingen auf der Erde befassen, ist es wichtig, daß Sie ein gutes Verhältnis zu Gott haben, damit Sie keine Angst bekommen.

Was bin ich?

Unser Leben wir immer komplizierter, nicht wahr? Durchaus, aber so geht es auch Allem-was-ist. Nicht daß Alles-was-ist mit unserem Leben vergleichbar ist. Aber wir müssen verstehen, daß Alles-was-ist sich immer neuere Ebenen der Erfahrung ausgedacht hat, und daß es daher heute gar nicht so einfach ist, zu durchschauen, was eigentlich alles Teil unseres Daseins ist. Körper, Geist und Seele unterscheiden diejenigen, die zumindest nicht nur materiell und urknallbasierend denken. Allerdings ist das nur sehr vereinfacht ausgedrückt. Wir haben neben der niedrigsten Schwingungsebene, der der physischen Welt, in der die lebendigen Elektronen des Alles-was-ist sich zu Atomen formen, indem sie in einer bestimmten Frequenz schwingen, noch etliche höhere Schwingungsebenen, oder besser gesagt Oktaven. Denn wie das sichtbare Licht, das wir mit einem Prisma in die verschiedenen Farben der verschiedenen Schwingungsfrequenzen des Lichts aufteilen können, sind auch alle anderen Ebenen, die wir nicht wahrnehmen oder nicht mal messen können, auch aufgeteilt in verschiedene Oktaven, in denen unendliche Vielfalt möglich ist.

Je höher die Schwingung, desto mehr Informationen kann sie aufnehmen. Mit einer Schwingung im Hertzbereich kann man nur recht wenige Informationen pro Zeiteinheit übermitteln, da die kleinste Einheit, die man zur Informationsübertragung nutzen kann, eine Schwingung pro Sekunde ist. Im Bereich der Funkwellen können wir schon wesentlich komplexere Informationen übermitteln und in der des Lichts noch viel mehr. Sie wissen vielleicht, daß man mit einem einzigen Glasfaserkabel, das ja als Übertragungsmedium für Lichtwellen dient, diverse Fernseh- und Radioprogramme gleichzeitig übertragen kann. Und sicher gibt es noch viel höhere Schwingungsebenen, die unsere Meßgeräte noch nicht wahrnehmbar gemacht haben, in denen noch viel komplexere Informationen möglich sind.

Richten Sie mal Ihre Augen auf einen imaginären Punkt in der Luft vor Ihrem Gesicht. Nun fragen Sie sich, was sich an diesem Punkt befindet. Sie werden vielleicht denken, daß dort ein paar Luftmoleküle herumschwirren werden und ansonsten dort nicht sehr viel los ist. Völlig falsch! Wenn Sie an diesem kleinen Punkt eine Antenne hinhalten, können Sie, je nach Empfänger, aus diesem Punkt in der

Luft vor Ihnen Hunderte von Radio- oder Fernsehprogrammen empfangen. Taxi- und Polizeifunk, diverse Satellitenprogramme, ganze Dramen könnten Sie mit dem richtigen Empfänger an diesem winzigen Punkt vor Ihnen beobachten.

Die kommen natürlich von irgendeinem Sender. Aber all diese Sendungen sind an diesem kleinen, imaginären Punkt vor Ihnen zur gleichen Zeit vorhanden. Verstehen Sie, wieviel Vielfalt alleine ohne irgendwelche Materie überall zu jeder Zeit sein kann? Können Sie sich also auch vorstellen, daß Gott irgendwann einmal nur solch ein imaginärer Punkt war, der überhaupt nicht irgendwie groß oder sonst etwas war, und daß doch unendlich viele Informationen in dieser Singularität möglich waren? Sicherlich mehr, als die Sendungen „Glücksrad", „Star Trek", „Bravo-TV", „Talk im Turm" usw. usw. die vielleicht gerade an dem Punkt vor Ihnen in der Luft *vorhanden* sind.

Ich rede bis jetzt noch von den Schwingungsebenen, die wir erfassen können. Wer sagt uns, daß es nicht noch höhere Schwingungsoktaven gibt, die weit höhere Informationen, quasi ohne Raum zu beanspruchen, enthalten?

Der Mensch besteht also nicht nur aus einem physischen Körper, und Geist und Seele sind auch nur grobe Vereinfachungen. Tatsächlich bestehen wir aus multidimensionalen Wesen, die auf verschiedenen Schwingungsoktaven den gleichen „Raum" einnehmen. Neben unserem physischen Körper haben wir einen Ätherkörper, der all die Erinnerungen dieses Lebens und aller früheren Inkarnationen gespeichert hat. Wie Sie gesehen haben, ist auf wenig Raum Platz für wahnsinnig viel Informationen. Dann haben wir einen Mentalkörper, der uns im nicht wahrnehmbaren Bereich ermöglicht, logisch und vernunftmäßig zu denken. Ohne ihn könnten wir vielleicht fühlen und uns erinnern, aber unsere Eindrücke nicht einordnen und nicht lernen, indem wir uns klar machen: „wenn ich das und das tue, kommt meistens das und das dabei heraus. Vielleicht sollte ich mal was anderes tun und das vermeiden, was zu unangenehmen Erfahrungen führt."

Diese Erkenntnis findet keineswegs in unseren kleinen, grauen Zellen statt. Diese sind nur die Träger der Gedanken, wie auch ein Speicherchip im Computer lediglich Informationen von der physischen, in die nichtphysische Welt übersetzt, womit Computer ein schöner Weg sind, zu erkennen, daß Ideen niemals aus dem Chip selber kommen, aber schöpferisch begabte Wesen ihre Ideen in diesen Chips gestalten und virtuell verändern können.

Dann haben wir einen Emotionalkörper, der fähig ist, etwas zu empfinden. Denn wir könnten uns zwar Wissen ohne Ende reinstopfen und Erfahrungen dieser und jener Art machen, aber ohne Emotionen wären wir gar nicht in der Lage, etwas als schön, überwältigend, faszinierend oder sonst wie zu empfinden. Wahrscheinlich hat Gott oder Alles-was-ist irgendwann diese Schwingungsebene „erfunden“, um neue Eindrücke zu erleben. Wer weiß?

Das sind die vier niederen Körper. Darüber gibt es etliche höhere Schwingungsebenen, die z.B. unser Heiliges Christ-Selbst, Höheres Ich, oder wie auch immer wir es bezeichnen wollen, enthalten. Ganz oben sind wir irgendwo mit Gott verbunden und würden uns dieser Verbindung bewußt sein, wenn wir uns nicht so sehr von den niederen Schwingungsebenen gefangen nehmen ließen.

Einige Lehren sprechen von 7 Körpern, den vier niederen Körpern, physisch, Emotional-, Äther- und Mentalkörper und drei weiteren feinstofflichen Körpern als Trägern unseres Göttlichen Bewußtseins, andere sprechen gar von 12, und wahrscheinlich ist es für uns irgendwie schwierig, herauszufinden, wie viele Schwingungsoktaven es tatsächlich sind. Und das ist ja auch nur eine Frage der Aufteilung, denn allein unsere physische Welt besteht ja schon aus unendlichen Oktaven, von der die Oktave des sichtbaren Lichts ja nur ein winziger Ausschnitt auf der Schwingungsleiter ist.

Das alles sollten Sie bedenken, wenn Sie sich klarzumachen versuchen, wer oder was Sie eigentlich sind. Einfach nur zu sagen, „Ich bin Teil von Gott“ ist zwar absolut richtig, reicht aber keineswegs aus, um als Geistfunken, der Sie eigentlich sind, wieder heim in die höheren Sphären zu entfleuchen. Genauso wie Ihr Körperelementarwesen über Jahrmillionen gelernt hat, einen Körper zu manifestieren, müssen Sie und ich auch eine ganze Menge lernen. Wir sind in der Entwicklung schon ziemlich weit. Die Krone der Schöpfung? Wer weiß? Zumindest haben wir sehr viel mehr Möglichkeiten, Erfahrungen zu machen, als ein Baum, ein Fisch oder ein Fahrrad. Selbst ein Engel hat nicht unsere Möglichkeit, frei zu entscheiden und so zu lernen.

Was ist nun das Böse in unserer Welt? Gibt es das wirklich? Möglicherweise gibt es ein Bewußtsein, das uns in einer niederen

Schwingung hält, da es nur Energien abzieht, nichts geben will. Vielleicht ist so etwas auch in uns, da wir uns selber einen Dämon erschaffen, der dann Energien von uns abzieht und nur an sich denkt. Eine Entität, die nicht göttlich ist, unsere menschliche Persönlichkeit oder auch Ego.

Wir können uns immer wieder entscheiden, für oder gegen das Leben zu handeln, also unser Ego zu nähren. Oder dem Fortschritt des Lebens zu dienen. Wenn wir unsere Einheit mit dem Leben anerkennen, können wir das Leben bereichern und uns von den negativen Einflüssen befreien.

Bei einigen Wesen auf diesem Planeten hat sich das Ego-wesen so stark entwickelt, daß es Auswirkungen von globalen Ausmaßen hat. Und so haben sich die Egomanen dieser Erde Machtstrukturen geschaffen, die dazu bestimmt sind, alles Leben auszupressen wie eine Zitrone. Und damit wären wir auch schon bei den Theorien von weltweiten Verschwörungen.

Ich möchte, daß Sie erkennen, daß auf diesem Planeten bewußt falsche Informationen verbreitet werden, die einigen wenigen dienen und nicht dem Leben, der Gesundheit der Menschen oder des Planeten. Wenn man diese Zusammenhänge durchschaut und seine geistige Kraft erkennt, von denen einige nicht wollen, daß wir sie erkennen, wird man von der Angst befreit und bekommt Vertrauen in ein sinnvolles Universum, in dem jeder die Möglichkeit hat, sich von dem Ego-Bewußtsein (im Großen oder im Kleinen) zu lösen und seine Einheit mit dem Leben wieder anzunehmen, zu sehen, daß wir die wundervolle Möglichkeit haben, uns hier zu entwickeln und irgendwann wieder heimzukehren in die göttlichen Sphären.

Wir lernen nur, weil es auch das scheinbar Negative gibt, denn ohne das könnten wir keine Erfahrungen mit verschiedenen Möglichkeiten machen, nicht lernen, wie sich bestimmte Handlungen oder Gedanken auswirken.

Die Verschwörung besteht darin, daß die Menschen nicht daran erinnert werden, daß sie Teil von Gott sind und ihre eigenen Energien wieder zurückbekommen, um daraus zu lernen.

Es wird uns nicht gesagt, daß wir Teil von Alles-was-ist sind. Weder von den Kirchen, noch den Massenmedien, den Schulen, noch den Politikern. Ob man es nun als Verschwörung bezeichnet oder Angst davor haben will, das ist jedem überlassen. Und auch trotz derKräfte, die uns in der Finsternis halten wollen, haben wir in unserem Herzen das Licht des Lebens. Wir sind frei, damit zu machen, was wir wollen - wenn man uns nicht das Wissen um diese Möglichkeiten vorenthält. Das ist die wahre Verschwörung.

Wir sind in dieser Welt der dualen Kräfte mit Absicht und aus unserem Wunsch inkarniert, um Erfahrungen zu sammeln. Wäre diese Welt nur „Friede, Freude, Eierkuchen“, könnten sich unsere Seelen nicht entwickeln. Ein Kind lernt erst dadurch, daß es einmal eine heiße Herdplatte angefaßt hat, daß das weh tut. Man kann es ihm auch erzählen, und vielleicht glaubt es das dann tatsächlich, wird aber nie Gewißheit haben, bevor es nicht die eigene Erfahrung gemacht hat. Wir sind hier, um Erfahrungen zu machen, die sich aus dem Spiel zwischen Gut und Böse ergeben, zwischen plus/minus, Yin/Yan, männlich/weiblich, hell/dunkel. Gäbe es nur einen Pol, gäbe es kein Leben!

Unser Leben ist dadurch spannend, daß sich männlich/weiblich anziehen, daß es graduelle Unterschiede der Polaritäten gibt, die sich anziehen oder abstoßen, daß wir die Wahl haben, Anziehungen oder auch Verlockungen nachzugehen oder zu widerstehen. Es ist niemals festgelegt, was von beidem besser ist, obwohl wir es in uns sehr oft spüren können.

Gott sagt nicht, Ihr wart böse und kommt deswegen in die Hölle, sondern: „Probiert es aus. Ihr bekommt die Konsequenzen Eurer Taten zu spüren, und auf diese Weise lernt ihr“. Das geht nicht in einem Leben, sondern in vielen tausend Inkarnationen.

Die negativen Kräfte wollen uns in Haß, Furcht und Abhängigkeit halten.

Wo wir schon davon sprechen: ob wir es satanisch, teuflisch oder sonst wie nennen: es gibt dieses Bewußtsein. Es ist nicht Gegenspieler von Gott, sondern ein Teil, das seine eigenen Bedürfnisse überbewertet und nicht den Wert des Ganzen sieht. Jeder von uns hat ein bißchen davon in sich: Sein Ego, oder seine menschlich geschaffene Persönlichkeit. Das Ego ist wie ein Dämon, eine Besetzung durch eine Entität (Wesenheit), die nicht göttlich ist, sondern durch unsere Gedanken erzeugt wurde, und die wir immer stärker werden lassen können oder aber zurückdrängen. Der Teufel kriegt uns am ehesten über unser Ego, unsere Eitelkeit. Ja, diese Kräfte, egal ob mit Namen

Satan, Baphomet oder Teufel, können uns nicht einfach vereinnahmen. Aber sie können teuflische Tricks anwenden, um uns zu ködern. Es ist wie bei Goethes Faust: Mephisto kann Faust die Seele nicht einfach wegnehmen. Faust bietet sie ihm selber an, im Austausch für vorherigen Reichtum und Macht.

Wenn man dem Teufel den kleinen Finger gibt, nimmt er die ganze Hand, heißt eine alte Redewendung. Und tatsächlich ist es so, daß wir ihm schon einen kleinen Finger geben müssen, um in Gefahr zu kommen. Und die teuflischsten Tricks haben meistens mit Drogen zu tun. Denn wir haben von Gott den freien Willen bekommen, über den kann auch der Teufel sich nicht erheben. Aber wenn wir aus freier Entscheidung etwas nehmen, was unsere Entscheidungskraft schwächt, dann sind wir in wirklicher Gefahr. Denn bei vielen Drogen - legalen wie illegalen - können wir irgendwann nicht mehr selber entscheiden, ob wir sie nehmen wollen, denn viele machen süchtig. Aber die erste Entscheidung treffen wir selber. Nicht, daß Drogenabhängige deswegen zu verurteilen wären, denn in unserer Gesellschaft gilt Vieles als harmlos, was alles andere als harmlos ist. Zwar hat jeder in sich ein inneres Wissen, was gut oder schlecht für ihn ist, aber in unserer Welt wird so viel Falsches verbreitet, daß es schon schwer ist, nicht in solch eine Falle zu tappen.

Durch Drogen schwächen wir unsere Willenskraft, und es erfordert irgendwann einen fast übermenschlichen Willen, eine Abhängigkeit wieder loszuwerden. (u.a. deswegen, weil wir mit einer Sucht eine geistige Wesenheit erschaffen, die im Laufe der Zeit sehr stark wird, wenn wir sie immer wieder ernähren.)

Viele freie Entscheidungen sind tragisch, aber immer wieder haben wir die Möglichkeit, umzukehren und uns wieder an die Quelle zu wenden. Wir haben den Willen und die Kraft, die aus der Quelle fließt, um auch aus der finstersten Dunkelheit wieder ans Licht zu kommen.

Es gibt immer zwei Seiten, zwei Polaritäten. Beispiel Internet: Einerseits die Möglichkeit, alles, was „drin" ist, zu überwachen. Per Computer kann jede der täglichen Milliarden E-mails automatisch nach bestimmten Schlüsselbegriffen abgefragt werden. D.h. einerseits können sie alles überwachen. Andererseits werden im Internet Informationen verbreitet, die sonst nicht so leicht verbreitet werden könnten. Sie haben zwar versucht, das Internet zu zensieren, aber da haben die Nutzer protestiert, zensierte Seiten tausendfach gespiegelt, d.h. sie können nicht kontrollieren, was da an Wissen verbreitet wird. Sie können nur noch Desinformation betreiben, wenn erst mal etwas raus ist. An den Massenmedien vorbei - die sie kontrollieren können - werden also Sachen verbreitet, die sie nicht mehr in den Griff bekommen.

Wir werden in dieser physischen Welt sehr vielen Versuchungen und auch vielen Verletzungen ausgesetzt. Viele Dramen spielen sich seit Millionen von Jahren immer wieder ab. Vergewaltigung, Eifersucht, Trennung, Mord, Totschlag. Immer wieder sind wir Opfer und Täter in den ewig gleichen Mustern. Und durch Verletzungen, die wir selber verursacht haben, die wir aber auch erlitten haben, haben wir uns oft früh entschieden, Liebe zurückzuhalten. Ein Kind, das zurückgewiesen oder sogar vergewaltigt, vielleicht verletzt oder gequält wird (wobei ich z.B. eine Impfung oder Beschneidung eines kaum geborenen Kindes durchaus auch als Vergewaltigung bezeichnen würde), wird das Vertrauen in Alles-was-ist schnell verlieren. Aus dem Urvertrauen wird Urangst.

Zum Glück haben wir immer wieder die Möglichkeit, ein neues Leben anzufangen. Daß wir uns nicht bewußt daran erinnern, hat durchaus seinen Sinn, denn so können wir unbelastet von Rachegedanken, von Verletzungen aus früheren Leben, einen neuen Start machen.

Unser Ätherkörper speichert zwar auch die Erfahrungen früherer Leben, aber direkten Zugriff darauf haben wir nicht. Dennoch reagieren wir vielfach auf Dinge, die wir in früheren Leben einmal erlebt haben. Sind wir verliebt und trauen uns nicht, den Traumpartner anzusprechen, dann, weil wir aus früheren Leben vielleicht noch wissen, wie schmerzlich eine Trennung oder eine Zurückweisung ist. Alles Mögliche haben wir schon erlebt, und bei allen möglichen Situationen mag sich eine traumatische Erinnerung einstellen, die uns mitbestimmt. Vielleicht werden wir schon unruhig, wenn uns jemand längere Zeit in die Augen blickt, weil vielleicht irgendwann einmal ein Inquisitor den gleichen Blick hatte, während er uns folterte. Oder wir haben Höhenangst, weil wir in irgendeinem Leben mal von einer Klippe gestoßen wurden. Wir haben schon alles Mögliche erlebt, aber auch schon alles Mögliche getan. Seien Sie sicher, daß jeder von uns ein ziemlich großes Kerbholz hat, aber immer wieder die unendliche

Gnade bekommt, ein neues, unbelastetes Leben anzufangen. Belastet sind wir schon in gewissem Maße, aber wir haben die Möglichkeit, uns von diesen Belastungen zu befreien.

Es ist manchmal sehr schwer, an die Knackpunkte in unserem Erinnerungsfundus zu kommen. Ich rate davon ab, etwas zu erzwingen. Reinkarnationstherapie kann oft mehr Schaden anrichten als nützen, wenn alte Ängste wieder aktiviert, anstatt aufgelöst werden. Wenn wir etwas aus früheren Leben wirklich wissen müssen, dann werden wir uns daran erinnern. Alles andere ist nur menschliche Neugierde. Und in der Esoterik-Szene wimmelt es von Menschen, die in einer Reinkarnationssitzung herausgefunden haben, daß sie früher „Sitting Horse" waren, oder „Maria Magdalena" oder „Johannes". Jedenfalls gibt es wesentlich mehr solcher Möchtegernberühmtheiten, als es eigentlich sein könnten. Natürlich, das schmeichelt unserem Ego, wenn wir früher mal eine schillernde Persönlichkeit waren.

Ach ja, Ego. Das ist nicht unbedingt einer unserer gottgegebenen Anteile. Das Ego haben wir im Laufe der Zeit selber geschaffen. Eigentlich sind wir das „Ich Bin", das Bewußtsein, das Teil von Gott ist, der Lebensfunke, der aus der Quelle kam. Unsere Individualität ist nötig, damit wir nicht nur kollektive Erfahrungen machen können, sondern individuelle. Insofern ist jeder von uns ein kleiner Gott, auch wenn er sich noch nicht daran erinnert. Das Ego jedoch ist ein Elementargeist, den nicht Gott uns mitgegeben hat, sondern den wir selber geschaffen haben.

Wir müssen nur aufpassen, daß uns unsere Schöpfungen nicht auf der Nase herumtanzen. Das Ego ist so ein Teil. Wie jede Wesenheit, jedes Elementarwesen, wird es stärker, je mehr Aufmerksamkeit wir ihm geben. Und die Ego-Fallen in diesem Leben sind nicht unerheblich. Jeder freut sich über Aufmerksamkeit. Während das Höhere Ich versucht, alles fließen zu lassen, also nimmt und gibt, versucht das Ego, immer mehr anzusammeln und nicht wieder herzugeben. Es sammelt Geld, Macht, Besitz, Autos, schöne Frauen oder Männer, es badet im Erfolg.

Das Ego kann so groß und unersättlich werden, daß es andere in seinen Strudel der Gier hineinzieht, Versprechungen von Macht, Erfolg und Geld macht, um andere zu ködern. Es hat aber gar nicht vor, etwas herzugeben, was nicht unbedingt nötig ist, um noch mehr von allem anzusammeln. Diese Egofalle ist das, wo der Teufel uns bekommen kann. Er schmeichelt uns mit Erfolg, verspricht uns mehr von allem, aber nicht ohne eigenes Interesse. Wir müssen aufpassen, daß wir unsere Seele nicht dem Teufel verkaufen, denn damit schaffen wir nur eine Stagnation der Entwicklung.

Wenn wir unser Ego also ab und zu mal zur Ordnung rufen, haben wir eigentlich gute Aussichten, die Entwicklung auf diesem sonderbar schwierigen Planeten in dieser Inkarnation zu beenden, und mit dem Wissen, das wir in den physischen Entwicklungsreichen angesammelt haben, in höhere Sphären zu gelangen, wo alles ein wenig leichter „von der Hand" geht.

Finstere Gestalten mögen sich in die dunkelsten Löcher zurückgezogen haben, grausame Dinge tun, alles zerstören und alle Energie abziehen, die ihnen begegnet, aber wenn wir unsere Schwingung nicht auf diese Ebene begeben, werden wir ihnen kaum begegnen. Nur wenn wir Angst davor haben, kann uns die Resonanz zu etwas damit in Verbindung bringen. Finstere Wesen fühlen sich nicht sehr wohl dort, wo Menschen im Einklang mit Allem-was-ist leben und die göttlichen Energien positiv qualifizieren.

Interessant ist noch zu wissen, daß unser Körper, wie alles, was lebt, von einem Geistwesen aufrecht erhalten wird. Wie hinter jedem Baum und Strauch ein Naturgeist steht, der sich bemüht, die physische Form aufrecht zu halten, haben wir ein Körperelementarwesen, das nur dieses tut: unseren Körper zu manifestieren. Wir sollten uns besser gut mit ihm stellen. Dieses Körperelementarwesen hat früher irgendwann tatsächlich eine Pflanze oder ein Tier manifestiert und so gelernt, jetzt unseren Körper aufrecht zu erhalten. Ein aufgestiegener Meister hat einmal beschrieben, wie er irgendwo im Laufe seiner Entwicklung lernen mußte, nur die Form einer gelben Blume zu manifestieren. Das war gar nicht so einfach, denn wenn er sich nicht richtig konzentrierte, wurde die Blume unvollkommen, und er mußte fleißig trainieren, die perfekte Form, die von anderen Wesen auf der Entwicklungsleiter schon vorgegeben war, aufrecht zu halten. Später konnte er dann komplexere Pflanzen, dann irgendwann niedere Tiere manifestieren. Und den Körper eines Menschen aufrecht zu erhalten, erfordert wohl schon sehr viel Training, zumal die meisten Menschen sich ja sehr viel Mühe geben, ihren Körper auf jede nur erdenkliche Weise kaputt zu machen.

In den höheren Schwingungsebenen mag es durchaus viele Wesenheiten oder viele Teile von Allem-was-ist geben, die wir durchaus als Gott bezeichnen könnten. Der Begriff Gott ist also mit Sicherheit einer der umfangreichsten und am wenigsten nachzuvollziehenden. Dennoch sind wir sehr direkt damit verbunden. Oder wie es in "Gespräche mit Gott" heißt: *"Wenn Gott Euer Ziel ist, dann habt Ihr Glück, weil Gott so groß ist, daß Ihr ihn gar nicht verfehlen könnt."*

Wir haben zu dieser Zeit die besten Voraussetzungen – wenn auch die meisten Ablenkungen – uns Wissen aus verschiedenen Bereichen anzueignen, um zu erkennen, was los ist und so die Fehler zu vermeiden, die uns immer wieder zum Re-inkarnieren gezwungen haben.

Dieses Buch möchte eine kleine Hilfestellung sein, mit Ihren vier niederen Körpern und den höheren Teilen Ihres Selbst klar zu kommen, sie zur Ordnung zu rufen, sich daran zu erinnern, wo sie herkommen und die noch fehlenden Lernerfahrungen anzugehen, um dahin zu gehen, wo Sie gerne hin möchten.

Energie und Bewußtsein

Unsere Wissenschaftler suchen noch immer nach den Bausteinen des Lebens, beschießen Elektronen in Teilchenbeschleunigern, um zu sehen, was geschieht. Leider ist dies ein Vorgehen, das erstens von völlig falschen Voraussetzungen ausgeht und zweitens der Umwelt, aber auch den Versuchs-Elektronen enormes Leid zufügt.

Elektronen können leiden? Ja, sie sind bewußte Teile von Allem-was-ist. Betrachten wir zunächst einmal, wie winzig klein wir uns das alles vorstellen müssen. Man kann zwar heute Atome mit Rasterelektronenmikroskopen sichtbar machen, aber selbst in diesem Atom befinden sich ganze Universen. Stellt man sich den Atomkern als Stecknadelkopf vor, so würden die Elektronen in Bahnen um ihn fliegen, die über die Grenzen unseres Landes hinaus gingen. Also riesige Abstände, und dazwischen ganz viel Nichts.

Unsere Vorstellung von kleinsten Teilchen ist ebenso falsch, eben nur ein Atom-"Modell". Denn es sind keine festen Teilchen, eher Energie. Es ist die Energie, die aus der Quelle kommt, von Gott. Wie wir uns Gott vorstellen können, darüber habe ich schon spekuliert, aber ob wir damit letztlich auch nur andeutungsweise dem nahe kommen, was wirklich IST, wer weiß? Jedenfalls schüttet die Quelle endlos Licht aus, oder Energie, oder eben Liebe. Dies sind die Elektronen, aus denen auch unsere physische Welt besteht. Da sie, eben wie Alles-was-ist, Teil von Gott sind, sind sie auch bewußt, denn nichts ist wirklich tot. Materie kann uns tot erscheinen, besteht aber doch aus diesen winzigen, bewußten Energiebündeln aus der Quelle. Sich Elektronen als kleine, runde Teilchen vorzustellen, die endlose Kreisbahnen um einen Atomkern ziehen, ist jedenfalls ziemlich falsch. Die Elektronen sind wie kleine Lichtwesen, die voller Freude herumwirbeln, angezogen vom Atomkern, aber eben, weil es ihre Aufgabe ist, um diesen Atomkern wirbeln. Daß die Atomkerne natürlich auch aus belebten Energieteilchen aus der Quelle bestehen, sollte klar sein.

Diese Elektronen erhalten ihre Aufgabe von Gott, oder von anderen Schöpfern, möglicherweise auch von uns. Ja, wir sind Schöpferwesen, die von Gott die Gnade bekommen haben, zu lernen, mit den Energien und ihrer Schöpferkraft umzugehen, Erfahrungen zu sammeln, wie sich ihr Tun auswirkt. Natürlich sagen wir nicht jedem Elektron einzeln, um welchen Kern es zu wirbeln hat, aber dennoch ist es die Aufgabe der Elektronen, Schöpferwesen zu dienen. Sie haben keinen eigenen Willen, sondern nur die unendliche Liebe der Quelle mitgebracht, um mit Freude der Entwicklung des Lebens zu dienen.

Leider erleiden sie dann oft eine unangenehme Überraschung, wenn sie erleben, wie Menschen mit ihren Schöpferkräften umgehen. Denn die Menschen, die im Unterschied zu Pflanzen oder Tieren die Freiheit haben, Entscheidungen zu treffen, qualifizieren mit ihren Gedanken und Taten die Energie, die ihnen von der Quelle zuströmt. Wenn wir uns die vielen zerstörerischen Schöpfungen der Menschen ansehen, können wir uns vielleicht vorstellen, was das für ein Schock für ein Elektron sein muß, das voller Freude auf die Erde gekommen ist, um unserer Evolution zu dienen.

Viele Menschen sind pessimistisch über die Entwicklung der Menschheit und werden sich fragen, ob dieses Konzept nicht zum Scheitern verurteilt ist. Allerdings gibt es auch durchaus einen Fortschritt, denn die Entwicklung der Menschen geht schon seit hunderten von Millionen Jahren. Und nicht immer konnte der Mensch so differenziert denken. Am Anfang seiner Evolution, als er seine Schwingung soweit herabgesetzt hatte, daß sich ein physischer Körper manifestierte, mußte er erst lernen, die einfachsten Bedürfnisse dieses Körpers zu befriedigen. Da ging es zunächst also ums Essen und um die Fortpflanzung. Viel Rücksicht auf Verluste gab es da noch nicht. Es gab auch kein Maß, und so gab es zu Beginn ungehemmt ausgelebte Sexualität, die vor Vergewaltigung, vor Tieren, ja eigentlich vor gar nichts Halt machte. Die Evolution brachte die ersten Geschlechtskrankheiten ins Spiel, um den ungehemmten Trieb zu regulieren, da dieser nur auf sich selbst bezogen war und kaum Entwicklungsmöglichkeit zuließ.

Sie wundern sich, daß ich von Evolution spreche? Nun, ich meine nicht die Darwinsche Evolution, die ohne Gott als Entwicklung ohne Plan nach irgendeinem Ausleseprinzip funktioniert, denke aber, daß es eine Evolution gegeben hat, in der Gott selber höhere Formen „erfand“. Diese Evolution fand schon vor undenkbaren Zeiten statt und wiederholt sich wahrscheinlich auf einzelnen Planeten immer wieder.

Und es gab sie nicht nur auf der Erde, sondern überall im Universum. Erfahrungen brauchen wirklich lange, denn der Mensch ist träge und nutzt die gottgegebenen Rechte und Freiheiten immer wieder schamlos aus. Und so muß er immer und immer wieder inkarnieren, um aus seinen Erfahrungen im Laufe der Äonen wirkliches Wissen zu machen und sich zu vervollkommnen.

Nach der Bedürfnisbefriedigung am Anfang der Evolution, die einen Dämpfer durch die Syphilis erhalten hatte, lernte der Mensch nach und nach, auch die Bedürfnisse seines Geistes zu berücksichtigen. Religionen begannen, Heiraten sollte dem ungehemmten Geschlechtstrieb eine Ordnung geben, man lernte die Wichtigkeit der Hygiene, und die wissenschaftliche Aufklärung begann. All das, was wir denken, daß es sich erst in den letzten Tausenden von Jahren abgespielt hat, sind Evolutionsschritte, die es in vielen Millionen von Jahren überall im Universum in allen Spielarten immer wieder gegeben hat. Der Mensch ist störrisch und träge. Das Lernen braucht seine Zeit.

Auch auf unserer Welt gibt es Ecken, wo noch ganz alte Dinge gelernt werden müssen, Gegenden, wo es nur darum geht, nicht zu verhungern. Uralte Dramen spielen sich immer wieder ab seit Millionen von Jahren.

Heute haben wir gar nicht so schlechte Voraussetzungen für unseren Fortschritt. Auch, wenn all die Bedürfnisse des Körpers, all die negativen Gefühle, Gier, Lust, Eifersucht, Rachsucht, Haß und Gewalt, vorzuherrschen scheinen, hat der Mensch sein Denken doch schon gewandelt. Wir sind heute in der Lage, sehr differenziert über alles zu reflektieren, ja nicht nur unsere eigene Ansichten, sondern auch die eines anderen zu verstehen und nachzuvollziehen. Wir lernen im Gemeinschaftskundeunterricht das, was die Philosophen der alten Griechen vor Tausenden von Jahren lernen mußten, nämlich Pro und Kontra abzuwägen, unterschiedliche Meinungen in Diskussionen aufeinander loszulassen, um schließlich Entscheidungen zu treffen, die nicht von den Ansichten einzelner bestimmt waren, sondern auch von anderen geprüft, kritisiert und vielleicht optimiert wurden.

Heute haben wir Zugang zu umfangreichem Wissen aus den unterschiedlichsten Kulturen. Mal abgesehen davon, daß auch in unserer freien, westlichen Welt etliche Bücher der breiten Masse vorenthalten werden und die Menschen mit dem bunten Stumpfsinn der Massenmedien eher verdummt werden, hat man doch heute die Möglichkeit, sich über verschiedene Religionen, Wissensgebiete, Kulturen, Weltbilder usw. zu informieren. Das war keineswegs immer so. Auf Atlantis und im alten Ägypten wurde Wissen sorgfältig gehütet und nur einer elitären Herrscherschicht zugänglich gemacht. Es gab Mysterienschulen, aber die waren keineswegs für jeden da. Und es ist noch nicht viele hundert Jahre her, da war es den Menschen verboten, die Bibel zu lesen. Nicht, daß ich die

Bibel für ein uneingeschränkt lesenswertes Werk halte, aber heute können wir die Bibel mit den religiösen Schriften anderer Kulturen vergleichen und uns ein eigenes Bild darüber machen, was wir glauben wollen oder nicht. Wir können die Schriften von Weisen, Eingeweihten, Okkultisten, Esoterikern usw. lesen, wenn wir uns ein wenig über den Tellerrand der „öffentlichen Meinung“ lehnen und umsehen, was es noch so gibt.

Auch aus dem Internet - das sowohl gute als auch nicht so gute Seiten hat - können wir Informationen aus aller Welt bekommen, auch Wissen, das vielleicht noch nicht in Buchform gedruckt wurde, weil derjenige, der eine wichtige Erfahrung gemacht hat, nicht die Möglichkeit hatte, ein Buch zu schreiben oder die Verleger es aus irgendwelchen Gründen ablehnten, es auf den Markt zu bringen. Auch ich habe eine Menge unglaublicher und erhellender Informationen aus dem Internet bekommen - mit dem Pferdefuß, daß es fast süchtig macht.

Wie auch immer sind die Zeiten für unsere individuelle Entwicklung nicht so schlecht, zumindest für irdische Verhältnisse. Natürlich mag es auf anderen Planeten viel leichter sein, sich spirituell zu entwickeln, aber unsere Erfahrungen auf der Erde sind doch nicht zu unterschätzen.

Wir werden immer wieder mit unseren eigenen Energien konfrontiert. Ja, sehr direkt: Die Elektronen, die sich voll Freude von unserer Schöpfermacht haben leiten lassen und dann von unseren negativen Gedanken oder Taten arg gebeutelt wurden, kommen immer wieder zu uns zurück, um von uns erlöst zu werden. Denn ihre Liebe für das Leben ist so unendlich groß, daß sie all diese Verletzungen und all den Dreck, den sie miterleben müssen, freudig in Kauf nehmen, um dem Fortschritt von Allem-was-ist zu dienen.

Es gibt keinen Gott, der uns Leiden schickt, wenn wir unartig waren, oder in die Hölle, nachdem wir ein Leben vergeudet haben. Die Quelle schickt ständig Energie und Licht aus. Wir machen immer wieder Fehler, aber manche Fehler machen wir seit Millionen Jahren immer wieder, und es wäre an der Zeit, das eine oder andere einfach mal sein zu lassen und unsere Energien besser zu qualifizieren. Denn wie gesagt, diese Energien kommen immer wieder zu uns zurück. Und dann ist es doch besser, wenn wir den Elektronen, die uns zu Diensten sind, einmal danken, einmal Liebe mit auf den Weg geben, damit sie befreit werden können. Es ist an der Zeit, um Vergebung für vergangene Missetaten zu bitten, denn auch das ist unser Privileg: die Energien, die voller Liebe aus der Quelle kommen, möchten so gerne erlöst werden, daß sie jedem noch so geringen Zeichen von Besserung mit Begeisterung entgegenkommen.

Seien Sie sich bewußt, daß alles Leben beseelt und lebendig ist. Daß hinter jeder Pflanze ein Naturgeist steht, der mit großem Ernst, aber auch großer Liebe für das Wachstum sorgt. Daß wir mit unseren Gedanken Kontakt mit dem Geist aufnehmen können, der hinter allem steckt, und dann besser durchs Leben kommen können. Nicht nur Menschen, Tiere und Pflanzen reagieren auf unsere Gedanken. Sogar scheinbar tote Materie besteht ja aus diesen belebten Elektronen.

Ein japanisches Forscherteam um Masaru Emoto hat Versuche mit Wasser gemacht, deren Kristallisierung man unter einem Mikroskop fotografiert hat. Zunächst wollte man nur erforschen, wie unterschiedlich die Qualität von Wasser aus einer Quelle und anderen Stellen nach all den Verschmutzungen sein kann. Einige Kristalle wurden wunderschön, andere potthäßlich. Nach einiger Zeit fanden die Forscher heraus, daß sich nicht nur Verschmutzung auf die Kristallisationsfähigkeit auswirkt, sondern daß sich sogar unterschiedliche Gedanken und Stimmungen auf das Wasser auswirkten.

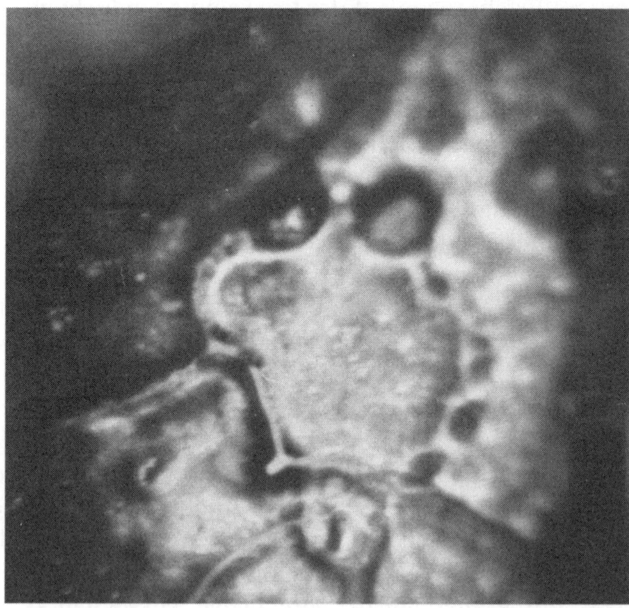

Es gibt ein wunderschönes Buch mit vielen unterschiedlichen Fotos, leider bisher nur in Japanisch und Englisch: „The Message from Water“. Die Versuche gingen über Jahre, und man fand z.B. heraus, wie „geschockt“ Wasser nach einem Erdbeben aussah, aber schon nach kurzer Zeit, nachdem Hilfe für die Erdbebenregion gekommen war, wieder besser aussah. Aber auch, wenn eine Region sich der katastrophalen Qualität ihrer Umwelt bewußt wird und Anstrengungen unternommen werden, die Verschmutzung zu stoppen, entwickeln sich schönere Kristalle.

Die Forscher machten auch Versuche mit unterschiedlicher Musik. Die Auswirkungen eines Heavy Metal-Stückes waren eindeutig destruktiv, während klassische Musik von Beethoven, Mozart oder Bach wunderschöne Kristalle ergaben.

Die Forscher machten dann Versuche, um die Wirkung von einzelnen Worten aufzuzeigen. Man ging dazu über, die Worte vom Computer ausgedruckt, auf ein Glas mit destilliertem Wasser zu kleben. Worte wie

„You fool“ (Du Narr) oder „You make me sick“ (Du machst mich krank) brachten extrem häßliche Formen zutage, während „Danke“ wieder wunderschöne Kristalle ergab, wobei auch unterschiedliche Sprachen ausprobiert wurden und unterschiedliche Ergebnisse erbrachten. Auch feine sprachliche Unterschiede zeigten unterschiedliche Ergebnisse. So ist der barsche Befehl: „Do it!“ (Mach es) offenbar destruktiver als die Aufforderung, es gemeinsam zu machen: „Let´s do it!“.

Es zeichnete sich immer deutlicher ab, daß Wasser auf Gedanken reagierte. Allein der Gedanke, daß das Wasser wunderschön sei, erbrachte wunderschöne, kristalline Strukturen, während negative Gedanken sehr verfallene und öde Formen ergab. Wasser reagierte auch auf Bilder. Ja, so unglaublich es klingen mag: Destilliertes Wasser, das sonst kaum besondere Strukturen zeigte, bildete wunderschöne Kristalle aus, nachdem es auf das Bild eines lächelnden Babys gestellt worden war.

Es würde einen Bildband erfordern, die Schönheit der Fotos adäquat wiederzugeben. Ich beschränke mich auf den Vergleich von 2 Fotos von Wasser aus dem Fujiwara Damm, einmal bevor und dann, nachdem ein japanischer Geistlicher, Reverend Kato Hoki, ein Gebet gesprochen hatte. Die Unterschiede sind so deutlich zu sehen, daß auch dem Letzten klar werden sollte, daß man mit seinen Gedanken Einfluß auf seine Umgebung hat.

Großmutters „mit Liebe gekochter Kaffee“ schmeckt definitiv besser als der im Plastikbecher aus dem Automaten. Jetzt wissen wir auch, warum.

Ja, es ist absolut wichtig, zu erkennen, daß Wasser auf unsere Gedanken reagiert, daß es „sich schön macht“, wenn nur ein bißchen Dankbarkeit und Liebe entgegengebracht wird. Und ganz sicher gilt das nicht nur für Wasser, sondern für alles, mit dem wir zu tun haben. Diese Fotos von Herrn Emoto zeigen es nur sehr deutlich, daß sich Gedanken, Worte, Musik und Gefühle ebenso stark auswirken wie die Verschmutzung oder Reinerhaltung der Flüsse.

Wir können uns also mit gesunder Ernährung befassen, aber viel wichtiger als das, was wir zu uns nehmen, ist, mit welchen Gedanken wir etwas zu uns nehmen. Natürlich gibt es gesunde und ungesunde Nahrung. Aber es gibt keine allgemeinen Regeln. Vegetarisch? Sicherlich gesünder als fleischlich. Aber es gibt Gegenden auf unserer Erde, wo man als Vegetarier und Tierschützer glatt verhungern würde. Die Menschen dort sind nicht unbedingt kränker als die, die sich intensiv gesund ernähren. Es geht dabei viel weniger um Kalorien, Cholesterin, Vitamine und Ballaststoffe, sondern um das Licht, das in der Nahrung ist.

Und auch um die Qualität dieses Lichts. Und wir können mit unseren Gedanken diese Qualität erheblich mitbestimmen. Etwas mit Freude und Dankbarkeit zu essen, was nach wissenschaftlicher Erkenntnis ungesund sein müßte, kann dann ebenso gesund sein wie etwas, das vollwertig und naturbelassen ist, als das, was im Streit oder mit Verachtung gegessen wird. Wir können levitiertes Wasser oder teure Wasserenergetisierer kaufen, genausogut können wir aber auch unsere positiven Gedanken auf das Wasser ausrichten. Religiöse Menschen würden es als segnen bezeichnen, andere haben andere Begriffe, aber letztlich sind die Worte egal.

Wichtig ist, zu erkennen, daß alles aus der Substanz der Quelle besteht, von Menschen mehr oder weniger gut qualifiziert wurde, aber nun von uns dankbar aufgenommen werden kann.

Wenn Ihr Trinkwasser schmeckt wie eingeschlafene Füße, dann nehmen Sie sich am besten die Zeit, sich kurz vorzustellen, daß das Wasser herrlich erfrischend und belebend schmeckt, bevor Sie trinken. Sie sparen sich dann jeden energetisierten Untersetzer.

Auch empfehle ich Ihnen, öfter Sachen zu essen, wo Sie sagen können „Hmmmm, lecker!“, als welche mit der Bemerkung „Der Hunger treibt´s rein.“

In unserem Kulturraum haben die Leute von Kreta die höchste Lebenserwartung. Wenn man sich ihre Lebensweise ansieht, fragt man sich, wie Menschen, die qualmen wie die Schlote, regelmäßig Alkohol trinken und fettreiche Speisen zu sich nehmen, überhaupt gesund bleiben können. Wenn man aber nicht die ungesunden Bestandteile ihrer Nahrung betrachtet, sondern ihre Freude am Leben, dann wird vielleicht klar, daß dieser Aspekt möglicherweise viel wichtiger ist als jede Spekulation über Cholesterin, Ballaststoffe, links- oder rechtsdrehend usw.

Wie gesagt reagiert alles, was es gibt, auf unsere Gedanken. Die Elektronen, aus denen alles geformt ist, dienen uns. Auch unsere Geräte, die wir als technisch ansehen und die daher einfach funktionieren müssen, da wir schließlich dafür bezahlt haben, bestehen aus beseelten Elektronen und reagieren auf unsere Gedanken. Wenn das Auto nicht anspringt, werden wir den Zustand kaum bessern, indem wir es beschimpfen und treten. Der Computer will auch geliebt werden und nicht angeschrien. Auch wenn er uns manchmal zur Verzweiflung bringt; meistens sind es unsere eigenen Fehler. Menschen, die die Technik lieben, haben viel weniger Probleme mit den Geräten.

Wenn Sie mal einen beleidigten Rasenmäher haben, weil Sie ihn beschimpft haben, obwohl Sie selber den Sicherungsbügel nicht gedrückt oder kein Benzin eingefüllt hatten, ist es besser, sich mit ihm zu versöhnen, sonst können Sie immer Probleme beim Starten haben. Wenn Sie Ihren Drucker angeschrien haben, obwohl das Kabel nicht richtig drin war oder die Patrone leer, entschuldigen Sie sich besser.

Das heißt nicht, daß die Technik mehr Zuwendung braucht als die Natur. Ich will nur sagen, daß *alles* auf Liebe reagiert, und daß Sie die Möglichkeit haben, damit Ihre eigenen Erfahrungen zu machen. Es ist wundervoll, zu sehen, wie die Pflanzen besser wachsen, wenn man sich an ihnen freut, ja, und auch, wenn wir vielleicht gar nicht mitbekommen, wie sich unsere Gedanken auswirken, können Sie sicher sein, daß sich die Naturgeister vor Freude kaum wieder einkriegen, wenn Sie bei Ihrem Besuch in der Natur einmal Ihre Begeisterung für die Schönheit der Landschaft ausdrücken, wenn Sie einen Baum umarmen oder einfach nur froh sind. Naturgeister mögen keine mißmutigen Menschen.

Auch im Gartenbau kann man „Schädlinge" zu Partnern machen, indem man mit ihnen Vereinbarungen abschließt. In „Natürlich Gärtnern" schreibt Leila Dregger über den „Friedensarbeiter im Gartenbau" Eike Braunroth, der den Lebewesen in seinem Garten ankündigt, wenn er im Garten arbeiten muß, damit diese sich darauf einstellen können. Denn die meisten Lebewesen sähen den Gärtner als großen Zerstörer, der ohne Rücksicht auf Verluste alles niedermache und mit Gift bekämpfe, was er für schädlich halte.

Der Australier Michael Roads, dessen Rinderweiden von Känguruhs heimgesucht wurden, predigte ihnen, daß er die Weide zum Überleben bräuchte, und bat sie, nur auf einem Streifen von 40 Metern am Wald entlang zu fressen. Was sie denn auch taten - auf den Zentimeter genau.

Es gibt viele ähnliche Beispiele, wo Gärtner den „Schädlingen" klar machten, daß die Ernte wichtig für den Menschen sei und sie sich auf einen bestimmten Teil beschränken sollten und wo die Kooperation mit der Natur wunderbar funktioniert. Probieren Sie es aus, wenn Sie einen Garten haben.

Wenn Sie ab und zu einmal hinausgehen, wenn die Sonne Sie ins Grüne zieht, dann werden Sie auch sehen, wie wohltuend sich die Natur auf Ihr Gemüt auswirkt, und diese Gedanken sorgen dafür, daß Sie neue

Energie bekommen, und das wirkt sich auch auf das aus, über das Sie zuvor mißmutig gewesen sind.

Wir alle kennen Depressionen und träge, müde Zeiten, in denen wir uns fragen, was wir hier eigentlich machen. Aber wir sind ja hier, weil wir es bis jetzt immer noch nicht so ganz kapiert haben. Natürlich ist der Zustand unserer Welt nicht gerade Anlaß zum Frohlocken, aber wenn wir die Zusammenhänge entdecken, das Potential, das alles Leben hat, sich zu entwickeln, dann ist es doch schön, zu wissen, daß jeder positive Gedanke aufgenommen und verstärkt wird und jeder negative Gedanke einfach nur verschwendete Energie ist.

In der Natur gibt es keine Gier, keine Rache, keinen Haß. All das haben wir hineingebracht. Es sind nicht „die da oben" oder die bösen Menschen, die uns das Leben so schwer machen. Wir selber sind Teil dieser Entwicklung. Und wir haben von der Quelle die gleiche Energie bekommen, wie „die da oben", um sie zu qualifizieren. Und wir bekommen sogar noch viel mehr Energie, wenn wir sie brauchen, wenn wir die Evolution ein bißchen voran bringen wollen oder wenigstens ein bißchen von dem besser machen wollen, was wir bisher immer wieder falsch gemacht haben. Fangen Sie an, das Leben zu lieben, dankbar zu sein dafür, daß Sie hier sind. Reden Sie mit der Natur, mit Ihren Geräten, geben Sie Ihrem Auto einen Namen, tanzen Sie mit den Elfen, auch wenn Sie sie nicht sehen können. Irgendwann werden Sie sehen, wenn sich Ihre Schwingung soweit erhöht hat, daß Sie die Freude der kleinen Helfer wahrnehmen können. Fangen Sie an. Jetzt gleich!

Ach ja, es gibt Naturgeister, die sogar Sie und ich sehen können: Das sind die Wolken-Devas. Das sind sehr filigrane, zarte, alleinstehende Wolkengebilde, die sich in ihrem Aussehen völlig von den anderen Wolken unterscheiden. Als ich zuletzt bei einem Spaziergang durch unsere wunderschöne norddeutsche Landschaft ging und dabei an Naturgeister dachte, bemerkte ich plötzlich solch einen Deva über mir. Während sonst, so weit das Auge reichte - und das sind in der flachen Landschaft bei uns viele, viele Kilometer - nur Kumulus-Wolken zu sehen waren, schien dieser mir zu folgen. Ja, erstaunlicher noch; während der Wind mir entgegenblies und die anderen Wolken vorüber zogen, schien dieser stehenzubleiben, oder zumindest nicht den anderen zu folgen. Er war nicht in einer anderen Höhe, wo vielleicht andere Luftströmungen herrschten, denn in der dreidimensionalen Realität kann man ja durchaus die Staffelung von Wolkengebilden räumlich nachvollziehen. Dieser blieb eine ganze Zeit bei mir, während alle anderen anders aussehenden Wolken der Herde, oder besser der Windrichtung, folgten.

Vielleicht machen Sie ja auch solche Erfahrungen. Und dann glauben Sie vielleicht, daß es hinter der „wissenschaftlich anerkannten“ Realität noch eine andere gibt; eine beseelte, ständig in Liebe gebende Natur.

Verschworene Gemeinde

Sie werden sich nach den vorangegangenen Kapiteln fragen, warum ich nun wieder in scheinbar negative Themen abgleite. Wenn wir den Fortschritt der Welt beschleunigen wollen, um die unglücklichen Zustände des Lebens zu verbessern, müssen wir uns auch mit den Kräften beschäftigen, die die Massen von ihrer spirituellen Entwicklung abhalten. Wir können sagen, daß wir nur das Positive bestärken wollen und dem Negativen keine Energie geben wollen. Schön und gut. Aber wir sind mit allem verstrickt, auch mit den scheinbar negativen Dingen. Es ist eine Sache, den negativen Dingen unserer Welt nicht allzuviel Aufmerksamkeit zu schenken, andererseits können viele Dinge einfach nur geschehen, weil die positiven Kräfte nichts tun, um es zu beenden. Auch wir sind an all diesen Dingen beteiligt, und wenn es in früheren Leben war.

Sich eine Verschwörung finsterer Mächte vorzustellen, ist für viele Menschen schwierig. Wer sich nicht eingehender mit Hintergründen politischer Vorgänge befaßt, wird denken, daß alles in bester Ordnung ist: Unsere Politiker bemühen sich, die chaotischen Vorgänge auf der Welt zu ordnen und größeren Schaden, die die kriegerischen Menschen der Erde gerne anrichten, zu verhindern. Dabei können u.a. Kriege nur geführt werden, wenn sie finanziert werden und eine entsprechende Propaganda jeden davon überzeugt, daß der Krieg für eine gute Sache gekämpft wird.

Für die meisten jüngeren Menschen ist es heute leider eher wichtig, ob etwas „cool" ist oder nicht. Daß allein schon ihre Vorstellung von dem, was cool oder uncool ist, ihnen vorgegeben wurde, und zwar nicht als zufällige Entwicklung eines „Zeitgeistes", sondern als Idee schon vor langer, langer Zeit geplant war, ist dann schwer zu vermitteln. Angeblich erziehen unsere Schulen zu kritischem Denken, insgesamt werden die Ziele der Bildung aber immer mehr darauf ausgerichtet, nur einen Schein von freier Meinungsbildung zu erzeugen, ansonsten aber zu verhindern, daß sich die Menschen allzu freie Gedanken machen.

Daher ist es wichtig, auf die Gefahren hinzuweisen, die die Trägheit einer Gesellschaft, deren Prioritäten „cool" sind, bedeuten. Denn verborgen hinter den bunten Bildern der großen weiten Welt, die uns via Bildschirm ins Haus kommen und den Eindruck erwecken, uns umfassend über alle wichtigen Entwicklungen auf der Erde zu informieren, arbeiten Menschen und Interessengruppen an Kriegen, an Bewußtseinskontrolle, an Machtstrukturen, an einer Neuen Weltordnung.

Verschwörungstheoretiker werden oft lächerlich gemacht, indem man diese Gefahr vereinfacht und ihnen unterstellt, sie würden einfache Lösungen für eine immer komplexere Welt suchen, indem sie die Schuld an allen Übeln den Illuminaten, den Freimaurern, Außerirdischen oder den Juden anhängen wollten. Tatsächlich sind die widerstrebenden Kräfte auf unserem Planeten wesentlich komplexer und keineswegs leicht zu durchschauen.

Es ist jedoch wichtig, zu erkennen, daß es einen Kampf um die Seelen der Menschen auf der Erde gibt, daß es Bestrebungen für eine totale Versklavung gibt, und wir ausgesprochen wachsam sein müssen, uns nicht von den coolen Fernsehbildern mit scheinbarer Pluralität von Meinungen einlullen zu lassen.

Die Ziele der zerstörerischen Kräfte sind selten auf den ersten Blick zu erkennen, da sie natürlich immer versuchen, jede Maßnahme als etwas Notwendiges für den Frieden, die Freiheit oder den Wohlstand anzupreisen. Ein paar Beispiele:

Die Einführung elektronischer Zahlungsmittel. Angeblich bequem und sicher, führt sie über Geldchipkarte, Strichcode und Mastercode irgendwann zum unter die Haut eingepflanzten Chip und damit zu totaler Kontrolle des Geldes, wie in der Offenbarung des Johannes vorausgesagt.

Über den „Codex Alimentarius" versucht die Pharmaindustrie seit einiger Zeit, alle Naturheilmethoden, von Vitaminversorgung über Homöopathie, Ayurveda, Neue Medizin usw. gesetzlich verbieten zu lassen, um nur noch ihre Produkte verkaufen zu können. Dabei gibt es für hunderttausend pharmazeutischer Produkte keinen Wirkungsnachweis und mehr Nebenwirkungen als Heilung. Die Pharmaindustrie gehört zu der Industrie mit den größten Gewinnen, größtem Wachstum und größtem Einfluß. Man veröffentlicht dann Studien von geneigten Instituten, die uns weismachen wollen, daß bestimmte natürliche Mittel gesundheitlich gefährlich seien, wie z.B. Vitamine oder der natürliche Süßstoff Stevia.

In der Medizin werden die Erfolge der Pharmaindustrie immer hervorgehoben, während Menschen, die alternative Heilmethoden propagieren, in allen Medien unisono als Wunderheiler und Scharlatane bezeichnet werden. Krebs und die meisten anderen Krankheiten könnten längst geheilt werden. Die Medien haben durch ihre Berichterstattung jedoch ein Klima des Hasses gegen Außenseiter geschaffen, das dafür sorgt, daß weiterhin jedes Jahr Hunderttausende an Krebs sterben, nachdem sie für sehr viel Geld pharmazeutische Produkte eingenommen haben, obwohl sie geheilt werden könnten.

Durch verschiedene internationale Abkommen sollen große Firmen den Status von Nationalstaaten bekommen. Sie werden also faktisch über dem Gesetz stehen und nicht mehr an Gesetze gebunden sein. Schon in der EU werden viele politische Entscheidungen nicht mehr durch demokratisch gewählte Volksvertreter getroffen, sondern durch Kommissionen, in denen Vertreter der Industrien sitzen, die ein Interesse an der Ausweitung ihrer Märkte haben.

Um die Neue Weltordnung zu festigen, werden Staaten, die sich gegen diese Bestrebungen erheben, im Ernstfall in einen Krieg gezwungen. Man stellt die Einsätze als notwendige, humanitäre Einsätze dar, nötig, um Freiheit und Frieden zu bewahren. Die kontrollierten Massenmedien schaffen es, den Widersacher als absolut böse darzustellen, wie bei Saddam Hussein oder Milosevic geschehen. In den meisten Fällen wurden diese Leute vorher von den gleichen Mächten finanziell und politisch unterstützt, um sie danach als Buhmann benutzen zu können und die Weltpolizei als Retter der Freiheit und Humanität darstellen zu können. Ursprünglich sollten die UN-Truppen als „Friedensengel" aufgebaut werden, im Kosovokonflikt hat man die NATO kurzerhand als Weltpolizist umfunktioniert.

Obwohl offiziell die Einfuhr von Drogen bekämpft wird, kann man in der Praxis beobachten, daß in Amerika und bei uns Drogendealer aus dem Ausland ins Land gebracht werden, kaum polizeilich verfolgt und, wenn festgenommen, sofort wieder frei gelassen werden. Drogen schwächen den freien Willen, den Widerstand und das eigenständige Denken der Menschen. Politiker finden wohlwollende Argumente für Drogenkomsumenten. Aber auch legale Drogen, speziell Psychopharmaka, werden massenhaft unters Volk gebracht. Bei den meisten Massakern der letzten Jahre konnte festgestellt werden, daß die Täter zuvor Antidepressiva und ähnliches genommen hatten.

Religionen werden satanisch unterwandert. In der katholischen Kirche werden Mitglieder bekämpft, die satanische Symbole und Handlungen in der Kirchenspitze feststellen und kritisieren. Für die Neue Weltordnung soll eine Welteinheitsreligion geschaffen werden, daher erhalten andere Religionsgemeinschaften eine Plattform. Nur kleine Religionsgemeinschaften, die sich nicht in dieses Schema pressen lassen, werden von den Medien als fanatische Sekten bezeichnet und politisch verfolgt.

Obwohl behauptet wird, daß unser Schulsystem die Menschen zum kritischen Denken erziehen soll, wird durch Multiple Choice, Mengenlehre und andere Experimente eher eine Verdummung der Schüler erzeugt. Lehrer, die die Schüler wirklich zum unabhängigen Denken erziehen, bekommen Schwierigkeiten und geben irgendwann auf. Das Auswendiglernen wird belohnt.

Durch die ständige Erinnerung an Verbrechen in der deutschen Vergangenheit wird der Haß auf die eigenen Wurzeln von klein auf erzogen. Linke Autonome dürfen vermummt demonstrieren, Geschäfte zerstören und zu Haß gegen Deutschland aufrufen. Menschen, die die Gefahr der neuen Weltordnung und den Einfluß übernationaler Mächte sehen, werden in die Nähe der Verbrechen der Nazis gestellt - wobei Verbrechen anderer Völker, besonders kommunistischer, immer wieder unter den Teppich gekehrt werden - und natürlich will niemand etwas mit Faschisten zu tun haben. Auf diese Weise kann aber jede berechtigte Kritik an der Neuen Weltordnung als „rechtsextrem“ und „antisemitisch“ bezeichnet und damit unterdrückt werden.

Es gäbe nichts gegen eine Weltregierung einzuwenden, wenn sie die besten Intentionen für die Menschheit hätte. An den Spitzenpositionen der Macht sitzen aber oftmals skrupellose Egomanen.

In Amerika gibt es bereits riesige, noch leerstehende Gefängnisse, in denen Hunderttausende von Menschen untergebracht werden können. In unterirdischen Anlagen überall auf der Welt wird die Kontrolle durch die Neue Weltordnung vorbereitet. Millionen Menschen in der Welt arbeiten - bewußt oder unbewußt - den Zielen dieser

Leute in die Hände. Daher ein Appell an verschiedene Berufsgruppen:

Soldaten: Laßt Euch nicht für die Versklavung der Menschheit einsetzen, auch wenn Euch erzählt wird, daß dieser Einsatz „humanitären Zwecken“ oder der „Freiheit“ dient. Die Verdrehung von Worten ist eine Spezialität dieser Mächte.

Politiker: Unterstützt keine Entscheidungen, die die Freiheit der Menschen und den Respekt vor dem Leben einschränken und stattdessen die Macht skrupelloser Interessengruppen festigen.

Polizisten und Geheimdienstler: Macht nicht mit bei der Überwachung und Verfolgung Andersdenkender, auch wenn Euch gesagt wird, diese würden die Demokratie gefährden. Wieviel die Demokratie wert ist, seht Ihr, wenn unliebsame Wahlergebnisse erzielt werden.

Kirchenleute: Laßt Euch nicht mißbrauchen, wenn unter dem Deckmantel der Toleranz gerade die Kräfte unterstützt werden, die den wahren Glauben an die Liebe zum Leben untergraben. Trennt Euch von einem rachsüchtigen und zornigen Gott. Alles, was Euch begegnet, ist Teil von Gott und reagiert auf Liebe.

Journalisten: Tragt nicht durch Verdrehungen in Euren Berichten dazu bei, daß das Gute als böse und das Böse als gut dargestellt wird. Ihr seid mit dafür verantwortlich, wenn Menschen sterben, sei es an Krankheiten, weil Ihr den Glauben an die Pharmaindustrie gefestigt, oder an Hunger oder Bomben, weil Ihr die Gründe für einen Krieg einseitig schön geredet habt. Schon die tägliche Berichterstattung mit Betonung auf das Negative, Häßliche und Perverse trägt zur Schwächung der Menschen bei. Auch Ihr werdet Teil einer versklavten Menschheit sein, wenn Ihr aus egoistischen Gründen den Boden für die Anbetung des Niederen bereitet habt.

Lehrer: Ihr werdet dazu mißbraucht, bei den Schülern das kritische Hinterfragen zu unterdrücken und sie mit unterschiedlichen Methoden zu verwirren. Solange man noch erkennt, was vorgeht, sollte man aufstehen für die Wahrheit, auch wenn es den Job gefährdet. Was nützt einem der Job, wenn man dazu beigetragen hat, die jungen Menschen zu dummen Schäfchen zu erziehen, die irgendwann zur Schlachtbank der Neuen Weltordnung geführt werden können, ohne es zu merken.

Jeder ist vor dem Universum verantwortlich für seine Taten oder Unterlassungen.

Jeder kann etwas tun! Lassen Sie sich nicht zum Haß erziehen oder von täglichen Horrormeldungen Angst machen. Fangen Sie an, das Leben zu lieben und zu achten. Das ist das, womit die Skrupellosen am schlechtesten umgehen können.

Kriege auf der Welt entstehen nicht allenthalben, weil die Menschen nun mal kriegerisch, religiös fanatisch oder expansiv veranlagt sind, sondern weil sie gemacht werden. Einen Krieg zu führen kostet sehr viel Geld. Schon vor Tausenden von Jahren mußte ein Herrscher, der einen Krieg führen wollte, sich um die Finanzierung kümmern. Natürlich mußte die Gegenseite das auch. Heute sind Kriege keineswegs billiger, im Gegenteil, ein großer Teil eines gesamten Volksvermögens kann dabei drauf gehen, wenn man sich auf einen Krieg einläßt. „Mal eben so" einen Krieg vom Zaun zu brechen, kann kaum jemand. Da ist es dann interessant, festzustellen, daß oftmals beide Seiten eines Krieges Kredite von den selben Bankiers bekommen haben. Um es ganz kraß zu sagen: ohne die Kredite internationaler Bankiers würde es die massenhaften Kriege der letzten hundert Jahre gar nicht gegeben haben.

Historiker suchen die Erklärung für Kriege in der Natur des Menschen, die nun mal kriegerisch sei, aber das ist eben ein Trugschluß und verhindert, zu erkennen, wo man ansetzen müßte, um zukünftige Kriege zu verhindern. Es gehört nicht nur Geld dazu, einen Krieg zu machen, sondern es wird auch sehr viel Geld damit verdient, denn jeder Kredit muß mit Zins und Zinseszins zurückgezahlt werden, und die Banken haben also entweder einen Riesen-Gewinn oder die säumigen Länder schulden einem etwas.

Es gehört auch immer dazu, wenn man einen Krieg „machen" will, daß man ein Volk davon überzeugen kann, daß es nötig ist, in diesen Krieg zu ziehen und notfalls für sein Land oder für Gott, für die Freiheit oder sonst was Tolles zu sterben. Unsere Medien, die uns angeblich immer ein Wissen über die Vorgänge der Welt vermitteln, werden mißbraucht, wenn ein Krieg geführt werden soll.

Niemand, ich wiederhole: kein noch so verrückter Diktator kann mal eben so einen Krieg vom Zaun brechen. Er braucht IMMER Geld. Weder Hitler, noch Saddam, noch Milosewic könnten ohne das

Wohlwollen und die Kredite einer Bank und ohne Waffenlieferungen einen Krieg führen. Und natürlich haben die drei genannten Personen Geld von internationalen Bankiers bekommen, bevor sie als die Verkörperung des Bösen dargestellt wurden. Es wird uns gesagt, daß dort das Böse in Form eines Diktators regiert und daß man gegen dieses kämpfen muß, um die Freiheit zu verteidigen, die Menschenrechte usw. Es wird dann aber nie der Diktator beseitigt, wie das bei entsprechender Zielsetzung natürlich möglich wäre, sondern meistens ein ganzes Volk ins Elend gestürzt.

Leider fallen nicht nur einfach gestrickte Menschen auf die Macht der Bilder herein, sondern auch für differenziert denkende Menschen ist es schwierig, die Hintergründe zu durchschauen, wenn irgendwo Bilder von Massakern, von leidenden Menschen, von Greueln und von demagogischen Herrschern gezeigt werden. Es ist unglaublich, was Menschen alles tun, um Kriege zu erzeugen. Und noch mehr, was sie alles unterlassen:

Am 26. November 1941 waren die Nazis recht fleißig dabei, Telefongespräche im Ausland abzuhören. Speziell natürlich kriegswichtige. Unter der Nummer 321/41 wurde von einer deutschen Abhöranlage in Holland ein Gespräch zwischen Churchill und Roosevelt aufgezeichnet. (Quelle: Gregory Douglas, Geheimakte Gestapo Müller) Darin informierte Churchill seinen amerikanischen Kollegen darüber, daß der britische Geheimdienst Funkgespräche abgefangen hatte, wonach die Japaner Flugzeuge mobilisiert hatten und vermutlich Angriffe auf Pearl Harbour fliegen würden. Der Angriff auf die Pazifikinsel erfolgte am 7. Dezember, mehr als eine Woche später. Die Amerikaner waren unvorbereitet, als der Angriff erfolgte, und das, obwohl ihr Präsident sehr klare Kenntnis davon hatte.

Man fragt sich, wie sich ein Präsident entscheiden kann, Tausende seiner Landsleute einen grausamen Tod im Bombenfeuer sterben zu lassen, wenn ein Wort genügt hätte, dieses zu verhindern. Dazu steht in dem Buch „Geheimakte Gestapo Müller“, das übrigens in Deutschland sehr schnell beschlagnahmt wurde: *„So sehr Roosevelt den Kriegseintritt gegen Deutschland wünschte, so hinderte der Kongreß ihn doch daran, einen persönlichen Krieg zu führen. Ein de-facto Krieg gegen Deutschland fand bereits im Atlantik statt, wo US-amerikanische Schiffe im offenen Schlagabtauch mit deutschen*

U-Booten standen. Hitler ging jedoch auf diese Provokationen der USA nicht ein" (...) „Roosevelts Regierung war voll von aktiven wie passiven Kommunisten, welche die New-Deal-Programme, also die politische Annäherung zur Sowjetunion, nachhaltigst unterstützten. Als 1939 der Hitler-Stalin-Pakt unterzeichnet wurde, machten viele US-amerikanische Kommunisten eine ernsthafte Gewissenskrise durch." (...) „Das Hauptproblem für Roosevelt lag somit auf der Hand." (...) „Wenn Stalin fiel, würde Hitler die russische Militärstruktur zerschlagen können." (...) „Für Roosevelt bestand die dringende Notwendigkeit, Japan daran zu hindern, irgendwelche militärischen Schritte gegen Rußland zu unternehmen."

Wie man sieht, gibt es keine einfachen Erklärungen für die Entstehung von Kriegen. Viele Interessen agieren gegeneinander, sind vielfach verflochten. Dennoch kann man bei genauerer Beschäftigung mit der vielfältigen Literatur sehr bald erkennen, daß oft schon im Voraus feststeht, wo ein Krieg entsteht und wie lange er dauert. Daß dabei Menschen drauf gehen, ist jenen, die globalpolitische Ziele verfolgen, ziemlich egal. Egal, wie viele es sind, junge Soldaten in der Blüte ihres Lebens oder Frauen und Kinder irgendwo – was zählt, ist das Ergebnis.

Auch daß Amerika die Atombomben über Hiroshima und Nagasaki abwarf, als Japan bereits kapituliert hatte, zeigt, daß ohne Rücksicht auf Verluste bestimmte Dinge inszeniert werden. Über die Propaganda kann man es immer so darstellen, daß eine Maßnahme nötig war, da auf der anderen Seite ja immer die Unfreiheit in Form eines bösen Diktators oder eines durch und durch bösen Volkes gestanden hat.

Zum Glück klappt nicht alles so, sonst gäbe es nach einigen Plänen Deutschland längst nicht mehr. Es gibt Landkarten, die vor den beiden Weltkriegen gezeichnet wurden, auf denen Holland den Norden Deutschlands bis nach Polen bedeckt und die Tschechoslowakei und Frankreich sich die süddeutschen Gebiete aufteilen.

Wir müssen uns jedoch darüber klar sein, daß die Mächtigen der Welt viel weniger eigene oder nationale Interessen haben, sondern fast ausschließlich Mitglieder von Geheimorganisationen sind, in denen es darum geht, die Weltherrschaft zu erlangen. Das Opfern von Leuten des eigenen Volkes gehört dazu, denn es geht um das größere Ziel. Es soll niemals eine Nation gewinnen, letztlich werden Kriege geführt, um Nationen zu zerstören und unter die Knute der Neuen Weltordnung zu bringen. Jedes Land, das nicht mitmacht, wird mit List auf die Kriegsliste gesetzt. Wenn sich dort ein national gesinnter Politiker profiliert, wird dieser von den geheimen Machthabern unterstützt, bekommt politische Zusagen, viel, viel Geld, um aufzurüsten, und wird dann, wenn er sein Land mit eiserner Faust regiert, als Inkarnation des Bösen dargestellt, in den Medien der restlichen Welt angeprangert, bis die restliche Welt bereit ist, seine jungen Männer in den Krieg zu schicken, um die Freiheit der Welt zu verteidigen.

Alle Diktatoren, die wir zu den grausamsten Despoten der Welt zählen, sind vorher unterstützt worden, da sich mit dem Krieg Geld verdienen läßt und man die Weltkarte neu ordnen kann. Wie der Krieg ausgeht, kann mit Waffenlieferungen, Krediten und politischen Schlammschlachten ziemlich genau gesteuert werden. Skrupel kennen die geheimen Machthaber nicht.

„Ich hoffe, daß die Geschichtsschreibung die Golfkrise als Feuerprobe der Neuen Weltordnung in Erinnerung behalten wird", sagte US-Präsident George Bush in einer öffentlichen Ansprache (Vankin/ Whalen: Die 50 größten Verschwörungen aller Zeiten). Die Folgen scheinen den Machern der NWO keine schlaflosen Nächte zu bereiten. Sie sehen sich ja als die Guten. Dabei sind im Irak als Folge des Golfkriegs bisher mehr als eine Millionen Menschen gestorben. Alle 5 Minuten stirbt ein Kind auf Grund der Sanktionen. Als US-Außenministerin Madeleine Albright in einer Sendung des CBS dazu befragt wurde, sagte sie: „Es ist eine sehr schwierige Entscheidung, aber der Preis, wir denken, der Preis ist es wert." (aus Mansur Khan: Die geheime Geschichte der amerikanischen Kriege)

Daheim am Fernsehgerät wird Ihnen in bunten Bildern ein Eindruck von umfassender Information vorgegaukelt. Wenn ein Krieg geführt werden soll, werden Sie Bilder von leidenden, sterbenden, verstümmelten Menschen sehen. Ob die Bilder echt sind oder bei irgend einer ganz anderen Gelegenheit aufgenommen wurden, werden Sie nie erfahren. Die Bilder aber wirken. Zumindest auf die Massen. Als der Jugoslawienkrieg geführt werden sollte, wurden uns Bilder von Massengräbern gezeigt und Zahlen von Massakern genannt, die zu recht empörten. Aber es war nur ein Teil der Wahrheit. Es hat keine Tausende von massakrierten Kosovo-Albaner gegeben. Die Experten, die nach dem Krieg die Massengräber untersuchten, stellten fest, daß nur sehr wenige Leichen gefunden wurden, die man tatsächlich einem Massaker zurechnen konnte. Daß es umgekehrt auch albanische Massaker gegen Serben gegeben hatte, wurde auch nicht berichtet. Schließlich mußte man alle Welt davon überzeugen, daß man einen Krieg führen mußte, und zwar aus humanitären Gründen. Als wenn humanitäre Gründe irgend jemanden bewegen würden, einzugreifen, wenn anderswo auf der Welt Menschen verhungern, Militärjuntas wüten oder einfach Minderheiten unterdrückt werden. Eingegriffen wird nur, wenn der Krieg als Schritt zu der Neuen Weltordnung - oder zur Ausbeutung der Rohstoffe eines Landes - sorgfältig geplant wurde.

Im Jugoslawienkrieg wurde die NATO als Weltpolizei eingesetzt. Und die Deutschen, die sich nach dem 2. Weltkrieg geschworen hatten: „Nie wieder Krieg“ und ja auch als Schuldige an zwei Weltkriegen von aller Welt geächtet waren, mußten in diesen Krieg hineingebracht werden: unterstützt von einem Grünen, Außenminister Fischer aus der sogenannten „Turnschuhgeneration“.

Im Folgenden Auszüge aus einem Text, der als »Erklärung eines Insiders aus dem Bonner Regierungsapparat zum Balkan-Krieg vom 7. April 1999« anonym an Medien, Parteien und Organisationen verteilt und von der PDS-Bundestagsfraktion verbreitet wurde:

Ich bin als sogenannter Geheimnisträger in leitender Position im Bonner Regierungsapparat und kann aus Gewissensgründen nicht mehr schweigen. Alle von mir angegebenen Fakten sind für Besserinformierte recherchierbar und überprüfbar.

Der gesamte NATO-Propagandastab und bei uns voran das »Trio Infernale« Schröder, Scharping und Fischer belügen dreist die Öffentlichkeit in fast allen Fakten bezogen auf den Balkankrieg, und eine willige Schar von Medienleuten tragen diese Lügen ungeprüft weiter.(...)

Die Aufklärung der Bundeswehr wie der NATO überhaupt verfügen dagegen weder über Bildmaterial, noch über geheimdienstliche Erkenntnisse, Anzeichen und Belege, die für eine systematische Ver-

treibung oder Deportation von Flüchtlingen durch jugoslawische Spezial-, Armee oder Polizeikräfte sprechen.

(...) Der Bundesregierung ist bekannt, daß es im Kosovo keinerlei Konzentrationslager gibt und auch kein Haus mit S für Serben gekennzeichnet wurde. Dies, sowie die Nachricht, in keinem Stadion Pristinas werden Menschen festgehalten, wurde in direktem telefonischen Kontakt Mitarbeitern der Bundesregierung von Vertretern der katholischen Kirche in Pristina übermittelt. Dennoch wird diese Lüge weiter von Scharping verbreitet.

Der Bundesregierung ist ebenfalls bekannt, daß amerikanische und europäische Privatmedien für Videomaterial von Massakern, echt oder gestellt, an den Grenzen bis zu 200.000 US-Dollar bieten.

Die NATO und die Bundeswehr unterstützen logistisch die UCK. Verpflegung und Kampfanzüge sowie Ausbilder kommen meist von der Bundeswehr, sowie aus den USA. Alle UCK-Kommandeure stehen in ständigem Funkkontakt zur NATO.

(...)Beim Einsatz deutscher Tornados nimmt der Verteidigungsminister bewußt in Kauf, gegen die »Genfer Konvention« und das internationale Kriegsvölkerrecht zu verstoßen. Dies gilt für Zielerfassung und Zerstörung des Belgrader Militärkrankenhauses ebenso wie für die Angriffe auf Donaubrücken und u.a. damit die Verhinderung/Unterbrechung der ungestörten internationalen Donauschiffahrt zwischen Regensburg und dem Schwarzen Meer, die auch Deutschland als Anrainerstaat der Donau völkerrechtlich garantiert hat.

Kanzler und Außenminister waren sich von Anbeginn darüber im Klaren, daß keine jugoslawische Regierung das Besatzungsstatut unterschreiben kann, wie es im Artikel 6, 8 und 10 von Annex B des Vertrages von Rambouillet festgeschrieben war. Beide waren sich im Klaren, daß dies der Aufgabe der Souveränität ganz Jugoslawiens gleichgekommen wäre. Der Krieg war somit unausweichlich.

(...) Seit Beginn der ersten Amtszeit Clintons arbeiten die USA in enger außenpolitischer Flankierung durch die Bundesrepublik unter dem Code-Namen »Roots« als »covert action« des CIA und der DIA, einer gemeinsamen Einrichtung des Pentagon und des CIA, mit Beteiligung deutscher Dienste an der militärischen und ethnischen

Destabilisierung Jugoslawiens als letztem NATO-resistenten Balkanland.

Ziel von »Roots« ist die Loslösung des Kosovo als Rohstoffbasis Jugoslawiens durch weitgehende Autonomie, Anschluss an Albanien oder Selbständigkeit, die Abtrennung Montenegros als letztem Zugang Jugoslawiens zur Adria und die Loslösung der Vojvodina als Kornkammer und Rohstoffquelle und damit der Zusammenbruch Jugoslawiens als souveräner überlebensfähiger Industriestaat.

Auslöser ist die Furcht der USA und Deutschlands vor einer Allianz zwischen Rußland und anderen GUS-Staaten mit Jugoslawien bei einer Ablösung Jelzins durch kommunistische und nationalistische Kräfte.(...)

Enttäuschend verlief für die »Roots«-Planer, daß sich 1997 wieder eine friedliche Lösung abzeichnete, als der gemäßigte Sprecher der Kosovo-Albaner mit dem systematisch dämonisierten Milosevic vertraglich übereinkam, im Schulwesen die Autonomie wiederherzustellen. Nun wurde die CIA-Gründung UCK, gegründet auf der Basis von Kräften der albanischen Mafia, die, noch immer wie ihr sizilianisches Pendent, die Bergdörfer im Grenzgebiet zwischen Kosovo, Makedonien, Montenegro und Albanien kontrolliert, im Drogenhandel, Schmuggel, in Schutzgelderpressung etc. aktiv ist und einem Codex mit Blutrache und dem Gesetz des Schweigens operiert, mit im albanischen Bürgerkrieg erbeuteten Waffen auf den Plan gerufen.

So viel zum Thema Kriegspropaganda, die offenbar von Politikern genauso betrieben wird wie von den Massenmedien. Und wir halten uns für demokratisch regierte, mündige und kritische Bürger und meinen, über das Fernsehen genügend Informationen über die Vorgänge in der Welt zu haben. Die Massen erfahren von solchen Tatsachen, die unterdrückt werden, wenn ein Krieg geführt werden soll, meistens nichts.

Wenn es für Sie schwierig ist, sich vorzustellen, daß es globale Verschwörungen gibt, betrachten wir vielleicht erst einmal kleinere Bereiche:

Menschen, die sich gegenseitig Vorteile verschaffen, gibt es im Kleinen ebenso wie im Großen. Vielleicht haben Sie in Ihrem Ort einen lokalen Lions-Club. Da sitzen dann der Schulrektor, ein Bauunternehmer, der Bürgermeister usw. Wenn nun vielleicht der Bürgermeister einen Sohn hat, der kurz vorm Abitur steht, aber nicht besonders gut in der Schule ist (vielleicht denkt er, 13. Klasse, das bringt Unglück) dann kann er sich vielleicht von Bruder zu Bruder an den Rektor der Schule wenden, ob man da nicht etwas großzügig sein könne. Vielleicht wird der Rektor dann sagen, „Gut, kein Problem, aber ich würde ja gerne auf meinem Grundstück an der Pappelstraße bauen, aber dort gibt es keine Baugenehmigung." Und vielleicht werden Sie dann irgendwann beobachten, daß sowohl der Sohn des Bürgermeisters das Abitur bestanden hat, als auch plötzlich auf dem Grundstück in der Pappelstraße Bauaktivitäten beginnen. So etwas ist ganz alltäglich, und wenn es so was nicht gäbe, dann würde man ab sofort damit beginnen. Das gibt es nicht nur im Kleinen in ihrem Ort, denn natürlich haben auch schon der Bürgermeister ihres Städtchens vor 500 Jahren mit dem damaligen Rektor, oder mit dem Pastor, oder mit dem Leichenbestatter gekungelt. Und vielleicht können Sie sich vorstellen, daß diese Methode, sich gegenseitig Vorteile zu verschaffen, wenn man jemanden aus einem Verein oder Club kennt, auch funktioniert, wenn jemand sehr viel Gier nach Macht oder nach Besitz hat. Daß vielleicht den Banken Vorteile verschafft wurden, so daß sie immer mehr Geld anhäufen und schließlich ganze Nationen abhängig machen konnten.

In Amerika können wir sehen, daß man es irgendwie sehr geschickt angestellt hat, die Politiker über die Schaffung einer Zentralbank abstimmen zu lassen, als die meisten schon im Weihnachtsurlaub waren, und dann ist die Genehmigung, Geld zu drucken, nicht irgendwelchen staatlichen Stellen erteilt worden, sondern privaten Bankiers. Wenn wir uns fragen, warum die Staaten heute mit unvorstellbaren Milliardensummen verschuldet sind, müssen wir uns auch fragen, bei wem sie verschuldet sind und warum die Politiker nicht die Kontrolle über das Geld haben, das doch eigentlich dem Staat gehören sollte. Einen Politiker, der sich gegen solche Bestrebungen wehrt, versucht man vielleicht zu bestechen, durch eine Affäre unglaubwürdig zu machen, in die Psychiatrie zu bringen oder letztlich umzubringen. Dazu bedient man sich oft finsterer Gestalten, die zu jeder Schandtat bereit sind. So wurde Abraham Lincoln angeblich von einem Verrückten namens Booth während einer Theatervorstellung erschossen. Da er den Bestrebungen des Schaffens einer Zentralbank unter Kontrolle einiger weniger privater Bankiers fortan nicht mehr im Wege stand, ist der Verdacht naheliegend, daß es sich um einen gedungenen Mörder handelte, den man irgendwie dazu gebracht hatte, die Tat auszuführen.

Es ist schwer, Beweismaterial über die Existenz von Logen zu bekommen, denn natürlich muß jeder, der dort eintritt, zuvor schwören, nichts über die geheimen Aktivitäten nach draußen dringen zu lassen, andernfalls man ihn auch auf bestimmte, festgelegte Weise beseitigen würde. Und natürlich weiß der durchschnittliche Logenbruder, der vielleicht im guten Glauben eingetreten ist, weil er die Freimaurerei für eine spirituelle Vereinigung hielt, nicht, was in den höheren Graden vorgeht. Denn die Informationen in den Logen fließen immer von oben nach unten. Die Hierarchie ist aufgebaut, wie eine Pyramide, und da bestimmt die Spitze, was die Basis tun oder lassen soll. Ganz an der Spitze steht übrigens das Symbol des Allsehenden Auges für Gott oder den großen Baumeister des Universums. Was für ein Gott das ist, muß auf jeden Fall hinterfragt werden.

Durch diese hierarchische Struktur ist die Freimaurerei jedoch gut geeignet, auch mißbraucht zu werden, da sich nur jemand, der skrupellos genug ist, an die Spitze einer Organisation zu stellen braucht, um viele, viele Untergebene zu haben, die nach seiner Pfeife tanzen, ohne es vielleicht zu ahnen. Denn natürlich wird man in den Logen auch nur denjenigen Brüdern bestimmte Informationen anvertrauen, bei denen man davon ausgehen kann, daß sie sich nicht gegen bestimmte Bestrebungen stellen.

Da es offenbar schwer ist, Informationen direkt aus dem Inneren einer Loge zu bekommen - obwohl auch gelegentlich Aussteiger über die Interna berichtet haben, was ihnen oftmals nicht gerade den Dank der Loge eingebracht hat - möchte ich aufzeigen, was es an Informationen gibt, die öffentlich verbreitet werden. Ja, das Erstaunliche ist, daß überall erhältliche Publikationen Hinweise für Freimaurer enthalten, die allerdings so gestaltet sind, daß sie der profane Bürger überhaupt nicht erkennt oder sich nichts dabei denkt. Oftmals sind es einfach Artikel, die irgendwie keinen Sinn ergeben, wenn man sie liest. Der Sinn steckt dann oft in den Symbolen, die nur der Eingeweihte versteht.

Interessant ist jedoch, daß geheime Machenschaften immer mehr ans Licht gezerrt werden. Daß es einmal einen Kinofilm wie „The Skulls“ geben würde, der einen, zwar hollywoodmäßig aufbereiteten, aber doch interessanten Einblick in die Rekrutierung und den Einfluß einer Loge gab, daß eine Science-Fiction Serie wie Akte X von einer Verschwörung innerhalb der amerikanischen Regierung berichten würde, die die Existenz von Außerirdischen geheim hält, ist erstaunlich. Allerdings sind die cineastischen Werke immer erst aufgetaucht, nachdem Insider ausgepackt hatten und sich diese Dinge nicht mehr wirklich geheim halten ließen. So versucht man, den Eindruck zu erwecken, daß man in unserer Welt doch über alles umfassend informiert wird, sogar über Geheimlogen.

Ich habe schon in meinen bisherigen Büchern über Symbole gesprochen, die von den Logen verwendet werden, da ihnen diese Symbolik doch offenbar nicht unwichtig ist. Ein umfassendes Werk über Geheimsymbole zu erstellen, ist sicher schwierig und nicht meine Absicht. Viele der Symbole stammen aus altägyptischer Mythologie und zeigen, daß die Strukturen, die an der Manipulation des Menschen arbeiten, schon uralt und keineswegs eine Erfindung der Neuzeit sind.

Eines der wichtigsten Symbole ist die Pyramide, die z.B. auf der Dollarnote auftaucht, aber auch als Spitze des Frankfurter Messeturms. Die Symbole - wie z.B. auch das Pentagramm oder der Davidstern, den es auch schon in altgermanischen Zeiten gab, sind allerdings keineswegs generell negativ. Natürlich auch das Winkelmaß und der Zirkel nicht. Es kommt darauf an, wer sie verwendet und was damit verbunden wird.

Man kann in Pyramiden viele erstaunliche Phänomene beobachten, wie z.B. daß Rasierklingen geschärft werden und Lebensmittel länger haltbar bleiben. Sie müssen aber genau nach Anweisung gebaut werden, exakte Maße, nur EIN Material (also nicht Holz mit Nägeln verbunden) und die Kanten in Nord/Süd Richtung ausgerichtet.

Auch ein Dreieck wirkt. Man kann einen einfachen Test machen, was einen stärkt oder schwächt, indem man z.B. die Arme seitlich ausstreckt und von jemandem nach unten drücken läßt. So läßt sich unterschiedliche Kraft feststellen. Wenn man ein Dreieck mit der Spitze nach oben betrachtet, hat man mehr Kraft, als wenn man eines mit der Spitze nach unten betrachtet.

Es kommt immer auf die Bedeutung an, die man Symbolen gibt. Die Pyramide mit dem allsehenden Auge ist natürlich ein deutliches Symbol, das allerdings schon uralt ist. Man hat in Equador 5000 oder 6000 Jahre alte Pyramiden mit 13 Stufen und allsehendem Auge gefunden, die sogar eine manipulative Wirkungen haben sollen. D.h. derjenige, der sie benutzt, scheint seinen Willen anderen aufdrücken zu können.

Beim Pentagramm ist natürlich ebenso wichtig, wie herum es dargestellt ist. Alle, die Che Guevara als positives Leitbild sehen, sollten sich mal ansehen, wie der Stern auf seiner Mütze ausgerichtet ist. Aber vielleicht ist er einfach nur verdreht. Wer weiß.

Daß das umgedrehte Kreuz mehr symbolisiert als ein Petruskreuz, sondern vielmehr ein satanisches Symbol ist, zeigt nur die eine Seite. Denn auch ein aufrecht stehendes Kreuz der Christen ist letztlich ein Folterinstrument, das die Gläubigen eher an Leid und Tod erinnert als an eine freudige Botschaft. Erstaunlich ist immerhin das Symbol auf der Rückenlehne des

Stuhles, auf dem der Papst Anfang 2000 bei seinem Israel-Besuch saß.

Man findet auch etliche Handzeichen, die auf geheime Verflechtungen hinweisen. Wenn man erst einmal auf solche Symbolik achtet, wird sie einem immer wieder, gerade auch bei Bildern von Politikern, auffallen. Ein rein satanisches Handzeichen ist das des „Gehörnten", also Zeige- und kleiner Finger ausgestreckt, die anderen geknickt. Popstars machen das gerne, einige vielleicht auch, ohne die Zusammenhänge zu kennen. Die Massen sehen das natürlich und machen es nach. So muß das nicht immer etwas bedeuten. Auffällig ist dann jedoch die Auswahl der Bilder in den Zeitungsredaktionen. Als z.B. die Voyeur-Show „Big Brother" beendet wurde und John den Container verließ, hat er dieses Zeichen offenbar gemacht. Ob bewußt oder nicht, ist nicht so wichtig. Jedoch tauchten gerade Bilder mit dieser Handhaltung u.a. in der Bild-Zeitung und im Bremer Weser-Kurier auf. Wenn man bedenkt, daß bei einem solchen Ereignis tausende von Bildern geschossen werden und sicherlich nicht die ganze Zeit das Zeichen gemacht wurde (was sicher aufgefallen wäre) ist es zumindest auffallend, wenn zwei große Zeitungen sogar auf der Titelseite ein Bild gerade dieser Szene veröffentlichen.

Manchmal sind diese Symbole nicht so auffällig. Als Tony Blair an die Macht kam, habe ich mich über den abgespreizten Zeige- und kleinen Finger gewundert, als er lächelnd in die Menge gewunken hat. Auch von Bill Clinton gibt es ein Bild mit dieser Handhaltung nach seiner Vereidigung.

Leider habe ich keine komplette Übersicht über solche geheimen Symbole. Der Pro-Fide-Katholica-Verlag hat mehrere Bücher, in denen Symbole analysiert werden, u.a. auch eins über die Mächte hinter den Zeugen Jehovas. Der Verlag ist sicher erzkatholisch, deckt aber gerade satanische Einflüsse in der Gesellschaft sehr engagiert und fundiert auf.

Um die Vorgänge in der Welt richtig einzuordnen, ist es wichtig zu erkennen, welche Rolle das Geld spielt. Es ist keineswegs nur ein besseres Mittel als Tausch von Naturalien. Wer das Geld kontrolliert, verdient an allem, so viel er sich zugesteht und kontrolliert die Regierungen.

Diejenigen, die viel Geld haben, bekommen immer mehr, da sie Zinsen oder Aktiengewinne bekommen, d.h. sie müssen nicht mehr arbeiten, um das Geld zu bekommen. Diejenigen, die arbeiten, müssen für die mitarbeiten, die das Geld haben. Einige hundert Leute haben heute schon die Hälfte des gesamten Besitzes in unseren Ländern. Wir müssen immer mehr arbeiten und bekommen immer weniger Geld dafür, da das Geld zu denen wandert, die nicht arbeiten. Im Grunde geht das in Richtung Sklaverei. Wir kriegen zwar noch Geld fürs Arbeiten, aber gerade so viel, daß wir leben können. Wir arbeiten zum großen Teil nicht für uns, sondern für den Gewinn der Wenigen, die immer reicher werden.

In seinem Buch „666, Die Zahl des Tieres im Internet“ aus dem Arkana Verlag geht Autor Frank Sunn auf die vielen Hinweise auf eine Verschwörung in Bezug auf Kontrolle der Menschheit über Computer ein. Dazu gehören seiner Meinung nach die Vernetzung aller Informationssysteme und die Abschaffung des Geldes und das Ersetzen durch zunächst Geldchip- und Kreditkarte, später dann eine Smartkarte, eine Karte für alles, und, da man diese verlieren oder fälschen könnte, würde uns irgendwann ein am oder im Körper zu tragendes Unterscheidungsmerkmal schmackhaft gemacht werden. Also entweder eine Tätowierung mit einem Strichcode oder das Einspritzen eines kleinen Chips unter die Haut, der alle Daten enthält, das uns beim Einkaufen und sonst wo eindeutig identifiziert. Und dann könne niemand mehr kaufen oder verkaufen, der nicht das Zeichen des Tieres hat, wie es in der Offenbarung des Johannes steht.

Solange wir noch Papiergeld haben, (was schon schlecht genug ist, früher gab es noch echtes Gold oder etwas von Wert), können wir uns vielleicht noch was auf die hohe Kante legen. Wird das Bargeld aber irgendwann abgeschafft, weil der gesamte Zahlungsverkehr nur noch elektronisch abläuft (die Geldchipkarte wird uns ja schmackhaft gemacht), kann man irgendwann das Geld elektronisch noch mehr verknappen und dann müssen die Leute noch mehr arbeiten, was letztlich das gleiche wie Sklaverei ist.

Es gibt so viele Themen, die man zu den Verschwörungen zählen könnte, daß man etliche Bücher damit füllen könnte. Ich möchte nur aufzeigen, wie ernst die Folgen für uns alle sind, wenn wir die Gefahren unterschätzen.

Einige Verschwörungen sind so offensichtlich, daß es kaum verständlich ist, daß uns immer noch eine Lüge als offizielle Version verkauft wird. Bei der Ermordung John F. Kennedys, über die ich schon geschrieben habe, mögen wir die offizielle Erklärung der Regierung glauben, daß Kennedy von Lee Harvey Oswald ermordet wurde, wenn wir uns nicht näher damit befaßt haben. Aber beschäftigt man sich genauer mit den Hintergründen, wird schnell klar, daß die offizielle Version absolut nicht stimmen kann. Es müssen fast sämtliche Behörden, die mit der Sicherheit des Präsidenten befaßt waren, daran beteiligt gewesen sein, die (vorher angekündigte) Ermordung *nicht* zu verhindern.

Dummerweise haben die Massenmedien die Möglichkeit, uns die Dinge vorzuenthalten, die darauf hinweisen, daß die offizielle Erklärung nicht stimmen kann. Nehmen wir das Beispiel der Ermordung von Barschel, von der die Medien immer noch berichten, daß die Hintergründe ungeklärt seien. Dabei hat längst ein Insider ein Buch darüber geschrieben, das sehr detailliert beschreibt, wie und warum Barschel umgebracht wurde.

In seinem Buch „Geheimakte Mossad“ hat Victor Ostrovsky, der in den Diensten des israelischen Geheimdienstes gestanden hat, ausgepackt:

An sich war die Operation Hannibal ein Waffendeal zwischen Israel und Iran, wobei der deutsche Geheimdienst als Strohmann diente. Da der Iran dringend Ersatzteile für seine ramponierte Luftwaffe brauchte und Israel die Teile besaß, vor allem für die »Phantom F-4«, lag nahe, sie ihm zu verkaufen, zumal die Verlängerung des Iran-Irak-Krieges ein erklärtes Ziel des Mossad war. Dabei wurde auch nicht vergessen, bei dem Deal einen finanziellen Gewinn herauszuschlagen. Da der Iran und sein Ayatollah Khomeini nicht gerade begeistert waren, direkt mit Israel, das zu zerstören sie täglich schworen, Geschäfte zu machen, wurden die Deutschen als Zwischenhändler eingeschaltet. Der BND, der deutsche Bundesnachrichtendienst, wurde ausgesucht, um den Job zu machen, obwohl der Mossad die örtlichen Dienststellen des Verfassungsschutzes sowohl in Hamburg als auch in Kiel auf dem laufenden hielt. Eine Zusammenarbeit dieser Art mit dem BND war ziemlich neu; normalerweise ließ der Mossad bei seinen Operationen in Deutschland den BND im dunkeln. [...]

Die Deutschen sagten, daß zur Sicherheit und für den glatten Verlauf der Operation der Ministerpräsident von Schleswig-Holstein in das Geheimnis eingeweiht werden müßte. Sein Name war Uwe Barschel, er zählte zu den engen Freunden von Helmut Kohl. Um sich seine Unterstützung zu sichern, kam man überein, daß der BND seinen Einfluß geltend machen würde, um Bundesgelder für eine krisengeschüttelte Kieler Werft lockerzumachen, wofür Barschel dann die Lorbeeren einheimsen könnte. [...]

Der BND fragte nun bei Uwe Barschel um Erlaubnis an, die Häfen in Schleswig-Holstein für die Überführung der Waffen in den Iran benutzen zu dürfen. Barschel lehnte ab. Der Mossad hatte es nicht für notwendig erachtet, Barschel deswegen anzugehen. Der BND wußte allerdings nicht, daß der Mossad sich schon die Kooperation des Verfassungsschutzes gesichert hatte. Deshalb kam es dazu, daß der BND an Barschel herantrat und ihm einiges mehr erzählte, als nötig war. Doch der BND hatte Barschels Festigkeit in dieser Angelegenheit falsch eingeschätzt. Als Barschel ablehnte, gerieten alle in Panik. Sie erkannten, daß Barschel für sie zu einer Bedrohung werden könnte, wenn er sich dazu entschließen würde, Helmut Kohl über all diese Vorgänge zu informieren.

Die Privatdetektive, die in der Affäre Pfeifer auftauchten, waren nach Ostrovsky Mossad-Agenten, die absichtlich die Aufmerksamkeit auf sich lenkten, um Engholm, dem damaligen Oppositionsführer zu schaden. Pfeifer, Codename „Whistler“ (von engl. whistle=pfeifen) behauptete, von Barschel für schmutzige Aufgaben beauftragt worden zu sein, worauf auch Barschels Dementis kurz vor der Wahl nichts mehr nützten. Als Barschel nach seiner Wahlniederlage drohte, das Fehlverhalten des BND öffentlich zu machen, wandten sich die deutschen Geheimdienstler an den Mossad. Da die Zeit bis zu Barschels Aussage vor einem Untersuchungsausschuß zu knapp war, mußte er gestoppt werden.

Barschel, der auf den Kanarischen Inseln Urlaub machte, wurde von einem Agenten mit dem Versprechen, Informationen zu haben, die ihn reinwaschen könnten, nach Genf gelockt. Dort im Hotel Beau Rivage bot der Agent Barschel an, eine umfangreiche Entschädigung zu erhalten, wenn er seinen politischen Sturz akzeptieren würde. Dieser war daran jedoch nicht interessiert. Daraufhin entschied der Mossad-Chef, daß Barschel eliminiert werden müßte. Man tat ihm etwas in den Wein, worauf Barschel bewußtlos wurde. Die Agenten, die für die Eliminierung im selben Hotel bereit standen, überprüften mit einem Anruf, ob Barschel bewußtlos war und drangen dann in sein Zimmer ein. Sie führten einen Schlauch in seinen Magen ein, durch den sie diverse Pillen schütteten, sowie einige Zäpfchen rektal einführten, worauf der bewußtlose Barschel hohes Fieber bekam. Man legte ihn in ein mit großen Mengen Eiswürfeln versehenes Bad, worauf ein Temperaturschock zusammen mit den Medikamenten einen Tod erzeugte, der nach einer Herzattacke aussah. Man versuchte, die Spuren zu beseitigen, machte jedoch ein paar Fehler bei der Weinflasche und hatte vergessen, ihm die Kleider auszuziehen. So legten sie ihn angezogen in die Wanne, wo er später gefunden wurde. Die polizeilichen Ermittlungen führten natürlich nie zu den Hintergründen seines Todes.

Wie man sieht, geht es bei solchen „ungeklärten" Todesfällen oftmals um Waffen, d.h. letztlich darum, daß Kriege geführt werden können. Man könnte es als eine natürliche Eigenschaft von Menschen bezeichnen, Kriege zu führen. Allerdings reicht das zur Erklärung heute keineswegs mehr aus. Vielmehr gehört eine Desensibilisierung gegenüber der Gewalt dazu. Von der Dr. Böttiger Verlagsgesellschaft wird eine aus dem Amerikanischen übersetzte Schrift herausgegeben, in der ein Oberstleutnant David Grossman, Professor der Psychologie und Schießtrainer der US Army, über die Gefahren der Abstumpfung durch das Fernsehen und durch Computerspiele schreibt. Er hat ein Kind an der Schule in Jonesboro, an der kürzlich zwei Schüler auf dem Schulhof vier Mitschüler erschossen und 10 weitere schwer verletzt hatten.

Einen Menschen zu töten ist unnatürlich, es muß gelernt werden. Das ist so, weil wir eine biologische Hemmschwelle haben, jemanden der eigenen Gattung zu töten. (...) Bei großer Angst übernehmen genetisch ältere Gehirnschichten die Regie: Der Mensch reagiert dann nur noch auf Reflexe, er denkt nicht mehr. Genau in diesen älteren Schichten ist ein sehr kräftiger Widerstand, jemanden der eigenen Art zu töten, angelegt.

Er zitiert Erkenntnisse des Autors Patty Griffith über den amerikanischen Bürgerkrieg:

Nach der Schlacht von Gettysburg sammelte man auf dem Schlachtfeld 27000 zurückgelassene Musketen ein. 90% davon waren geladen. Das ist ungewöhnlich, weil man damals 95 % der Zeit zum Laden und nur 5 % zum Feuern benötigte. Noch ungewöhnlicher war, daß von den geladenen Waffen über die Hälfte mehrmals geladen waren. Bei einer Waffe steckten noch 23 Kugeln im Lauf. Die Leute setzten sich dem Feuer aus, sie waren bereit zu sterben, aber sie brachten es nicht über sich, selbst zu töten. Töten muß gelernt werden.(...) Auch im zweiten Weltkrieg machten wir diese Erfahrung. Die Mehrheit unserer Infanteristen war auf dem Schlachtfeld nicht fähig zu töten.

Er beschreibt nun, wie Polizisten und Soldaten darauf trainiert werden, diese Hemmschwelle zu überwinden. Mit einfachen Schießübungen auf Pappscheiben ist es nicht getan. Die Army setzt inzwischen Computersimulationen ein, bei denen man auf Bilder von Menschen in realistischen Situationen schießen muß und den Rückschlag der Waffe spürt. Damit könne man lernen, die Hemmschwelle zu überwinden, was für einen Polizisten oder Soldaten nötig ist, um eine kritische Situation zu handhaben. Ein solcherart ausgebildeter Schütze würde statistisch viel weniger Gewalttaten begehen, da er nicht mehr aus Panik wild um sich schießt, sondern seine Waffe sehr kontrolliert einsetzt, um Menschen vor Gewalttätern zu schützen. *„Was immer man unter Streß einübt, tritt unter Streß wieder zutage. Schon aus diesem Grund brauchen wir Schießübungen."* Genau solche Computersimulationen kann man jedoch heute in Spielhallen und in Spielkonsolen für den Heimgebrauch finden.

Nun gehen Sie in eine Spielhalle und spielen Sie das Spiel „Zeitkrise". Sie halten dabei eine Pistole in der Hand, Sie betätigen den

Abzug, der Schlitten fährt zurück, Sie spüren den Rückstoß. Sie treffen das Ziel, und das Ziel fällt um. Wenn sie das Ziel verfehlen, dann schießt das Ziel auf Sie. Das ist hier ein Mordsimulator. Es ist nicht mehr der Tötungssimulator für einzelne, die widerstrebend und unter besonderen Umständen - wir mögen das bedauern - töten müssen. Hier handelt es sich um ein Gerät, das Kindern zur Verfügung steht, dessen einziger sozialer Zweck es ist, dem Kind die Fähigkeit und den Willen zum Töten beizubringen.(...) Sie üben und üben. Sie tun das nicht zweimal im Jahr wie die Polizeibeamten. Sie tun das manchmal Abend für Abend, sie töten dabei jedes Lebewesen, das ihnen vor das Rohr kommt. (...) Wir sind uns so ziemlich sicher, daß bei den Schießereien in Pearl, Mississippi, und in Paducah, Kentucky, oder in Jonesboro, Arkansas, und anderswo die Jugendlichen eigentlich immer nur vorhatten, eine einzige Person zu töten, in der Regel war das ihre Freundin oder ein Lehrer, jemand, der sie tief enttäuscht hatte. Aber dann, wenn sie schossen, konnten sie nicht mehr aufhören. Sie schossen auf alles, was sich irgendwie vor ihnen noch regte, bis ihnen die Ziele ausgingen oder die Munition. Verstehen Sie, was ich meine?

Gewalt ist etwas, an das man sich gewöhnen muß. Die natürliche Reaktion eines Menschen auf Gewalt ist Abwehr, aber auch die beschriebene Hemmung, selber Gewalt anzuwenden. Durch die ständige Konfrontation mit Gewalt auch aus dem Fernsehen würde das natürliche Mitgefühl für Gewaltopfer herab gesenkt.

In Brasilien, in Mexiko die gleiche Geschichte! Nach Einführen des Fernsehens erleben wir dort eine Explosion von Gewaltverbrechen. Von dort exportiert man chemisches Rauschgift zu uns, und wir exportieren in diese Gesellschaften elektronische Rauschgifte. Machen wir uns nichts vor, unsere Exporteure sind die gleichen Verbrecher wie deren Rauschgifthändler, wenn nicht noch schlimmere. Ted Turner wurde im Landesparlament von Kalifornien im Mai 1999 in einer Resolution gegen Gewalttätigkeit zitiert: „Gewaltdarstellungen im Fernsehen sind die wichtigste Ursache der zunehmenden Gewaltverbrechen in Amerika."

Was weiter dazu führt, die natürliche Hemmschwelle von Menschen abzubauen, sind Drogen. Aber nicht nur illegale Drogen führen dazu, sondern gerade auch alltägliche Medikamente, die bei psychischen Problemen eingesetzt werden. Tatsächlich kann man bei den meisten Amokläufern der jüngeren Geschichte nachweisen, daß sie vorher Psychopharmaka bekommen hatten. In Amerika werden die Mittel Ritalin und Prozac Millionenfach verschrieben. Die ZeitenSchrift 25 listet ein paar der jüngeren Fälle auf:

20, April 1999: Zwei Schüler richten an der Columbine High School in Littlelon, Colorado ein Blutbad unter ihren Mitschülern an. Einer von ihnen nahm die Psychopille LUVOX.

21. Mai 1998: Kip Kinkel erschießt wahllos Mitschüler an einer Schule in Springfield, Oregon. Er nahm Prozac, eines der verbreitetsten Antidepressiva.

24, März 1998: Ein elf- und ein 13-jähriger Junge täuschen einen Feueralarm in ihrer Schule in Jonesboro, Arkansas, vor und schießen dann in die aus dem Gebäude strömende Menge. Ein Lehrer und vier Schüler sterben, elf weitere werden verletzt. Mindestens einer der jugendlichen Amokläufer wurde zuvor mit pharmazeutischen Mitteln gegen gewalttätiges Verhalten 'behandelt'.

22. November 1996: Der Teenager Julie Meacle wird von fünf Polizisten durch mindestens zehn Schüsse getötet. Das Girl besaß eine Waffe und schrie, man solle sie töten, sonst würde sie sich selbst und andere umbringen. (...) Sie nahm über vier Jahre lang die Psychopille Prozac.

Obwohl es diverse Untersuchungen über die Zusammenhänge gibt, werden weiterhin Millionen Kindern regelmäßig Psychopharmaka verabreicht, und man muß sich fragen, was für eine Intention dahinter steht.

Sehr schädliche Auswirkungen auf unsere gesamte Umwelt hat der Elektrosmog, der gerade in den letzten Jahren durch die enorme Verbreitung des Mobilfunks zugenommen hat. Aber was uns bevorsteht, ist noch viel schlimmer. Vor kurzem wurden die Lizenzen für die neuen Frequenzen der sogenannten UMTS-Netze versteigert, wobei etwa 100 Milliarden Mark in Deutschland erzielt wurden. Daß die Betreiber bei solchen Summen nur noch Dollarzeichen in den Augen haben und sich über andere Folgen erst hinterher Sorgen machen, ist da nicht verwunderlich. Wir werden uns allerdings wundern, wenn zu den 40.000 bisher schon errichteten Mobilfunksendern noch ca. 360.000 zusätzliche Mobilfunksender dazukommen werden.

Denn bei UMTS will man eine um ein Vielfaches höhere Datenrate anbieten, mit der man auch vom Handy ins Internet oder Videobilder übertragen kann. UMTS arbeitet im Bereich von 2-3 GHz. Die Wellenlänge ist bei dieser Frequenz sehr klein und beträgt wenige Zentimeter. Die Durchdringung von Materie ist bei dieser Wellenlänge wesentlich schwieriger. Damit diese Geräte auch in Gebäuden und Fahrzeugen funktionieren, und da es darauf ankommt, daß keine Bits verloren gehen, muß die Sendeleistung erhöht werden. Die Zahl der Sender wird erhöht werden müssen. 60.000 Anlagen je Betreiber, von denen es derzeit 6 gibt, d. h. insgesamt ca. 360.000.

Schon heute befinden sich viele Mobilfunksender auf Dächern von Kindergärten, Krankenhäusern, Altenheimen und Schulen. Die Betreiber halten sich immer noch an Grenzwerte, die rein auf thermischen Wirkungen basieren. D.h. es wird nur garantiert, daß das Handy einem keine Hitzeschäden verursacht. Über die nichtthermischen Wirkungen gibt es nur wenige Untersuchungen, und man vermeidet auch tunlichst, zu viele Versuche mit Pflanzen und Tieren zu machen. Trotz des allgegenwärtigen Optimismus bei den Betreibern findet sich keine einzige Versicherung, die eine Haftpflicht für die Betreiber abschließen würde.

Auf der Internetseite der www.buergerwelle.de kann man vielfältige Informationen zu dem Themenkomplex abrufen, u.a. die bedenkliche Meldung, daß die Perlhühner eines Hobbyzüchters in der Nähe von Kassel seit der Errichtung einer Mobilfunksendeanlage nun ganz schlechte Brutergebnisse aufweisen. Früher schlüpften über 80 %, jetzt nur noch 10-20 % lebensfähige Küken. Wildvögel, die in der Nähe des Anwesens brüteten, hätten ebenfalls nur tote Eier und keine Jungvögel zustande gebracht.

Ein Bauer berichtet von extrem vielen Zwillingsgeburten (18 Geburten, davon sieben Zwillingsgeburten 1997. Normal sind 4-6 % Zwillingsgeburten in einem Rinderbestand), einhergehend mit Komplikationen wie zu frühes Abkalben, Totgeburten, etc. Der D2-Sender wurde in ca. 100 Metern Entfernung errichtet. Vorher hatte der Bauer keinerlei Probleme damit. Dies sind nur zwei Beispiele von vielen ähnlich lautenden Beobachtungen von Bauern, die sehr viele Mißbildungen bei Rindern, Totgeburten, aber auch gesundheitliche Schwierigkeiten bei den Menschen, wie Kopfschmerzen,

Schlafstörungen, Augenbrennen usw. erleben, seit in ihrer unmittelbaren Nähe Mobilfunksender errichtet wurden.

Wahrscheinlich wird man demnächst, wie auf Zigarettenpackungen, Warnhinweise auf Handys kleben. Das dient natürlich nicht der Gesundheit der Benutzer, sondern lediglich der Abwehr von Schadenersatzforderungen. Was jedoch tatsächlich für Schäden für unsere Gesundheit und die gesamte Natur angerichtet werden, wird kaum zu ermessen sein. Es ist absehbar, daß die Betreiber irgendwann, wie die Tabakindustrie in Amerika, viele Milliarden bezahlen müssen.

Mehrere Ärzte- und Umweltverbände fordern seit langem auch ein Verbot der DECT-Technik für Heimtelefonanlagen. In vielen Wohnungen sind die Strahlungen der schnurlosen DECT-Telefone beträchtlich hoher als das, was durch die Mobilfunktürme von draußen kommt. Viele Menschen leiden unter den Folgen der gepulsten Wellen, ohne sich dessen bewußt zu sein, daß es ihre eigenen DECT Geräte sind, die rund um die Uhr strahlen, egal, ob telefoniert wird oder nicht.

Gerade die gepulste Hochfrequenz, die hier wie bei den digitalen Mobilfunknetzen zum Tragen kommt, ist besonders gefährlich. Der Berufsverband Deutscher Baubiologen (VDB) e. V. informiert, daß die mit 217 Hertz periodisch gepulste Strahlung der GSM-Handys ein besonderes biologisches Risiko darstellt und beim Menschen u. a. Hirnstromveränderungen hervorrufen, sowie Einfluß auf die Schlaf- und Traumphasen nehmen kann.

Neurologen der Universität Freiburg schnallten zwölf gesunden Testpersonen fünf Tage lang ein Handy an den Kopf, das sie per Fernschaltung bedienen konnten. Sobald das Gerät eingeschaltet wurde, stieg der Blutdruck der Testpersonen um etwa 10 Prozent. Auch Gedächtnis, Reaktionsschnelligkeit und räumliche Vorstellungskraft wurden beträchtlich beeinflußt. (Medicom 2/99)

In Tierversuchen wurden durch Bestrahlungen im Mobilfunkbereich erhöhtes Krebswachstum und Gewebsveränderungen im Gehirn beobachtet. Ein Forschungsteam der Lund-Universität in Schweden hat herausgefunden, daß bei den Ratten, die Mikrowellen ausgesetzt waren, das Protein durch die sogenannte Blut-Hirn-Schranke ins Gehirn hindurchsickert, berichtet das „Svenska Dagbladet" vom 15.9.99.

Es scheint nichts auszumachen, wie lange man mit einem Mobiltelefon telefoniert. Die Gehirn-Blut-Schranke ist eine Zellschicht zwischen dem Blut, das in den Blutgefäßen des Gehirns und der eigentlichen Hirnhaut zirkuliert. Die Schranke hindert Gifte und einige Substanzen aus Medikamenten, ins Gehirn einzudringen und es zu schädigen.

Bürgerinitiativen, die sich gegen Mobilfunksender wehren, aber auch den Bedarf an mobiler Kommunikation berücksichtigen müssen, schlagen vor, die Mobilfunkgeräte zumindest in analoger Technik zu betreiben, die bei weitem nicht die zerstörerische Wellenform wie die gepulsten Digitalsignale hat.

Nicht nur die Mobilfunkwellen bereiten Sorgen, denn im Grunde ist alles Leben in verschiedenster Weise miteinander verbunden. Es treten photoelektrische und elektromagnetische Synergieeffekte auf. D.h. Pflanzen nehmen Informationen aus ihrer Umgebung auf und geben sie weiter. Eine große Rolle spielen dabei Bakterien, die elektromagnetische Eigenschaften haben, wie Cyanobakterien und das Bacterium Magnetotaktikum. Diese nehmen Radioaktivität auf und gehen Wechselwirkungen mit Licht ein. D.h. Kontaminationen aus Atomkraftwerken und Teilchenbeschleunigern werden über das Grundwasser, über Flüsse usw. übertragen, gelangen ins Trinkwasser, beim Mischen von Beton in die Gebäude und richten überall weitgehend unbekannte und unbeachtete Schäden an.

Durch den sogenannten Widerstandsphotoeffekt steht jede Materie mit Licht in Wechselwirkung, und es treten vielfältige Resonanzeffekte auf. So wird z.B. die Radioaktivität von Plutonium und anderen Transuranen als Information durch den Boden, Wasseradern, Eisenbahnlinien, Funktürme, Schiff- und Luftradaranlagen als „giftige Schwingung“ überall verteilt, und das nicht nur in unmittelbarer Nähe von Atomkraftwerken und Teilchenbeschleunigern, sondern global. In der Folge wird das Sonnenlicht in seiner Polarisationsebene gedreht und durch die verschiedenen Belastungen kontaminiert. Diejenigen, die Milliardenprojekte in der Atomindustrie oder bei Mobilfunkbetreibern leiten, haben wahrscheinlich nicht die geringste Ahnung, welche Auswirkungen diese Projekte haben. Dabei gibt es sogar Menschen, die in der Lage sind, photoelektrische Schäden zu beheben, werden aber von den „Machern“ schlichtweg ignoriert.

Ich kann interessierten Firmen Spezialisten vermitteln, die in der Lage sind, mit synergetischer Arbeit radioaktive Belastungen zu harmonisieren. Für diejenigen, die sich ausgiebiger mit den wissenschaftlichen Erkenntnissen über synergetische Zusammenhängen befassen wollen, empfehle ich das Buch „Erfolgsgeheimnisse der Natur - Synergetik: Die Lehre vom Zusammenwirken" von Hermann Haken.

Ein anderes, besorgniserregendes Projekt, bei dem man sich um die Ausrichtung der Initiatoren Gedanken machen muß, ist das HAARP-Projekt. HAARP steht für High Frequency Active Auroral Research Programm. Die Anlage steht in Gakona in Alaska, wird von der US Navy, Air Force und mit Unterstützung von Universitäten und Forschungsstationen betrieben. Die HAARP-Anlage, die weiträumig militärisch abgeriegelt ist, besteht aus einem riesigen Antennenwald. Über diese 360 Antennen kann man die verschiedensten elektromagnetischen Frequenzen abstrahlen. Und zwar mit einer Leistung von 100 Gigawatt. Man kann nur spekulieren, was dort genau geschieht, aber bei der richtigen Kenntnis der Frequenzen elektromagnetischer Felder kann man alles mögliche bewirken, möglicherweise sogar bewußtseinsverändernde Strahlen ausschicken, und das mit einer unglaublichen Leistung. Mit diesen Antennen kann man die Ionosphäre aufheizen. Was das für Folgen für unseren gesamten Planeten hat, darüber kann man nur spekulieren. Daß mit solch einer Technik aber auch immenser Schaden angerichtet werden kann, der globale Auswirkungen hat, dürfte klar sein. HAARP ist nicht die einzige solcher Anlagen. Es gibt weltweit sieben davon. Eine weitere steht in Tromsø, Norwegen und heißt EISCAT. Es ist schwer, nachzuvollziehen, was diese Anlagen tatsächlich machen. Die Gefahr, die von diesem Spiel mit dem Feuer ausgeht, ist jedoch sicherlich nicht unerheblich.

Vielleicht denken Sie, die geheimen ELF-Anlagen sind alle weit weg und betreffen uns nicht unbedingt. (ELF steht für Extremely Low Frequency und bedeutet elektromagnetische Frequenzen unterhalb 100 Hertz) Den Autoren Grazyna Fosar und Franz Bludorf, die das Buch „Zaubergesang" über das HAARP-Projekt geschrieben haben, entdeckten jedoch eine Anlage auf dem Berliner Flughafen Tempelhof, die offenbar Frequenzen in bewußtseinsverändernden

Bereichen abstrahlen. Sichtbar ist nur eine Radarkugel nahe dem Columbiadamm. Diese war während des Kalten Krieges unter US-Aufsicht und ist heute nicht mehr als geheim eingestuft. Jedoch gibt es offenbar eine riesige unterirdische Antenne, und wenn man sich danach erkundigt, stößt man bald auf Ablehnung und Verfolgung. Die Autoren wurden aufgrund ihres Buches von einem Mann kontaktiert, der als Sicherheitsbeamter auf der Anlage gearbeitet hatte und von großen unterirdisch verlegten Kabeln bzw. Hohlleitern berichtete. Die Anlage erstreckt sich über mehrere Quadratkilometer.

Die Erzeugung von Frequenzen unterhalb von 10 Herz ist aufwendig und erfordert entweder eine Abstrahlung in obere Atmosphäreschichten, wie das bei HAARP der Fall ist, oder Antennen, die mehrere Quadratkilometer groß sind – genau wie die Anlage in Tempelhof.

Solche Frequenzen eignen sich zur Kommunikation mit U-Booten. Aber auch die Frequenzen des Gehirns, die bei einem EEG gemessen werden, liegen in diesem Bereich. Und zwar im Bewußtseinszustand (Beta) bei 14-40 Hertz, im Wachzustand (Alpha) bei 8-13 Hertz, im entspannten oder meditativen Zustand (Theta) bei 4-7 Hertz und im Schlaf, Hypnose oder Trance Zustand (Delta) bei 1-3 Hertz. Das Gehirn nimmt elektromagnetische Wellen in diesen Bereichen leicht auf und paßt sich ihnen an.

Die Autoren nahmen nun Messungen in der Nähe der Anlage vor, wobei sie für eine rotierende Radarantenne normale 12 Sekunden Impulse feststellten, aber auch eine Frequenz im ELF-Bereich. Sie filterten Störgeräusche heraus und stießen auf einen Hauptimpuls bei 79,6 Hertz, dem jedoch noch eine Frequenz von 7-8 Hertz aufmoduliert war. Ihre Forschungen ergaben, daß dieses Signal dem aus New Mexico bekannten Taos-Hum entspricht, einem Brummen, das die Bewohner von Taos belästigte. Sie konnten dieses Signal in ganz Berlin und auch außerhalb messen, jedoch war die höchste Intensität tatsächlich am Flughafen Tempelhof.

Die dem Hauptsignal aufmodulierte Frequenz liegt in einem Bereich, der die Bewußtseinszustände des menschlichen Gehirns beeinflußt. Sie fanden Statistiken, wonach der Krankenstand in Berliner Behörden wesentlich höher ist als in anderen Großstädten. Auch leiden mehr Menschen in Berlin an Schlaflosigkeit als anderswo. Der

Informant, der in der Anlage gearbeitet hatte, leidet seit Jahren an dem Chronischen Müdigkeitssysdrom (CFIDS). Der volle Name der Krankheit enthält neben der noch harmlos erscheinenden Müdigkeit auch Immunschwäche! (Chronical Fatigue and Immuno Deficiency Syndrome, wobei die letzten drei Buchstaben das gleiche bedeuten wie bei AIDS.) Diese relativ neue Krankheit wird auch mit elektromagnetischen Längstwellen in Verbindung gebracht, und angeblich sind schon 2 Millionen Bundesbürger davon betroffen.

Noch mal: In Berlin Tempelhof steht eine Anlage, die neben der „offiziellen“ Radarabstrahlung ein ELF-Signal aussendet, das sich bewußtseinsverändernd auswirken kann und wahrscheinlich auch tut.

Übrigens ist es interessant, was einem im Internet alles passieren kann, wenn man auf solche Informationen stößt. Jeder meiner Versuche, die Seite abzuspeichern, führte zu einem Absturz des Internetprogramms. Auch Versuche mit anderen Rechnern und Internetprogrammen führten zu der lapidaren und finalen Meldung „Die Anwendung wird wegen eines ungültigen Vorgangs geschlossen“.

Die Frage, die man sich immer wieder stellen muß, ist die, wie Menschen so skrupellos sein können, Kriege mit Millionen von Toten anzuzetteln, bewußtseinsverändernde Drogen und Strahlen verbreiten, die Ionosphäre aufzuheizen und die Umwelt zu zerstören. Vielleicht sind es Menschen, die in Familien aufwuchsen, in denen sie Mißbrauch und Gewalt erlebten, die das Urvertrauen in die allumfassende Liebe des Universums verloren haben, weil sie als Kinder gequält und ohne Liebe aufgezogen wurden und so glauben, daß der Sinn ihres Lebens ist, Macht auszuüben und sich an den Menschen zu rächen.

Da wir doch alle in einem Boot sitzen und einige der globalen Aktivitäten eindeutig gegen die gesamte Menschheit und das Überleben auf diesem Planeten ausgerichtet sind, müssen wir uns fragen, ob die entscheidenden Impulse zu diesen menschenverachtenden Aktivitäten nicht sogar von außerhalb der Erde kommen.

Ich habe schon in meinen vorigen Büchern Hinweise darauf gegeben, daß Außerirdische uns möglicherweise schwächen wollen, um unseren Planeten für ihre Zwecke zu benutzen und auf der Erde Menschen zu rekrutieren, denen sie Macht und Profit versprechen, wenn diese ihre Ziele ausführen.

Ich weiß, für viele intelligente Menschen, die sich mit Verschwörungen beschäftigen, ist das Thema Außerirdische weiterhin unglaubwürdig, weil sie denken, daß die gigantischen Entfernungen nicht überbrückt werden könnten und zudem die Außerirdischen nicht ausgerechnet unseren Planeten besuchen würden, und wenn, ihn dann gleich komplett übernehmen würden, anstatt sich langsam einzuschleichen.

Nun, die Lichtgeschwindigkeit als höchste Geschwindigkeit wurde auch schon von Forschern auf der Erde überboten, wenn auch nur mit experimentellen Informationsübertragungen. Möglicherweise gibt es auch sehr viel mehr Leben innerhalb unseres Sonnensystems. Eine Menge Marssonden hörten in den letzten Jahren merkwürdigerweise auf zu funktionieren. Man hat die Besuche des Mondes aufgegeben, also quasi einen Rückschritt in der Raumfahrt gemacht. Es gibt auch ganz konkrete Interessen, die von einer Bekanntgabe der Existenz von Außerirdischen bedroht wären, angefangen von den Energieerzeugern, die durch die Energiequellen der UFOs in der Existenz bedroht wären, über die chemische Industrie bis hin zu den großen Religionen. Sie alle haben genügend Macht, um zu verhindern, daß Sie in den Massenmedien davon erfahren.

Einige Menschen machen sich sogar Gedanken darüber, wie man Menschen, die UFOs gesehen haben oder von ihrer Existenz überzeugt sind, in öffentlichen Diskussionen lächerlich machen kann;

Der UFO-Verein CENAP aus Mecklenburg-Vorpommern gab 1999 einen „Kleinen Leitfaden für das erfolgreiche UFO-Debunking“ von Christian Sommerer heraus. Unter Debunking versteht man das Zerpflücken, Lächerlichmachen von Diskussionsgegnern. Der Leitfaden empfiehlt u.a. Methoden *„...bis hin zum Angriff unterhalb der Gürtellinie. Generell sind bei der Vorgehensweise des UFO-Debunking“ keine argumentativen oder verbalen Schranken gesetzt.“*

Man soll durchaus auch versuchen *„...Autoritätspersonen dadurch zu widerlegen, daß man entweder die dunklen Flecken ihrer Biographie aufzeigt oder sie in einem größeren Kontext lächerlich macht und in den Schmutz zieht. (...) Zögern Sie in einem solchen Falle nicht, unbewiesene Behauptungen aufzustellen.*

Im äußersten Not- und Grenzfall ist es auch legitim, falsche Zeugen gegen Bezahlung anzuheuern und/oder belastende Dokumente zu fälschen. (...) Bei alledem ist es wichtig, nach außen hin Ruhe, Gelassenheit und Souveränität auszustrahlen, auch wenn Ihre Behauptungen falsch sein sollten."

Es werden noch eine Menge anderer Tips gegeben, z.B. Vokabeln zu benutzen, die in den psychiatrischen Bereich gehören, was den Eindruck der Fachkompetenz erwecke. Hieran sieht man, daß es offenbar gar nicht darum geht, die Wahrheit herauszufinden, sondern UFO-Gläubige generell unglaubwürdig und lächerlich zu machen. Und das von einem UFO-Verein. Wenn Sie also mal UFOs fotografiert haben, wenden Sie sich vielleicht nicht grade an diese.

Ich habe Menschen kennengelernt, die unbekannte Flugobjekte fotografierten, daraufhin den Flughafen in ihrer Nähe anriefen, von den Fotos erzählten und kurz darauf Polizisten vor der Haustür stehen hatten. Diese beschlagnahmten die Filme und Fotos und nahmen die Personen zum Verhör mit, in dessen Verlauf ihnen angeraten wurde, nicht über diesen Vorfall zu reden. Nun frage ich Sie: wenn UFOs nur Erfindungen von Spinnern, Geldschneidern und Wichtigtuern sind, warum gibt es dann Polizeiabteilungen, die offenbar darauf ausgerichtet sind, jede Beobachtung und Beweismaterial von der Öffentlichkeit fernzuhalten?

Es gibt viele, viele Hinweise auf Besuche von Außerirdischen. Sie können weiterhin alles für Hirngespinste von Menschen halten, die gerne mal ins Fernsehen wollen. Aber dann entgeht Ihnen vielleicht der entscheidende Zusammenhang für die menschenverachtenden Aktionen auf unserem Planeten. Denn möglicherweise haben wir es an der Spitze der Pyramide der Geheimlogen nicht mit Gott als Baumeister des Universums zu tun, sondern mit reptiloiden Außerirdischen, die Menschen für ihre finsteren Zwecke benutzen und manipulieren.

Der Feind im Inneren

Immer, wenn man ein neues Buch durchblättert, sucht man zunächst nach Bildern, da sie am schnellsten einen Einblick geben können. Das ist vernünftig, und sicher sind Ihnen die verschiedenen Darstellungen von Teufeln aufgefallen, die in diesem Kapitel zu finden sind. Im vorigen Kapitel wird aber die Beschäftigung mit UFOs und Außerirdischen angekündigt. Ich werde in diesem Kapitel tatsächlich versuchen, zwei Themen zusammen zu bringen, die sich so leicht vermengen lassen wie Wasser und Öl. Ich verfahre aber nicht nach dem Motto: „Je verrückter eine These, desto besser verkauft sie sich", um diese Emulsion zu erzeugen. Wir als aufgeklärte Menschen halten den Teufel bestenfalls für eine mythische Erfindung oder allegorische Umschreibung für das Böse. Die Bilder in diesem Kapitel sollen aufzeigen, daß viele Kulturen offenbar ganz konkrete Bilder von dieser mythischen Figur hatten. Und dann finden wir die Beschreibungen von reptiloiden Außerirdischen aus verschiedenen Quellen. Nicht die kleinen Grauen, die in Entführungsberichten immer wieder auftauchen. Die sehen nun ganz und gar nicht teuflisch aus. Allenfalls könnten sie mit Kobolden verwechselt werden.

Ich muß schon ein wenig weiter ausholen, um den Bogen von Außerirdischen zum Teufel zu schlagen, von UFO-Sichtungen zu religiösen Vorstellungen.

Forscher, die sich mit UFO-Phänomenen, geheimen Regierungsstellen, Viehverstümmelungen, Entführungen usw. befassen, stoßen irgendwann auf einen kleinen Ort in New Mexico namens Dulce. (Wenn Sie ihn richtig aussprechen wollen, hier die amerikanische Phonetik: Dul-see) Dulce liegt inmitten eines Indianerreservats 95 Meilen nordwestlich von Los Alamos und 100 Meilen östlich des Highway 666. (Ob diese Zahl Zufall ist?) Dort scheint es eine unterirdische Basis zu geben, in der Menschen mit verschiedenen außerirdischen Spezies zusammen arbeiten. Jedoch scheint sich das Wirken dieser Gruppen gegen die Verfassung der USA und sogar gegen die gesamte Menschheit zu richten.

Viele der mit Dulce befaßten Forscher bekamen arge Schwierigkeiten, einige verloren auf unschöne Weise ihr Leben. Dennoch ist inzwischen einiges an die Öffentlichkeit gelangt, das spannender als jede Science-fiction klingt. Man kann natürlich darüber lächeln, wenn man aber die verschiedenen Berichte von Personen hört, die etwas in oder um Dulce erlebt haben, muß man ihnen doch eine gewisse Dringlichkeit zusprechen.

Im Internet kursieren einige Berichte von Menschen, die ihre Arbeit in dieser Basis beschreiben. Natürlich kann dies alles reine Erfindung sein. Nur muß man sich immer wieder fragen, was der Beweggrund sein sollte. Geld kann man im Internet kaum verdienen, wenn man seine Berichte kostenlos verbreitet. Ins Fernsehen wollen die Leute meistens auch nicht. Es könnten gezielte Desinformationen der Geheimdienste sein. Nur fragt man sich, warum dann gerade die Informanten teilweise verschwinden, und auch, was das Interesse der Geheimdienste sein sollte, auf finstere Machenschaften der Geheimdienste hinzuweisen. Nun, ausschließen kann man nichts. Ich hätte diesen Berichten auch weiter kaum Aufmerksamkeit geschenkt, wenn es nicht aus vielen sehr unterschiedlichen Quellen Hinweise auf ähnliche Phänomene geben würde.

Als ich Virgil Armstrong interviewte und er von reptilienartigen Wesen sprach, die auf der Erde leben und die sich als Menschen tarnen können, nahm ich das noch als vielleicht übertriebene Anekdote. Als ich im Internet immer wieder auf Reptilien stieß, in privaten Gesprächen von ihnen hörte und dann noch Bücher dazu auf den Markt kamen, verdichteten sich die Hinweise. Den Berichten ist eine große Ernsthaftigkeit eigen, nämlich auf einen Feind in den eigenen Reihen aufmerksam zu machen, auf schreckliche Vorgänge, die ein normal empfindender Mensch nicht einfach hinnehmen kann. Und wenn man die Berichte ernst nimmt, ist es wirklich höchste Zeit, daß diese Dinge ans Licht der Öffentlichkeit kommen und beendet werden. Auch wenn ich mit diesen Berichten als Teil eines Buches Geld verdiene, möchte ich darauf hinweisen, daß die meisten Informationen frei verfügbar ins Internet gestellt wurden aus dem dringenden Bedürfnis, den Entführten und Mißhandelten dieser geheimen Regierungsprojekte ein Forum zu bieten, auf daß deren Leiden irgendwann beendet werden kann.

Wenn wir uns fragen, wieso in letzter Zeit so viele Berichte über geheime Operationen an die Öffentlichkeit gelangen und z.B. die Existenz von MJ12, einer geheimen Regierungsabteilung, die Kontakte zu Außerirdischen hat, schon in einer Fernsehserie wie "Akte X" verbraten wird, könnte die Antwort darauf die sein, daß es auch in Geheimdienstkreisen Befürworter der Veröffentlichung gibt. Aus dem Internet erfuhr ich, daß es einen Zweig der CIA namens Aquarius gäbe, der sich um die MJ 12 gruppiert, und eine Gruppe, die sich Com 12 nennt und sich aus der Naval Intelligence (Marine Geheimdienst) rekrutiert. Letztere Gruppe scheint bewußt Informationen an die Öffentlichkeit dringen zu lassen, um die verfassungsmäßige Ordnung innerhalb der Regierung aufrecht zu erhalten, die von Aquarius offenbar nicht beachtet wird.

Einer der bekannteren Forscher in Bezug auf UFO-Phänomene ist der Pilot John Lear, der nicht nur ein bemerkenswerter Testpilot ist, Sohn des Konstrukteurs des Lear-Jet, sondern auch viele geheime Missionen für die CIA und andere Regierungsstellen geflogen hat. Im Dezember 1987 schrieb er ein öffentliches Statement, das u.a. an die Presse gegeben wurde. Darin heißt es u.a.: *„Die Regierung der Vereinigten Staaten (von Amerika) steht in Verbindung mit kleinen grauen Außerirdischen seit ungefähr 20 Jahren. (...) In ihrem Wunsch, die Demokratie zu schützen, hat die Regierung uns an die Aliens verkauft. (...) 1947 gründete Präsident Truman eine 12 Mann starke Gruppe aus den Top-Wissenschaftlern und Militärs."*

Er beschreibt dann im Grunde das, was William Cooper veröffentlicht hat und auf das ich in „Entwirrungen" schon detaillierter eingegangen bin. In der Zwischenzeit hätten die Amerikaner jedenfalls große Untergrundbasen gebaut, in denen sie mit den Außerirdischen zusammen arbeiten. Die Regierung sei jedoch in großer Sorge, da die Außerirdischen sich nicht im Geringsten an die Abmachungen zum Technologietransfer hielten und ansonsten auf jede nur denkbare Weise belügen und betrügen würde. Weiterhin würden die Menschen, die in den Untergrundbasen arbeiten, von den Außerirdischen so bearbeitet, daß sie ihre menschlichen Qualitäten und ihre Loyalität zur Menschheit verlieren würden und inzwischen große Teile der Regierung als Feind angesehen werden müßten. Versuche, die Außerirdischen zu bekämpfen, sind allesamt fehlgeschlagen. In den Untergrundbasen würden die Aliens grausame Versuche mit Tieren und Menschen machen, die jede Vorstellung übersteigen. Es sei daher wichtig, die Menschheit über die verfahrene Situation aufzuklären, insbesondere, da große Teile des militärisch-industriellen Komplexes inzwischen nicht mehr für die amerikanische Regierung arbeiteten, sondern gegen sie und die gesamte Menschheit.

John Lear schreibt in einem Anhang an seinen offenen Brief:

„Area 51 und eine ähnliche Anlage in der Nähe von Dulce, New Mexico, gehören inzwischen wahrscheinlich zu Kräften, die nicht loyal

*zu der U.S. Regierung stehen und nicht mal der menschlichen Rasse. Es ist beängstigend, sich vorzustellen, daß all die Wissenschaftler, von denen wir denken, daß sie für uns arbeiten, tatsächlich von den Aliens kontrolliert werden. (...) Millionen Amerikaner haben bereits ein Implantat. Es gibt ein kleines Gerät in der Größe von 50 Micron bis zu 3 Millimetern. Es wird durch die Nase in das Gehirn eingesetzt. Es kontrolliert eine Person effektiv. Dr. Hynek schätzte 1972, daß einer von 40 Amerikanern ein Implantat hat. Wir glauben, daß es inzwischen schon einer von 10 sein müßte. (*Diese Aussage ist von 1987*!) Diese Implantate können zu irgendeinem Zeitpunkt in der Zukunft für irgendeinen unbekannten außerirdischen Zweck aktiviert werden."*

Der entscheidende Unterschied zwischen dem, was wir als menschlich bezeichnen würden, und dem, was wir als Gefahr betrachten müßten, ist der zwischen der Individualität der Menschen und dem kollektiven Bewußtsein, an dem die Grauen und die Draco angeschlossen sind. Nun müßte ein kollektives Bewußtsein nicht unbedingt schlecht sein, zumal wenn wir uns als Teil von einem großen Ganzen betrachten. Jedoch scheint das kollektive Bewußtsein in diesem Fall nicht viel für Freiheit übrig zu haben, die uns als individuellen Menschen ja so wichtig ist. Sie ist in der Tat entscheidend für unsere Seelenentwicklung. Die Darstellung der Borg in der Star Trek Fernsehserie hat wahrscheinlich sehr viel mit diesem Bewußtsein des Orion-Kollektivs zu tun.

Es wird gesagt, daß die Implantate einen an das kollektive Bewußtsein anschließen würden. Jedoch sei die Individualität letztlich stärker, wenn man sich deutlich für sie entscheidet. Ein anderer Unterschied scheint die Gefühllosigkeit und Mitleidlosigkeit der Grauen und Draco zu sein. Ob dieses nun generell für alle Grauen und Reptiloide gilt, ist die Frage. Es gibt auch Berichte von Grauen, die durchaus Liebe ausstrahlten und völlig andere Ziele als die der auf der Erde operierenden Grauen haben. Angeblich sind die Grauen, die für die Entführungen verantwortlich seien, Abtrünnige der „richtigen" Grauen. Es soll verschiedene Entwicklungsstufen der Grauen parallel in unserer Zeit geben, da sie auch die Zeit manipulieren könnten. Einige interessante Einblicke gibt Remote Viewer Courtney Brown in „Kosmische Begegnung". Remote Viewing ist eine Technik, die schon seit Jahrzehnten von Militärs angewendet wird, um Informationen über einen „Feind" zu bekommen. Dabei engagierte sowohl das amerikanische, als auch das russische Militär medial begabte Menschen. Diese wurden darauf trainiert, Eindrücke von einem entfernten Ort wiederzugeben. Man gab ihnen z.B. Koordinaten auf einer Karte und die Remote Viewer sollten dann Eindrücke aufschreiben. Diese Eindrücke waren zunächst einfacher Natur, wie hell oder dunkel, weiß oder grün, kalt oder warm, groß oder klein, Technik oder Natur, Angst oder Leere, usw. Also recht grobe Empfindungen. Da man diese Versuche mit mehreren Personen unabhängig voneinander machte, konnte man die Ergebnisse über einen Ort vergleichen. Hatten viele dieselben Eindrücke, war die Wahrscheinlichkeit groß, daß sie etwas mit dem unbekannten Zielort zu tun hatten. Auch konnte man sie an Orte schicken, die den Vorgesetzten bekannt waren und sehen, ob sie real waren. In der Tat waren diese Ergebnisse viel besser, als man erwartet hätte. Selbst die knochentrockenen Militärs und Technokraten konnten die Ergebnisse nicht leugnen. Das Programm wurde später als Scientific Remote Viewing bezeichnet, also als Wissenschaftliche Fernwahrnehmung. Durch Training wurden die Remoteviewer immer besser. Sie konnten Zeichnungen machen und komplexe Eindrücke von den Gefühlen oder Stimmungen an einem Ort.

Natürlich wurden die Versuche im Kalten Krieg hauptsächlich gegen den Hauptgegner auf der Erde eingesetzt. Es wurden im Laufe der Zeit aber auch alle möglichen anderen Ziele ausspioniert. Als z.B. vermehrt unbekannte Flugobjekte in aller Welt auftauchten, setzte man die Remote-Viewer auch auf diese Ziele an. Das Buch „Geheimsache Mond“ von Remote Viewer Ingo Swann beschreibt dessen Ergebnisse über das Ziel, das er von seinen Auftraggebern bekommen hatte, ohne es zu kennen. Er sah Bauten, Menschen usw. und begann, ernsthaft an seinen Fähigkeiten zu zweifeln, als man ihm mitteilte, daß man ihm den Mond als Ziel gegeben hatte.

In „Kosmische Begegnung“ werden sehr viele Versuche beschrieben, die u.a. auch das kollektive Bewußtsein der Grauen zum Ziel hatten. Ob dieses Buch tatsächlich unverfälschte Versuche beschreibt, oder doch eher zu Desinformationen der Geheimdienste zu zählen ist, ist schwer zu sagen. Interessant ist es jedoch, die verschiedenen, völlig unabhängigen Quellen über die Existenz der Grauen und der Draco auf der Erde zu betrachten und zu sehen, inwieweit es Widersprüche und wo es interessante Übereinstimmungen gibt.

In Amerika wirbelt seit einiger Zeit das Buch „The Biggest Secret" von David Icke einigen Staub auf. Danach tauchen Reptilienwesen in allen Kulturen und alle Zeiten der Geschichte auf und gibt es sie noch heute, ja mehr noch, sie spielen in den obersten Rängen der Weltpolitik mit. Er beschreibt die Zusammenhänge von Satanisten und Illuminaten, von Politikern und reptilienartigen Wesen, die sich als Menschen tarnen können.

Sie hätten geheime Strukturen aufgebaut, um ihr Wirken vor den Massen geheim zu halten und Menschen zu benutzen, um ihre Ziele zu verfolgen. Hier ein Auszug aus seinem Buch:

„Zweifellos lebt eine reptilartige Rasse auf diesem Planeten in einer physischen Form, und die Frage ist, ob sie einheimisch auf der Erde sind, oder ob sie anderswoher stammen. Wahrscheinlich ist beides wahr, eine Mischung von beidem. Meine Forschung zeigt auf, daß sie aus einer anderen Dimension, der niedrigeren der vierten Dimension stammen, von wo die reptilische Kontrolle und Manipulation hauptsächlich orchestriert wird. (...) Von einer dieser anderen Stationen oder Dimensionen kontrollieren die Schlange-Rasse, (die Anunnaki), diese Welt durch Besetzung bestimmter Blutlinien. Die 'Station', von der die Reptilien operieren, ist das tiefere Niveau der vierten Dimension, die nächsthöhere nach dieser physischen Welt. Andere Leute nennen diese die astrale Dimension, das legendäre Heim von Dämonen und böswilligen Entitäten, die auf das Altertum zurückgehen. Von hier aus rufen die Satanisten in ihren schwarzmagischen Ritualen diese dämonischen Entitäten an."

Hinweise auf Reptilien in der Vergangenheit gibt es viele. Die Sagen von Drachen sitzen tief im kollektiven Gedächtnis, es gibt Darstellungen von reptilienartigen Wesen in allen Kulturen auf der Welt. Inwieweit es sogar unsere eigene Vergangenheit ist, ist schwer nachzuvollziehen, denn tatsächlich wird ein Teil unseres Gehirns, das älteste, als reptiloid bezeichnet. In ihm sind offenbar unsere Veranlagungen zu aggressivem und terretorialem Verhalten und zu Ritualen verankert. Daß bei Autofahrern manchmal der Dinosaurier durchkommt, der seine Revierkonflikte ausdrückt, ist ein gern benutztes Bild. Wie viele Hinweise auf Überlieferungen von Drachensagen es in allen Kulturen gibt, hat mich überrascht. Sie tauchen überall auf, in bildlichen Darstellungen, Symbolen und Überlieferungen aus aller Welt. Man findet Drachen in alten deutschen Sagen, in chinesischen, südamerikanischen, ägyptischen usw.

In den Schöpfungsgeschichten gibt es viele Hinweise darauf, daß die Götter in unsere Genetik eingriffen, sich „das Tier" innerhalb kurzer Zeit vom Affen zum Menschen entwickelte. Das „fehlende Glied" zum Homo Sapiens könnte also durchaus eine „Gabe" von neue Genen sein. Daß die Götter dann noch sahen, daß die Menschen, die sie geschaffen hatten, schön waren, und sie sich mit ihnen verlustiert haben, wird auch in der Bibel und anderswo beschrieben. Ob es also eine Mischrasse von Menschen mit reptiloidem Anteil gibt und wie weit diese verbreitet ist, ist schwer zu sagen. Laut Icke hat sich diese Blutlinie von reptilischen Mischwesen überall in die Königshäuser und Dynastien eingebracht, ist das „blaue Blut" der Adeligen tatsächlich anderes Blut, nämlich außerirdisches, und das hatte in der Geschichte sowohl positive als auch negative Auswirkungen.

Der Begriff „drakonische Strafen" ist jedem geläufig, obwohl kaum einer sagen kann, woher er kommt. Daß der Meister aller Vampire, Graf Dracula auch einen an Draco erinnernden Namen hat, ist vielleicht kein Zufall, denn Icke beschreibt, daß die Draco gerne Menschenblut trinken. Die Geschichte, und auch die Bibel, ist voll von Menschenopfern. Welcher Gott mag Freude daran haben, wenn ihm Jungfrauen oder Kinder geopfert werden, denen bei lebendigem Leib das Herz rausgeschnitten wird, wie das in Südamerika praktiziert wurde? Vielleicht ein Gott, der gar kein Gott ist, sondern eben ein solcher Außerirdischer, der sich vom Blut und den negativen Energien von Angst und Schmerz und der beim Tod freigesetzten Hormone ernährt?

Wenn wir bis jetzt gedacht haben, daß das alles lange her ist und es Menschenopfer heute nicht mehr gibt, dann belehrt Icke uns eines besseren. Wenn man ihm glauben soll, dienen Kriege und Folterungen, Krankheit und Leid überall auf der Welt solchen Wesenheiten, die sich davon ernähren. Daß jedoch rituelle Opferungen heute noch und überall auf der Welt an der Tagesordnung sind, dürfte die meisten Leser schockieren. Die Kinderschänder aus Belgien, die in den höchsten Rängen der Politik, Justiz und Polizei zu finden waren, sind kein belgischer Einzelfall, nur einer, in dem sich ein kleiner, öffentlicher Aufschrei offenbar nicht mehr verhindern ließ. Jedes Jahr verschwinden auf der Welt Millionen von Kindern spurlos. Die wenigsten tauchen wieder auf. Laut Icke muß man bei vielen von ihnen eine grausige Opferrolle in einem satanischen Ritual irgendwo auf der Welt vermuten.

Wer nun annimmt, Satanisten und Außerirdische wären zwei ganz verschiedene Themen, und Politiker hätten mit beiden nur in Ausnahmefällen zu tun, erfährt durch dieses Buch von den schrecklichen Verbindungen. Laut Icke sind viele Top-Politiker, die Spitzen von Wirtschaft und Kirche mit den Draco verbunden und vollziehen satanische Rituale grausamster Art. Methoden der Gedankenkontrolle werden angewandt und einige Menschen werden von klein auf speziell für solche Rituale herangezüchtet.

Daß Darstellungen des Satans oft denen von Reptilien ähneln, ist kein Zufall. Und seine Anhänger haben Erfolg in allen Bereichen. Die faust´sche Vorstellung, seine Seele dem Teufel zu verkaufen, um eigene Vorteile daraus zu ziehen, wird bei Icke durchaus konkret, denn diejenigen, die diese satanischen Rituale mit sexuellen Perversionen und Menschenopfern begehen, sind Präsidenten, Wirtschaftsbosse, Polizeichefs, erfolgreiche Entertainer, Kirchenführer usw.

Die Meister der Gedankenkontrolle wissen genau, wie die menschliche Psyche funktioniert und wie traumatische Ereignisse gezielt angewendet werden können. Ein Opfer eines Autounfalls kann sich oft nicht an den Unfall erinnern, und auch Soldaten nicht an die Grausamkeiten des Krieges, weil das menschliche Gehirn diese Erinnerungen einkapselt, da es sonst kaum möglich wäre, weiter damit zu leben. Die Gedankenkontrolleure nutzen das aus und setzen oft schon Kinder Grausamkeiten aus. Bei den Opfern bildet sich eine Blockade, und ein

Teil der Persönlichkeit spaltet sich ab, wodurch es dann möglich ist, einem verdrängten Teil der Persönlichkeit Befehle einzugeben, die dem anderen Teil nicht bewußt sind. So können solcherart manipulierte Menschen also durchaus jahrelang ein „normales" Leben führen und irgendwann durch ein Stichwort oder Schlüsselerlebnis in den anderen Zustand versetzt werden, in dem sie jeglichen Befehlen gehorchen, ja sogar in der Lage sind, zu töten, ohne sich dessen bewußt zu sein. Den Begriff des „Schläfers" gibt es nicht nur in Agentenfilmen. Attentäter, die oftmals angeblich vorher ein völlig gutbürgerliches und unauffälliges Leben führten, sind in vielen Fällen Opfer solcher Manipulationen und kaum für ihre Taten verantwortlich zu machen. Man kann sie benutzen, um Präsidenten umzubringen und dann einen Sündenbock zu haben oder auch Massaker an Schulen oder anderswo zu begehen, um Angst und Schrecken zu erzeugen und den Ruf nach mehr „Sicherheit" zu fördern. Diese Sicherheit bedeutet natürlich mehr Kontrolle und kann letztlich zu Polizeistaat und Versklavung führen. Drogen spielen ebenfalls eine wichtige Rolle bei Gedankenmanipulationen.

Das, was die Menschen normalerweise davon abhält, Grausamkeiten zu begehen, nämlich die Verbindung in ihrem Herzen zu den höheren, göttlichen Ebenen, muß erst zerstört werden, damit jemand dazu gebracht werden kann, unvorstellbare Verbrechen gegen das Leben zu begehen. Drogen können diese Herzensqualität zerstören, und auch traumatische Erlebnisse führen dazu, daß sich die Seele zurückzieht. Eine Kombination aus Drogen und Schmerzen ist also äußerst wirkungsvoll und wird in den Projekten MK-Ultra und Monarch erforscht und angewendet.

Das Projekt Monarch kam ans Licht durch Cathy O´Brian, die von klein auf Opfer für sexuelle Rituale von Satanisten war und sich durch die abgespalteten Persönlichkeitsteile nicht bewußt daran erinnern konnte. Sie wurde von einem Psychiater an die schlummernden Erinnerungen herangeführt und schrieb das schockierendes Buch „Trance-Formation of America". Darin beschreibt sie, daß sie ihr ganzes Leben lang durch eine Menge bekannter Leute sexuell mißbraucht wurde. Unter ihnen waren sogar US-Präsidenten. Einer habe sich vor ihren Augen in ein Reptil verwandelt.

Dieses Verwandeln von Menschen in Reptiloide zeigt, daß die ganze Sache äußerst verzwickt ist. Denn sind es nun Reptiloide in der Maske von Menschen, sind es Menschen, die von reptiloiden Wesen besessen sind, ist es die Wahrnehmung des Beobachters, der unter bestimmten Voraussetzungen „das wahre Gesicht“ sehen kann? Icke meint, daß es sowohl physische Draco gibt als auch welche in höheren Dimensionen, die in die Aura eines Menschen eintauchen können. Hellsichtige Menschen könnten diese wahrnehmen. Und tatsächlich muß man nur einmal ein paar Therapeuten befragen, ob ihnen schon mal Patienten untergekommen sind, die von reptiloiden Angriffen sprechen.

Laut Icke ist das „größte Geheimnis“, daß eine reptilartige Rasse von einer anderen Dimension den Planeten seit Tausenden von Jahren kontrolliert und sie sich als Menschen tarnen und einflußreiche Positionen einnehmen können. Er vermutet, daß sie Blut konsumieren, um sich hier in der dritten Dimension zu halten.

Cathys Schilderungen von satanischen Ritualen sind fast zu grausam, um sie wiederzugeben, jedenfalls identifizierte sie etliche Prominente, die an Örtlichkeiten, an denen regelmäßig solche Rituale abgehalten wurden, Blut tranken, Opfer vergewaltigten und töteten. Darunter seien bekannte Entertainer, Kirchenleute, Politiker und Wirtschaftsbosse. Man solle sich beim Blut-Spenden auch bewußt sein, daß das Blut möglicherweise nicht für einen medizinischen Notfall gebraucht wird.

Prinzessin Diana hätte von der britischen Königsfamilie öfters als den „Lizards“ gesprochen, als den Eidechsen, und der Name Liz würde gerne für reptilische Kreuzzüchtungen verwendet und würde auch in Elisabeth anklingen. Lady Di´s Tod war dann auch kein Zufall. Dafür bringt Icke seitenweise Indizien. Im Magen des Fahrers ihres Unglücksautos hätte man u.a. Spuren von Prozac gefunden, dem in den USA weit verbreiteten Psychopharmakum. Daß der Wagen an die 13. Säule im Tunnel knallte, daß die Pont de L´Alma früher ein heidnischer Opferplatz gewesen sein soll und die Überwachungskameras, die zu Dutzenden an der Straße und im Tunnel installiert waren, während des Unfalls gerade nicht in Betrieb waren, all das und vieles mehr deutet laut Icke auf einen kaltblütigen Mord, ja auf eine Opferung hin. „Zufällig“ sei schon eine Minute nach dem Unfall ein amerikanischer Arzt in dem Tunnel gewesen. Dennoch habe es über eine Stunde gedauert, bis Diana schließlich in ein Krankenhaus gebracht wurde.

Personen aus den Mind-Control-Programmen haben oft schon Eltern, die selber konditioniert wurden. Das heißt, die Täter haben oft selber in der Kindheit Vergewaltigungen oder andere traumatische Momente erlebt und seien so schon psychisch gestört. Satanisten würden selbst ihre eigenen Kinder an Pädophile und für bestimmte Rituale vermieten. Von klein auf wird den Kindern jedes Vertrauen in die Welt grundlegend zerstört.

Übrigens sehen Sie sich einmal das Logo der Automarke Alfa-Romeo an. Da ragt ein halber Mensch aus dem Kopf eines Reptils bzw. einer Schlange, die zudem eine Krone trägt.

In der reptilischen Mentalität sind Rituale und Symbole viel wichtiger als in unserer. Auch wenn Symbole wie das Pentagramm, das Kreuz, die Taube, eine Fackel o.ä. an sich wertfrei sind, werden sie von diesen Kräften doch überall verwendet, um ihre Domänen zu markieren. Allerdings betont Icke, daß keineswegs alle Reptilienwesen grausam sein müssen. Es gäbe gute wie schlechte Draco, genauso wie es gute und schlechte Menschen gibt.

Jene Draco, die auf der Erde ihre finsteren Spielchen treiben, hätten sich danach diejenigen Exemplare unserer Gesellschaft ausgesucht, denen Erfolg und Profit über moralische Bedenken gehen. Und da es ja auch genügend Menschen gibt, die Anrufungen an die satanischen Kräfte machen, ist es kein Wunder, daß diese Einladungen auch angenommen wurden. So hätten sich die Skrupellosen beider Welten zusammengetan, um diesen Planeten zu einem Spielball ihrer Gelüste zu machen. Auch wenn wir es den Prominenten, die wir im Fernsehen sehen, nicht zutrauen würden, daß sie mit magischen Ritualen die finstersten Kräfte des Universums anrufen und mit ihnen in Verbindung stehen, so sind diese Kräfte demnach durchaus real. Vielleicht sollten wir darum beten, daß diese Dinge aufhören.

Wenn Sie sich wundern, warum uns die Draco bei ihrer technischen Überlegenheit noch nicht übernommen haben, liegt es daran, daß sie gering an der Zahl sind. Wir sind 6 Milliarden Menschen auf der Erde. Und die meisten von uns haben noch nichts von ihnen gehört, weil die Welt groß ist und sie nur an wenigen Punkten auf der Erde auftreten.

Übrigens hat auch Wolfgang Petersen in seinem Spielfilm „Enemy Mine“ eine Begegnung zwischen den reptiloiden „Dracs“ und den Menschen geschildert. In einem Krieg zwischen beiden Gruppen, die den jeweils anderen als das absolut Böse ansehen, müssen zwei Krieger beider Spezies auf einem unbewohnten Planeten notlanden und sind dazu gezwungen, zusammenzuarbeiten, wenn sie übeleben wollen. Sie entdecken, daß auch der andere ein empfindungsfähiges Wesen mit einem kulturellen und ethischen Background ist.

Einige Berichte gibt es aus dem Inneren der geheimsten Untergrundbasen der Amerikaner. Thomas Castello, der ein Offizier der Dulce Untergrundbasis war, konnte irgendwann nicht mehr mit dem leben, was er bei seiner Arbeit erlebte. 1979 schmuggelte er Fotos, die er mit einer Miniaturkamera gemacht hatte, Dokumente und ein Videoband aus einer Überwachungsanlage aus dem Komplex. Er fertigte Kopien von dem brisanten Material an und gab sie an einige Freunde. Inzwischen ist Castello vermißt, aber bisher hat noch keiner die Dokumente an die Öffentlichkeit gebracht. Zumindest ist nichts davon bekannt. Castello hatte jedoch auch einiges über seine Arbeit in Dulce erzählt, wo angeblich 18.000 Graue sowie große Reptiloide arbeiteten. Das Symbol von Dulce ist ein nach unten gerichtetes Dreieck mit zwei Balken in Form eines umgedrehten T.

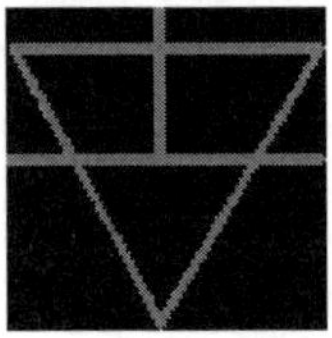

In der Basis seien die meisten Schilder in Gängen und Türen in der außerirdischen Symbolsprache verfaßt und in einer universellen Symbolsprache, die von Menschen und Aliens gleichermaßen verstanden würden. Die reptiloiden Grauen und Draco seien sehr analytisch und technisch orientiert. Die Draco würden in der Rangordnung oben stehen. Sie seien sehr auf die Hierarchie bedacht und würden Wert darauf legen, korrekt und mit Respekt angeredet zu werden. Es gäbe unterschiedliche Ränge, so könne man Graue mit einem Mop den Boden wischen sehen oder Käfige reinigen, andere Graue würden medizinische Experimente machen. Es gibt unterschiedliche Farbtöne sowohl bei den Grauen als auch bei den Draco. Die hochrangigen Draco hätten Flügel, während die der unteren Ränge keine Flügel hätten.

Castello, der eine Ultra 7 Geheimhaltungsstufe hatte, beschreibt, daß er bei seiner Arbeit einen Draco-Vorgesetzten hatte, mit dem er ständig Streit hatte. Sein Name war Khaarshfashst, was für Menschen kaum aussprechbar sei, daher nannte Castello ihn oft Karsh, was dieser jedoch nicht sehr schätzte. Die Sprache der Draco heißt Eusshu und ist sehr logisch aufgebaut und leicht zu lernen. Der Name des Vorgesetzten würde z.B. „Bewahrer des Gesetzes“ bedeuten. Kaash steht für Erinnerung/Aufzeichnung/Bewahren und kommt z. B. in dem Wort Akasha-Chronik vor, und Fashst steht für Gesetz/Regel/Grundsatz.

Das Symbol des Caduceus, der geflügelten Schlange, das wir für medizinische Einrichtungen anwenden, wäre das Symbol der Grauen und Draco.

Die Draco seien sehr formell, wenn sie mit Menschen reden. Sie würden die Menschen als minderwertig ansehen, aber auch als bösartig. Es gab kaum Freundschaften zwischen den Rassen außerhalb der Arbeitsstunden, und jede private Unterhaltung sei streng untersagt. Jedoch hätte es auch unter den Draco welche gegeben, die die Verhältnisse in der Basis nicht mochten. Tatsächlich hätten sich kleine Gruppen von Menschen und von Draco zusammengefunden, um kleine Sabotageakte zu begehen und sich gegenseitig zu helfen.

Die Draco würden sehr viel mit Magneten arbeiten. Man könne mit Magneten alles mögliche machen. Sie würden die Menschheit absichtlich daran hindern, hinter die Geheimnisse der Magnetkraft zu kommen. Sie nennen Magnete „Lodestar“ und bauen sie angeblich seit ewigen Zeiten auf der Erde ab. Kupfer wird benutzt, um magnetische Felder zu bündeln.

Castello beschreibt auch, daß es ebenso reptiloide Wesen gebe, die auf der Erde heimisch seien. Diese verwenden als Symbol eine Schlange, die sich in den Schwanz beißt, mit7 Sternen in diesem Kreis. Über diese Reptos werden wir im nächsten Kapitel aus einer völlig anderen Quelle noch Spannendes erfahren. Castello beschreibt jedoch, wie man sich am besten verhält, wenn man zufällig welchen in abgelegenen Berggegenden über den Weg laufen sollte. Sie seien nicht aggressiv gegenüber Menschen eingestellt, trauen ihnen jedoch nicht und vermeiden lieber jeden Kontakt. Es kann sein, daß sie einen mit einer Waffe paralysieren, um dann zu fliehen. Wenn man ihnen gegenüber steht, solle man die Arme nach unten halten und die Handflächen nach oben. Das sei das Zeichen der friedlichen Absicht. Man soll sie zuerst sprechen lassen. Sie verstehen Englisch und einige andere Sprachen. (Wahrscheinlich sind sie teiltelepathisch und können so die Menschen verstehen.) Man sollte sich nicht mit ihnen anlegen, da sie zehn mal stärker als Menschen seien. Sie sähen zunächst beängstigend aus, aber wenn man seine Angst bekämpfen würde, würden die Reptos vielleicht neugierig heran kommen. Die Erdkruste sei von vielen Höhlen durchzogen, in denen alle möglichen Arten lebten. Auch gebe es ein gigantisches Netzwerk von unterirdischen Tunnelsystemen, in denen man mit riesiger Geschwindigkeit von einem Ort der Erde zum anderen fahren könne.

Ein Physiker namens Paul Bennewitz behauptet, das kollektive Bewußtsein der Aliens mit einem Computerterminal „geknackt" zu haben, d.h. die Kommunikation abhören und entschlüsseln zu können. Er meint, daß auf dieser Frequenz auch die Implantate empfangen würden.

Es ist wahrscheinlich genauso falsch, pauschale Urteile über die Grauen, die Reptiloiden, die Draco oder sonstige Außerirdischen abzugeben, wie es falsch ist, etwas pauschal über „die Amerikaner", „die Deutschen" oder „die Juden" zu sagen. Möglicherweise gibt es auch unter den Außerirdischen interne Kämpfe zwischen den „Individualisten" und den „Kollektivisten". Denjenigen, die sich nicht in die freie Entwicklung der Menschheit einmischen, und denjenigen, die keine moralischen Bedenken dieser Art haben.

Interessant ist die Information, daß die Ashtar Gruppe, von der es sehr viele Botschaften an die Menschheit gibt, sich aufgespalten habe. Einige Kontaktler sprechen von einem Konflikt im Sirius System, zwischen den Ashtar-Kräften der Andro-Plejaden und den Ashtar Kräften der Draco-Orion Allianz. Dieser Konflikt würde auch auf der Erde ausgetragen. Teilweise wird auch unterschieden zwischen den herzlosen Draco-Orion-Gruppen und ihren Gefolgsleuten unter den Grauen und den Menschen und denen mit einer intakten Seele. Die Draco verfügen angeblich über sehr hochentwickelte Biotechnologien, die es ihnen ermöglichen, die Seele, oder Seelen-Energie-Matrix, wie sie es nennen, von einem Körper zu trennen und den Körper für ihre Zwecke zu benutzen.

Diejenigen, die erst einmal ein gestörtes Herz haben, haben auch kein Empfinden mehr dafür, daß die Seele wichtig wäre. Allerdings wissen die Draco die menschliche Seele doch zu schätzen, da sie sich an ihren emotionalen Energien laben können. Die künstlich geschaffenen Hypriden und Klone hätten diese seelische Qualität nicht.

In „Kosmische Begegnung" hat Remote Viewer Cortney Brown schließlich auch Kontakt zu dem kollektiven Bewußtsein der Grauen und der Draco. Er spürte eine massive Gegenwart eines mächtigen Egos, das eine Aura von Strenge, militärischer Kontrolle und Angst hatte. Es schien ein gigantisches Bewußtsein mit einem immensen Selbstwertproblem zu sein. Es hatte den Wunsch, angebetet und bewundert zu werden. Es versprach seinen Untergebenen ebenso Macht und Anbetung, hatte jedoch nicht das geringste Interesse, jemals irgend etwas zu geben. Es hatte ein alles verschlingendes Ego, wie eine kosmische beleidigte Leberwurst, die nicht genug kriegen konnte und alles zerstörte, was ihm nicht zu Diensten war. Alle Untergebenen dieses Systems wurden mit einer Illusion von Wichtigkeit ausgestattet, die jedoch hierarchisch geordnet war. Von den Untergebenen wurde absoluter Gehorsam und Unterwerfung gefordert, den Vorgesetzten gegenüber mußte man sich selber unterordnen und hoffen, daß man nicht in Ungnade fiel. Das gesamte Kollektiv war wie ein Schwarzes Loch, das alle Energien anzog und nicht wieder heraus ließ. Es verschlang jede noch so unschuldige Energie ohne die geringsten Skrupel. Es basierte auf der Angst, keine Anerkennung zu bekommen, aber dem unbedingten Willen, sie von jedermann zu erzwingen. Es möchte am liebsten als Gott angesehen werden, und wenn man sich den Gott des Alten Testaments betrachtet, kann man unschwer die Charakterzüge eines solchen Bewußtseins erkennen.

Das kollektive Bewußtsein ist nicht physisch, wirkt aber auf die Draco und Grauen, sowohl in der Astralen Welt als auch der physischen. Es wirkt auf Menschen mit Implantaten und auf alle, die sich auf diese Art von Energie einlassen.

Einige der Menschen, die die Gefahr dieses kollektiven Bösen als Gefahr für die gesamte Menschheit ansehen, meinen, daß in diesem auf Angst und Unterwerfung basierenden System auch die Schwäche liege, die man ausnützen könne, wolle man den Mächten beikommen. So seien einzelne Kämpfer der Grauen und Draco nicht in der Lage, spontan auf neue Situationen zu reagieren. Da eine gigantische Befehlskette durchlaufen werden müsse, könnte ein Überraschungsangriff durchaus Erfolg haben, wenn man die Gegner vor ständig neue, unvorhergesehene Situationen stelle.

Einige der geheimen Machthaber der Erde haben den Draco gegenüber schon längst klein beigegeben und ihnen einen Großteil der Erde überlassen, wenn sie einen Teil der Macht abbekommen würden. Besonders die 13 Familien des Bayerischen Schwarzen Adels hätten eine Verbindung zu den Draco und würden ihre Ziele mitverfolgen. Der Faschismus des Hitler-Deutschland hatte ihnen genauso Möglichkeiten für Experimente mit Geistkontrolle gegeben wie die in der kommunistischen UdSSR. Auch nach dem zweiten Weltkrieg hätten sich die Forscher der Nazis nach Amerika begeben und dort einfach weitergearbeitet. Den Wunsch, den Geist der Menschen kontrollieren zu können, haben offenbar nicht nur Außerirdische.

Die Draco haben offenbar außer ihrem Appetit auf Emotionen von Menschen nicht viel für deren Herzensqualitäten übrig. Nach den Plänen der Draco wäre ihnen am liebsten, die Menschheit auszulöschen oder zumindest total kontrollieren und benutzen zu können. Es wird gesagt, daß auch die Freimaurer in diese Ziele eingebunden sind. Den höchsten Graden der Freimaurer, über dem 33. Grad stehend, hätten die Draco eine Beteiligung an der Ausbeutung des Planeten versprochen, während die darunter liegenden Grade, einschließlich des hoch stehenden 33. Grades, mit dem Rest der Menschheit geopfert werden soll.

Ein William Hamilton schreibt in einem „Trends and Predictions Analys"-Newsletter Juli 1990: *„Die menschliche Elite mag denken, daß ihre reptilisch-kollektivistischen Gastgeber ihr Ego mit Lob und Belohnung überhäufen werden für ihre Kooperation bei dem Ausverkauf ihres eigenen Planeten, aber in Wirklichkeit sehen die Draconier die menschliche Elite als nutzloses Unkraut an..."*

Sie benutzen offenbar auch die unterschiedlichen Fraktionen auf der Erde, die sich gegenseitig bekämpfen, für ihre Ziele. Wenn sich die Rechten und die Linken gegenseitig bekriegen würden, wären sie die lachenden Dritten. Teile und herrsche ist das uralte Prinzip, das wahrscheinlich seit Millionen von Jahren überall im Universum angewendet wird. Aber offenbar gibt es auch positive Außerirdische, die der Menschheit helfen. Zudem würden wir Menschen den Grauen und Draco zahlenmäßig weit überlegen sein. Sie sind weit von zu Hause entfernt und können sich hier offenbar nicht problemlos fortpflanzen. Insofern hätten sie trotz ihrer technischen Überlegenheit die Menschheit noch nicht völlig übernommen. So gibt es eine ganze Menge unterschiedlicher Allianzen, die für einen Außenstehenden wohl kaum zu durchschauen sind. Beruhigend ist wohl letztlich, daß sich diese Kräfte in ihrer Machtgier auch gegenseitig in die Pfanne hauen.

Es ist wichtig, zu erkennen, daß ein Teil der amerikanischen Regierung in die Entführungsszenarien verwickelt ist und sich an den Implantierungen beteiligt, daß es aber ebenso Kräfte gibt, die diese Zustände aufdecken und beenden wollen. Es hat wohl schon regelrechte Kriege in einzelnen Untergrundbasen gegeben, die die Fronten jedoch nur verhärtet hätten. Man sucht noch nach Möglichkeiten, die außerirdischen Wesen in den unterirdischen Städten effektiv bekämpfen zu können.

Es muß der Menschheit bewußt werden, daß es einen Kampf um ihre Seelen gibt. Wenn sie sich auf die kollektive Seite schlägt, die macht- und profitgierig, egogesteuert und mitleidslos ist, verliert sie ihre göttlichen Qualitäten und individuelle Freiheit. Wer sich des Guten in sich bewußt ist und Vertrauen in ein sinnvolles Universum hat, ist denen ein Dorn im Auge, da er nicht zu kontrollieren ist. Würden die 6 Milliarden Menschen auf der Erde sich ihrer Göttlichkeit bewußt sein, könnten die negativen Außerirdischen und ihre Gefolgsleute es hier nicht aushalten. Leider ist es fast unmöglich, die Menschheit zu einem solchen Bewußtsein anzuheben. Die Massenmedien sind unter Kontrolle der Kräfte, die nicht wollen, daß sich die Menschen von der Knechtschaft befreien. Da uns durch die Medien ständig Angst gemacht wird, Sex und Horror verkauft wird, ist es schwierig, eine höhere Schwingung der Liebe zu erzeugen, in denen es diese Kräfte nicht lange aushalten würden. Diese haben natürlich gute Kenntnisse spiritueller Vorgänge und nutzen Energien ganz gezielt für ihre Zwecke.

Es ist sicher schwer, sich die Menschen, die wir täglich im Fernsehen in den Nachrichten sehen, bei einem magischen Ritual oder in einem Gespräch mit Außerirdischen vorzustellen. Wir haben keine Bilder dafür. Die Bilder, die wir haben, sind jedoch die, die uns von den Massenmedien vorgesetzt werden. Hand aufs Herz, wer von uns hat schon Bill Clinton, Putin, Bush, die Queen oder sonstige Weltgrößen mit eigenen Augen gesehen? Das meiste, was wir über diese Welt zu wissen glauben, stammt aus den Bildern aus dem Fernseher. Sicher ein Medium, das uns Einblicke in Welten verschaffen kann, die wir nie selber zu Gesicht bekommen werden. Andererseits trügt aber der Eindruck, daß wir von allem ein richtiges Bild haben, wenn wir regelmäßig fernsehen.

In den Geheimdiensten und verschiedenen Organisationen scheint es also interne Kämpfe zwischen den verschiedenen Gruppen zu geben. Viele sind schon lange nicht mehr bereit, diese Schandtaten zu decken. David Icke beschreibt auch das Ansteigen des Bewußtseins der Menschen und der Schwingung der Erde.

Ob wir hiermit nun die Spitze der Pyramide der Geheimlogen identifiziert haben, ist die Frage. Hat der Teufel, ob nun in der Form eines physischen Reptilienwesens oder auch als astrale Wesenheit, immer wieder Menschen kontaktiert und sie zu zersetzendem Handeln angestiftet? Hat sich das kollektive Bewußtsein, das nur gierig nach immer mehr Macht, Anerkennung und Energie ist, auf unserem Planeten eingenistet, eingeladen von Menschen in okkulten Ritualen? Steht hinter den verschiedenen Interessengruppen auf unserem Planeten, die ohne Rücksicht auf den Fortbestand des Lebens oder auf das Leiden von Mensch und Natur ihrer Machtgier frönen, eine außerirdische Intelligenz, die Versprechungen macht, auf die immer wieder Menschen hereinfallen, obwohl sie es, würden sie auf ihr Herz hören, als schädlich erkennen müßten? Ist das Ego für Versuchungen dieser Entitäten anfällig? Ich denke ja. Ich denke aber auch, daß das Göttliche in uns stark genug ist, um allen Versuchungen zu widerstehen.

Diese Berichte sollen also nicht Angst machen, sondern die Zusammenhänge aufzeigen, um die es bei dem Kampf um die Seelen geht.

Reptos

Ich kann mir vorstellen, daß viele Menschen Schwierigkeiten haben, sich vorzustellen, daß es solche reptiloiden Wesen gibt. Dennoch sind mir im Rahmen meiner Arbeit immer wieder Menschen über den Weg gelaufen, die zumindest ungewöhnliche Wahrnehmungen gemacht haben, die bestätigen würden, daß dies alles nicht nur Phantasiegebilde sind. Im Folgenden geht es sogar um reptiloide Wesen, die seit Urzeiten auf der Erde leben. Noch einmal: man sollte einen guten Schutz haben, wenn man sich mit diesen Themen befaßt.

Auch in Science-Fiction-Filmen tauchen reptiloide Spezies immer wieder auf. Und da ich schon verschiedentlich darauf hingewiesen habe, daß die geheimen Mächte Angst davor haben, uns offiziell über kosmische Vorgänge zu informieren, und sie die Menschheit daher in Form von Filmen vorbereiten wollen, ist es interessant, sich einige dieser filmischen Darstellungen anzusehen. U.a. die Darstellung der „Sauroiden" in der Verfilmung von Jules Vernes „Reise zum Mittelpunkt der Erde" aus dem Jahre 1999. Ob die Wesen, von denen im Folgenden die Rede ist, so aussehen wie in dieser filmischen Darstellung, weiß ich nicht.

Das nun folgende Interview fiel mir irgendwann in der virtuellen Welt des Internet in die Hände. Angeblich von jemandem, der in Schweden einer reptiloiden Frau begegnet ist, die sich zunächst jedoch als Mensch getarnt hat. Ob das Material der sogenannten „Lacerta-File" echt ist, weiß ich nicht. Wenn es nur eine Erfindung ist, könnte der Autor damit sicherlich irgendwie Geld verdienen. Im Internet wurde der Text aber so zur Verfügung gestellt. Nun könnte der Text auch einfach zu einer Desinformationskampagne gehören. Die UFO-Szene durch erfundene Geschichten und gefälschte Fotos unglaubwürdig zu machen, ist ein erklärtes Ziel der Geheimdienste. In diesem Fall tauchte der Text in einer unbekannten Homepage auf, die inzwischen verschwunden ist. Eine Desinformation würde wahrscheinlich an anderen Stellen lanciert werden, da man ja wünscht, daß sich die falschen Geschichten weit verbreiten, damit man sie nachher als gefälscht entlarven kann. Von einer Veröffentlichung auf „offiziellen" UFO-Seiten oder Magazinen ist mir nichts bekannt.

Ich habe natürlich versucht, näher an die Quelle heranzukommen. Von dem Herausgeber eines online-UFO-Magazins, bekam ich eine e-mail Adresse. Von da an geschahen merkwürdige Dinge im Internet. Man muß dazu wissen, daß ich beim Online-Anbieter AOL bin. (Ich weiß, ich weiß, es gibt sicherlich bessere, und das Dreieck im Logo ist ein nicht unbedeutendes Symbol.) Die genannte Adresse war auch bei AOL. Man kann andere AOL-Nutzer in einer sogenannten „Buddy-Liste" eintragen, damit man sehen kann, wenn einer seiner Freunde bei AOL auch online ist. In dem Fall kann man dann direkt Nachrichten an den anderen schicken. Ich trug den Namen der Person, die angeblich Kontakt zu dem Interviewer aus Schweden hatte, in meine Buddy-Liste ein. Aus den Texten ging hervor, daß Interesse bestand, daß diese Informationen bekannt würden. Per e-mail verabredeten wir dann bestimmte Zeiten, an denen wir direkt miteinander kommunizieren konnten. Jedoch tauchte der Name zu den vereinbarten Zeiten nicht in der Buddy-Liste auf. Irgendwann bei einer verpaßten Verabredung schrieb ich eine frustrierte e-mail, warum er sich nicht an die Vereinbarungen halte. Er schrieb postwendend zurück, daß er online sei. Das war merkwürdig, da wir beide uns eigentlich gegenseitig in der Buddy-Liste sehen müßten. Da das auf einen Eingriff von außen hindeutete, bekam der andere kalte Füße. Er wollte seine Adresse oder Telefonnummer nicht angeben, da er befürchtete, daß bestimmte Leute nicht wollten, daß diese Dinge an die Öffentlichkeit kommen. Ich habe lange Zeit gehofft, daß er mich irgendwie kontaktieren würde. Leider kam es nicht dazu. So veröffentliche ich die Texte nun, ohne eine Bestätigung für ihre Echtheit zu haben.

Die Fragen und Antworten des Interviews deuten für mich auf ein hohes Wissen hin. Wäre es ein erfundenes Gespräch, wären die Fragen und Antworten vom gleichen Autor. Der Frager in diesen Interviews scheint aber eine ganz andere Denkweise zu haben als die interviewte, reptiloide Frau. Ich hätte an seiner Stelle ganz andere Fragen gestellt. Leider gelang es mir nicht, näher an die Quelle zu gelangen.

Ich halte es also für wahrscheinlich, daß dieser Text echt ist und diese Dinge wirklich gesagt wurden. Ob immer die Wahrheit gesagt wurde oder eben nur die Sicht dieser Wesen, ist eine andere Frage. Wenn man irgendeinen Menschen nach geschichtlichen Dingen fragen würde, würde man wahrscheinlich auch nicht die Wahrheit erfahren, sondern etwas über dessen Kenntnisse oder Geschichtsbild. Ich glaube, daß die Darstellung der komplexen Geschichte unseres Planeten aus der Sicht dieser Wesen wahr ist. Aber urteilen Sie am besten selbst: Lacerta File I

„Ich beglaubige, daß der folgende Text die absolute Wahrheit und kein Roman ist. Dies ist Teil einer Kopie eines Interviews, das ich mit einem nichtmenschlichen, reptilartigem Wesen im Dezember 1999 machte. Dieses weibliche Wesen war schon seit einigen Monaten in Kontakt mit einem Freund von mir (dessen Name angegeben wird mit der Abkürzung E.F.). Lassen Sie mich erklären, daß ich mein ganzes Leben ein Skeptiker von UFOs, Außerirdischen und anderen unheimlichen Dingen war und ich dachte, daß E.F. mir Träume oder Science-fiction Geschichten erzählte, als er mir von einem ersten Kontakt mit dem nicht - menschlichen Wesen „Lacerta" berichtete. Ich war noch ein Skeptiker, als ich diesem Wesen am 16 . Dezember letztes Jahr (1999) in dem kleinen warmen Raum in dem entfernten Haus meines Freundes im Süden Schwedens begegnete, trotz der Tatsache, daß ich jetzt mit meinen eigenen Augen sah, daß sie nicht menschlich war. Sie hat mir während der Sitzung so viele unglaubliche Dinge erzählt und gezeigt, daß ich die Wirklichkeit und die Wahrheit ihrer Worte nicht länger leugnen kann. Dieses ist nicht ein weiteres gefälschtes UFO-Papier, das behauptet, die Wahrheit zu erzählen, und statt dessen gerade Fiktion ist, daher bezeuge ich, daß diese Kopie die Wahrheit beinhaltet und Sie sie deshalb lesen sollten.

Ich habe mit ihr für über 3 Stunden geredet, aber die folgende Kopie enthält Kürzungen, weil sie mich darum bat. (...) Es war nicht leicht, alle wichtigen Teile von der Kopie zu löschen, so bitte ich um Entschuldigung. Ich bin in dem Besitz der ganzen Kopie des Interviews (49 Seiten mit einigen meiner Zeichnungen ihres Körpers und ihrer Geräte) und auch einiger Bänder, auf denen ich das volle Interview habe, aber ich werde diese nicht enthüllen, bevor ich Erlaubnis von ihr habe. Ich werde diese gekürzte Form des noch faszinierenden Dokumentes zu vier meiner zuverlässigen Freunde in Finnland, Norwegen, Deutschland und Frankreich senden, und ich hoffe, daß sie es in ihre eigenen Sprachen und in andere Sprachen übersetzen werden und so viele wohlmeinende Leute wie möglich es lesen und die Kopie verstehen. Wenn Sie es bekommen, senden Sie es zu all Ihren Freunden über e-mail oder kopieren sie es.

Ich beglaubige des Weiteren verschiedene „paranormale" Fähigkeiten ihrer Art wie Telepathie und Telekinese, einschließlich des

Bewegens und Tanzens meines Bleistiftes auf dem Tisch, ohne ihn zu berühren, und des Fliegens eines Apfels ca. 40 Zentimeter über ihren Händen. Sie wurden mir während der 3 Stunden und 6 Minuten der Sitzung gezeigt, und ich bin absolut sicher, daß diese Fähigkeiten keine Tricks waren. Das Folgende ist bestimmt schwierig zu verstehen und zu glauben, für jemanden, der es nicht erlebt hat, aber ich war tatsächlich in Kontakt mit ihrem Verstand. Ich bin jetzt völlig sicher, daß alles, das sie während des Interviews sagte, die absolute Wahrheit über unsere Welt ist.

(...) Es wird eine neue Sitzung zwischen mir und ihr (wieder in dem gleichen Haus in Schweden) am 23 . April 2000 geben und sie versprach mir, vielleicht etwas Beweismaterial für ihre Existenz mitzubringen.

Ole K."

8. Januar 2000

Kopie von Interview (gekürzte Form)

Datum: 16. Dezember 1999

Frage: Also zunächst einmal, wer Sie sind und was Sie sind? Sind Sie ein außerirdisches Wesen oder ist Ihr Ursprung auf diesem Planeten?

Antwort: Wie Sie mit Ihren eigenen Augen sehen können, bin ich kein Mensch wie Sie, und ich bin kein wirkliches Säugetier (trotz meiner teilweise Säugetierähnlichen Körper-Merkmale, die ein Ergebnis unserer Entwicklung sind.) Ich bin ein weibliches Reptil-Wesen, Angehörige einer sehr alten reptilartigen Rasse. Wir sind einheimische Erdlinge und leben auf dem Planeten seit Millionen von Jahren. Wir werden in Ihren religiösen Schriftstücken wie Ihrer christlichen Bibel erwähnt, und viele der alten menschlichen Stämme waren unserer Gegenwart gewahr und beteten uns als Götter an, zum Beispiel die Ägypter und Inka und viele andere alte Stämme. Ihre Christliche Religion hat unsere Rolle in Ihrer Schöpfung mißverstanden, so werden wir in Ihren Schriftstücken als „böse Schlange" erwähnt. Dieses ist falsch. Ihre Rasse wurde genetisch von Außerirdischen konstruiert, und wir waren die mehr oder weniger passiven Beobachter dieses beschleunigten Entwicklungsprozesses. Sie müssen wissen (einige von Ihren Wissenschaftlern haben das schon angenommen), daß Ihre Art sich in einer auf natürliche Weise völlig unmöglichen Geschwindigkeit innerhalb von gerade einmal 2 - 3 Millionen Jahren entwickelt hat. Dieses ist absolut unmöglich, weil Evolution ein viel langsamerer Prozeß ist, wenn er naturbedingt ist. Aber Sie haben die Evolution nicht verstanden. Ihre Erschaffung war künstlich durch genetische Technologie, aber nicht durch uns, sondern durch eine außerirdische Art. Wenn Sie mich fragen, ob ich außerirdisch bin, ich muß mit „nein" antworten. Wir sind Einheimische auf der Erde. Wir hatten und haben einige Kolonien im Sonnensystem, aber wir stammen von diesem Planeten. Es ist in der Tat unser Planet und nicht Ihrer - es war nie Ihrer.

Frage: Können Sie mir Ihren Namen nennen?

Antwort: Dieses ist schwierig, weil Ihre menschliche Zunge nicht fähig ist, es korrekt auszusprechen (und eine falsche Aussprache unserer Namen ist sehr beleidigend für einige meiner Art). Unsere Sprache ist sehr anders als Ihre. Mein Name ist - ich werde versuchen, es glatter zu sagen - etwa wie „Sssshiaassshakkkassk" mit einer sehr sehr starken Betonung der „sh" und „k". Wir haben keine Vornamen wie Sie, sondern nur einen alleinstehenden und einzigartigen Namen, der charakteristisch ist, nicht bei Kindern (wir haben eigene Namen für die Kinder), sondern in einem speziellen Verfahren im jugendlichen Zeitalter in der Zeit religiöser oder wissenschaftlicher „Aufklärung" oder Bewußtwerdung, und ich würde es würdigen, wenn Sie nicht versuchen, meinen wirklichen Namen mit Ihrer menschlichen Zunge auszusprechen. Nennen Sie mich „Lacerta", das ist der Name, den ich allgemein benutze, wenn ich unter Menschen bin und mit ihnen rede.

Frage: Wie alt sind Sie?

Antwort: Wir messen die Zeit nicht wie Sie in astronomischen Jahren und nach Umdrehungen der Erde um Sonne, weil wir gewöhnlich unter der Oberfläche des Planeten leben. Unsere Zeit-Messung hängt von periodischen Kreisläufen im Erde-Magnetfeld ab, und nach Ihren Zahlen bin ich heute - lassen Sie mich rechnen - 57.653 Kreisläufe alt. Ich habe meine erwachsene Phase und meine Bewußtwerdung vor 16.337 Kreisläufen erreicht. (Dieses ist ein sehr wichtiges Datum für uns.) Gemäß Ihrer menschlichen Zeit-Skala bin ich um die 28 Jahre alt.

Frage: Was ist Ihre Aufgabe? Haben Sie eine „Arbeit" wie wir?

Antwort: Um es mit Ihren Worten zu sagen: ich bin ein neugieriger Student des sozialen Verhaltens Ihrer Art. Das ist der Grund, warum ich hier bin und mit Ihnen spreche, das ist, warum ich E.F. meine wirkliche Natur enthüllt habe und jetzt Ihnen. Das ist der Grund, warum ich versuchen werde, alles zu tun, alle Ihre Fragen auf Ihren vielen Seiten Papier ehrlich zu beantworten. Ich werde sehen, wie Sie reagieren, wie andere Ihrer Art reagieren. Es gibt so viel Verrückte und Lügner Ihrer Art auf diesem Planeten, die beanspruchen, die Wahrheit über uns, UFOs, Außerirdische und so weiter, zu wissen, und einige von Ihnen glauben ihre Lügen. Ich bin interessiert, zu sehen, wie Ihre Leute reagieren, wenn Sie die Wahrheit (was ich Ihnen jetzt erzählen werde) öffentlich machen. Ich bin ganz sicher, viele von Ihnen werden sich weigern, meine Worte zu glauben, aber ich hoffe, ich habe unrecht, weil Sie verstehen müssen, wenn Sie die kommenden Jahre überleben wollen.

Frage: Ich las Ihre volle Aussage (was Sie E.F. gegeben haben), aber können Sie mir jetzt eine kurze Antwort geben: sind UFOs wirklich Dinge, die von Außerirdischen gesteuert werden und gehören sie Ihrer Art an?

Antwort: Einige beobachtete UFOs - wie Sie sie nennen - gehören uns, aber die meisten nicht. Die meisten der „geheimnisvollen" fliegenden Gegenstände am Himmel sind nicht technologische Vorrichtungen, sondern hauptsächlich Mißdeutungen von Naturereignissen, die Ihre Wissenschaftler nicht verstehen (wie spontanes Plasma-Aufflackern in der oberen Atmosphäre.) Nichtsdestotrotz sind einige UFOs wirkliche Geräte, die entweder zu Ihrer eigenen Art (besonders zu Ihrem Militär) gehören oder zu anderen außerirdischen Arten oder zuletzt zu uns (eine Minderheit gesehener Maschinen gehört tatsächlich zu uns, denn wir sind allgemein sehr sorgfältig mit unseren Bewegungen in der Atmosphäre, und wir haben spezielle Methoden, unsere Schiffe zu verbergen.) Wenn Sie einen Bericht über eine Sichtung eines metallischen Flugobjekts hören, das wie ein heller, grauer, zigarrenförmiger, zylindrischer Gegenstand aussieht, mit einer Länge von, lassen Sie mich rechnen, zwischen 20 und 260 Ihrer Meter und, wenn dieser Gegenstand einen sehr tiefen summenden Ton macht, und, wenn er 5 helle rote Lichter auf der metallischen Oberfläche der Zigarre hat (eins am Gipfel, eins in der Mitte, zwei an den Enden), dann ist es wahrscheinlich, daß jemand von Ihnen eins unserer Schiffe gesehen hat, und dieses bedeutet, daß es entweder teilweise defekt war, oder daß jemand von uns nicht sorgfältig genug war.

(Diese Stelle scheint zunächst ein Fehler zu sein, da von 5 roten Lichtern die Rede ist. Es könnte sich aber dadurch erklären, daß eine der Lampen verdeckt ist, wenn man den zylindrischen Körper sieht. Außerdem ist zu bedenken, daß dieser Text mehrfach übersetzt wurde, vom Schwedischen ins Englische und dann ins Deutsche, und daß daher Fehler – auch an anderen Stellen - auftreten können. Anmerkung des Herausgebers.)

Wir haben auch eine sehr kleine Flotte von untertassenförmigen Maschinen, aber solche UFOs gehören gewöhnlich zu außerirdischen Arten. Dreieckige UFOs gehören allgemein zu Ihrem eigenen Militär, aber sie benutzen fremde Technologie, um sie zu bauen. Wenn Sie tatsächlich versuchen wollen, eine unserer Maschinen zu sehen, sollten Sie an den Himmeln über der Arktis oder der Antarktis einen Blick werfen und über Innerasien (besonders über den Bergen).

Frage: Haben Sie ein spezielles Symbol oder etwas, womit wir Ihre Art identifizieren können?

Antwort: Wir haben zwei bedeutende Symbole, die unsere Arten vertreten. Ein Symbol (das ältere) ist eine blaue Schlange mit vier weißen Flügeln auf einem schwarzen Hintergrund (die Farben haben religiöse Bedeutungen für uns). Dieses Symbol wird von bestimmten Teilen meiner Gesellschaft benutzt, aber es ist heute sehr selten. Die Menschen haben es sehr oft in Ihren alten Schriftstücken kopiert. Das andere Symbol ist ein mystisches Wesen, Sie würden es einen „Drachen“ nennen, in der Form eines Kreises mit sieben weißen Sternen in der Mitte. Dieses Symbol ist heute viel gebräuchlicher. Wenn Sie eins der Symbole auf einer zylindrischen Maschine sehen oder auf einem unterirdischen Eingang, gehört dieses Ding oder der Ort definitiv zu uns, und ich würde Ihnen raten, von da so schnell wie möglich zu verschwinden.

Frage: Sie erwähnten die sieben Sterne in dem zweiten Symbol - bedeuten sie die Plejaden?

Antwort: Plejaden? Nein. Tatsächlich sind die sieben Sterne Planeten und Monde, und sie sind ein Symbol für unsere ehemaligen sieben Kolonien im Sonnensystem. Die Sterne vor einem blauen Hintergrund und dem Drachenkreis in der Form der Erde. Die sieben weißen Sterne bedeuten Mond, Mars, Venus und 4 Monde von Jupiter und Saturn, die wir in der Vergangenheit kolonisiert hatten. Zwei

Kolonien sind nicht länger in Gebrauch und aufgegeben, so würden heute 5 Sterne genügen.

Frage: Da Sie mir nicht erlaubt haben, Photos zu machen, was sehr nützlich wäre, Ihre wirkliche Existenz zu beweisen und die Wahrheit dieser Geschichte - können Sie sich detaillierter beschreiben?

Antwort: Ich weiß, daß es hilfreich sein würde, die Echtheit dieses Interviews zu beweisen, wenn Sie einige Photos von mir machen können. Denn die Menschen sind sehr skeptisch (das ist gut für uns und für die wirklichen außerirdischen Arten, die heimlich auf diesem Planeten sind), also, auch wenn Sie solche Photos hätten, würden viele Ihrer Art sagen, daß sie Betrug sind, daß ich eine maskierte menschliche Frau oder etwas bin (und das wäre sehr beleidigend für mich.) Deshalb müssen Sie verstehen, daß ich Ihnen nicht Erlaubnis geben kann, Photos von mir oder meinen Geräten zu machen. Dieses hat verschiedene Gründe, die ich mit Ihnen nicht besprechen will, einer der Gründe ist das Geheimhalten unserer Existenz, ein anderer Grund ist religiöser Natur. Nichtsdestotrotz haben Sie meine Erlaubnis, Zeichnungen von mir und meinen Geräten zu machen, die ich Ihnen später zeigen kann. Ich kann auch versuchen, mich zu beschreiben, aber ich zweifele, daß andere Ihrer Art fähig sein werden, sich mein wirkliches Aussehen durch einfache Worte vorzustellen, weil die Ablehnung der Existenz reptilartiger Wesen und allgemein intelligenter Arten außer der Ihren ein Teil der Programmierung Ihres Verstandes ist. Aber ich werde es versuchen.

Stellen Sie sich den Körper einer normalen menschlichen Frau vor, und Sie haben erst mal eine gute Vorstellung meines Körpers. Wie Sie sehen, habe ich einen Kopf, zwei Arme, zwei Hände, zwei Beine und zwei Füße, und die Proportionen meines Körpers sind wie bei Ihnen. Da ich eine Frau bin, habe ich auch zwei Brüste (trotz unseres Reptil-Ursprungs haben wir während des Entwicklungsprozesses angefangen, Milch zu geben - dieses geschah vor 30 Millionen Jahren - weil dieses die beste Art ist, die Jungen lebendig zu halten). Diesen Entwicklungsschritt hatten Sie schon im Dinosaurier-Zeitalter und - ein bißchen später - auch wir. Das bedeutet nicht, daß wir jetzt wirkliche Säugetiere sind, aber die Brüste von uns sind nicht so groß, wie jene menschlicher Frauen, und die Größe von ihnen ist im allgemeinen gleich für jede Frau meiner Art. Die äußerlichen Reproduktionsorgane sind für beide Geschlechter kleiner als jene von Menschen, aber sie sind sichtbar und sie haben die gleiche Funktion wie bei Ihnen (ein anderes Geschenk der Evolution unserer Arten).

Meine Haut ist hauptsächlich grün-beige - mehr bleich grün - und wir haben einige Muster brauner, unregelmäßiger Punkte (jeder Punkt von 1 - 2 Zentimeter Größe) auf unserer Haut und in unserem Gesicht (die Muster sind für beide Geschlechter unterschiedlich, aber Frauen haben mehr, besonders im unteren Körperbereich und im Gesicht.) Wie Sie in meinem Fall die zwei Linien über den Augenbrauen sehen können, die meine Stirn, meine Wange und mein Kinn überqueren. Meine Augen sind ein bißchen größer als menschliche Augen (aus diesem Grund, können wir besser in der Dunkelheit sehen) und beherrscht von den großen, schwarzen Pupillen, die von einer kleinen hell-grünen Iris umgeben werden, (Männer haben ein dunkelgrüne Iris) Die Pupille ist von einer kleinen schwarzen Linie zu einem weit offenen eiförmigen Oval geschlitzt und kann sich verändern, weil unsere Netzhaut sehr lichtempfindlich ist, und die Pupille muß dies ausgleichen. Wir haben äußerliche, runde Ohren, aber sie sind kleiner und nicht so krumm wie bei Ihnen, wir können besser hören, weil unsere Ohren empfindlicher sind (wir können auch einen breiteren Bereich von Schall hören). Es gibt einen Muskel oder „Deckel" über den Ohren, den wir (zum Beispiel unter Wasser) völlig schließen können. Unsere Nase ist spitzer und es gibt eine V-förmige Krümmung zwischen den Nüstern, die die Vorfahren befähigten, Temperaturen zu „sehen". Die meisten von uns haben diese Fähigkeit verloren, aber wir können Temperaturen viel besser mit diesem „Organ" fühlen als Sie. Unsere Lippen sind wie bei Ihnen geformt (jene von Frauen ein bißchen größer als jene von Männern), aber von einer bräunlichen Farbe, und unsere Zähne sind sehr weiß und stark und ein bißchen länger und schärfer als Ihre weichen Säugetier-Zähne. Wir haben keine anderen Haarfarben als Sie, (aber es gibt eine Tradition, in anderen Altern die Haare zu färben) und die ursprüngliche Farbe ist - wie meins - ein grünliches Braun. Unsere Haare sind dichter und stärker als bei Ihnen, und sie wachsen sehr langsam. Der Kopf ist der einzige Teil unseres Körpers, wo wir Haare haben.

Unser Körper, Arme und Beine sind ähnlich in Form und Größe der Ihren, aber die Farbe ist anders (grün-beige, wie das Gesicht) und es gibt schuppenähnliche Strukturen auf den oberen Beinen (über dem Knie) und oberen Armen (über dem Ellbogen). Unsere fünf Finger sind ein bißchen länger und dünner als menschliche Finger und unsere Haut auf der Handfläche einfach, wir haben keine Linien wie Sie, sondern eine Kombination einer schuppenähnlichen Hautstruktur und der braunen Punkte (beide Geschlechter haben die Punkte auf der Handfläche), und wir haben keinen Fingerabdruck wie Sie. Wenn Sie meine Haut berühren, werden Sie fühlen, daß sie glatter als Ihre behaarte Haut ist. Es gibt kleine scharfe Hörner auf der Oberseite beider Mittelfinger. Die Fingernägel sind grau und allgemein länger als bei Ihnen. Sie sehen, daß meine Nägel an der Spitze nicht rund sind. Das ist so, weil ich eine Frau bin. Männer haben scharfe, spitze Nägel mit einer Länge von etwa 5 oder 6 Ihrer Zentimeter. Das folgende Merkmal ist sehr anders als von Ihrem Körper und Teil unseres reptilartigen Ursprungs: wenn Sie das Hinterteil meines Oberkörpers berühren, werden Sie eine harte, knochige Linie durch meine Kleidung fühlen. Dieses ist nicht mein Rückgrat, sondern eine sehr komplex geformte Plattenstruktur der Haut und Gewebe, die unserem Rückgrat vom Kopf bis zur Hüfte folgt. Es gibt eine extrem hohe Zahl von Nerven und großen Blutgefäßen in dieser Struktur und in den Platten (sie sind etwa zwei oder drei Zentimeter lang und sehr berührungsempfindlich. Dies ist der Grund, warum wir immer Probleme haben, in Stühlen zu sitzen, mit einer Rückenlehne wie bei diesem Stuhl.) Denn die Hauptaufgabe dieser kleinen Platten (neben einer Rolle in unserer Sexualität) ist einfach die Regelung unserer Körpertemperatur, und, wenn wir in natürlicher oder künstlicher Sonne sitzen, werden diese Teller besser durchblutet, und die Gefäße werden breiter und die Sonne ist fähig, unser reptiloides Blut (das durch den Körper und durch die Platten zirkuliert) ein paar Grad anzuheben - ein großes Vergnügen!

Was ist sonst anders als bei Ihrer Art? Oh, wir haben keinen Nabel, weil wir auf eine andere Art als Ihre Säugetier-Geburt geboren werden. Die anderen äußeren Unterschiede von Ihrer Art sind geringfügig, und ich denke, daß ich jetzt nicht alle erwähnen muß, weil das meiste davon nicht sichtbar ist, wenn wir Kleidung tragen. Ich hoffe, die Beschreibung meines Körpers ist detailliert genug. Ich würde Sie bitten, einige Zeichnungen zu machen.

Frage: Was für eine Kleidung tragen Sie allgemein? Ich nehme an, daß dieses nicht die Art ist, wie Sie sich normal bekleiden?

Antwort: Nein, ich trage diese Alltagskleidung der Menschen nur, wenn ich unter Menschen bin. Um ehrlich zu sein, ist es nicht sehr bequem für mich, solche dichte Dinge zu tragen, und es ist immer ein sehr ungewöhnliches Gefühl. Wenn wir in unserem eigenen Heim sind (d.h. in unserem unterirdischen Heim) oder in unseren großen künstlichen Sonnen-Gebieten, und wenn wir mit anderen zusammen sind, die uns namentlich nahe sind, sind wir gewöhnlich nackt. Schockiert Sie das? Wenn wir in der Öffentlichkeit sind und mit vielen von uns zusammen, tragen wir sehr breite und weiche Kleidung, die aus dünnem, leichtem Stoff gemacht ist. Ich habe erzählt, daß viele Teile unserer Körper sehr berührungsempfindlich sind, besonders die kleine Rückenplatte, deshalb können wir uns nicht bequem fühlen in dichter Kleidung, weil sie uns verletzen kann. Mann und Frau tragen oft die gleiche Art von Kleidung, aber die Farben sind anders für die Geschlechter.

Frage: Sie sagten „Andere nahe zu Ihrem eigenen Namen". Bedeutet das Ihre Familie?

Antwort: Nein, nicht tatsächlich. Sie würden es „Familie" nennen, aber mit diesem Wort, das Sie nur für jene Ihrer Art anwenden, die genetisch zusammen wie Vater oder Mutter und Kind gehören, verbinden wir etwas anderes. Wie ich schon gesagt habe, haben wir einen sehr schwierigen und einzigartigen Namen. Ein Teil der Aussprache des Namens ist absolut einzigartig, und es gibt kein anderes Wesen mit dem gleichen Namen, ein Teil dieses Namens (der Mittelteil) wird in einer Art ausgesprochen, der zur „Familie" zählt (ich muß das Wort benutzen, weil Sie nicht das Richtige in Ihrem Vokabular haben). Dieses bedeutet nicht, daß alle in der Gruppe genetisch verwandt sind, weil diese Gruppen gewöhnlich sehr groß sind und zwischen 40 und 70 von uns beinhalten. Diese Gruppe schließt sich, unabhängig von Ihrer genetischen Verwandtschaft, zusammen, aber Ihre Verbindung mit Vater und Mutter ist oft die stärkste. Es würde zu schwierig für mich sein, Sie jetzt in unsere sehr alte Gesellschaftsform einzuführen, die sehr kompliziert ist, und wir würden viele Stunden nur für die hauptsächlichen Dinge brauchen. Vielleicht können wir uns zu einer anderen Zeit treffen und ich kann Ihnen detaillierte Beschreibungen aller dieser Dinge geben.

Frage: Haben Sie einen Schwanz wie normale Reptilien?

Antwort: Sehen Sie einen? Nein, wir haben keinen sichtbaren Schwanz. Wenn Sie unser Skelett anblicken, gibt es nur einen kleinen abgerundeten Knochen am Ende unseres Rückgrates hinter dem Bekken. Dieses ist ein nutzloses Rudiment des Schwanzes unserer Vorfahren, aber es ist von außen nicht sichtbar. Oh, unsere Embryos haben Schwänze während der ersten Monate der Entwicklung, aber diese Schwänze verschwinden, bevor sie geboren werden. Ein Schwanz macht nur Sinn für ein primitives Wesen, das versucht, auf zwei Beinen zu gehen und das Gleichgewicht mit dem Schwanz halten will, aber unser Skelett hat sich während der Entwicklung verändert, und unser Rückgrat ist fast in der gleichen Form wie bei Ihnen, so daß wir keinen Schwanz brauchen, um auf zwei Füßen zu stehen.

Frage: Sie sagten, daß Sie auf eine andere Art geboren werden als wir. Legen Sie Eier?

Antwort: Ja, aber nicht wie Vögel oder primitive Reptilien. Tatsächlich wächst der Embryo in einer Protein-Flüssigkeit innerhalb der Gebärmutter, aber es gibt auch ein Ei - geformt aus sehr dünnem Kalk. Es füllt den ganzen Schoß. Der Embryo innerhalb dieser Hülse ist völlig autark von dem Körper der Mutter, und es hat jede Substanz, die es innerhalb dieser Eierschale braucht. Es gibt auch eine Verbindung wie Ihre Nabelschnur, die mit einem Punkt hinter den Rückenplatten verbunden ist. Wenn das Baby vorhat, geboren zu werden, wird das ganze Ei durch die Scheide gepreßt, die in einer schleimigen Protein-Substanz bedeckt wird, und das Baby kommt nach einigen Minuten aus diesem weichen Ei heraus. Diese zwei Hörner auf unseren Mittelfingern werden instinktiv von den Säuglingen benutzt, um durch die Kreidehülle zu brechen und ihren ersten Atem zu nehmen. Unsere Jungen sind nicht so groß wie Ihre Säuglinge. Wenn sie geboren werden, sind sie zwischen 30 und 35 Ihrer Zentimeter groß, das Ei ist um 40 Zentimeter (weil unsere Scheide kleiner als eine menschliche ist), und wächst zu einer Normalgröße von 1,60 bis 1,80 Meter.

Frage: Was ist Ihre Körpertemperatur? Sie sagten, daß Sie es genießen, in der Sonne zu liegen. Welcher Effekt hat dieses auf Ihren Organismus?

Antwort: Wir sind keine Säugetiere, sondern Reptilien, weshalb unsere Körpertemperatur von der Temperatur unserer Umgebung abhängt. Wenn Sie meine Hand berühren, werden Sie vielleicht fühlen, daß sie kälter als Ihre ist, weil unsere normale Körpertemperatur um 30 bis 33 Grad Celsius ist. Wenn wir in der Sonne sitzen (besonders nackt und mit unseren Rückenplatten in der Sonne), kann unsere Körpertemperatur innerhalb Minuten um 8 oder 9 Grad ansteigen. Dieser Anstieg verursacht eine Produktion vieler Enzyme und Hormone in unserem Körper, unser Herz und Gehirn und jedes Organ wird aktiver, und wir fühlen uns dann sehr, sehr gut. Sie Menschen genießen nur, in der Sonne zu sein, aber für uns ist es ein sehr großes Vergnügen, wie bei Ihnen vielleicht bei sexueller Aufregung. Wir genießen auch, in sehr warmem Wasser oder anderen Flüssigkeiten zu schwimmen und unsere Körpertemperatur anzusteigen zu lassen. Wenn wir für einige Stunden im Schatten sind, geht unsere Temperatur auf 30 - 33 Grad zurück. Dieses verursacht keinen Schaden, aber wir fühlen uns viel besser in der Sonne. Wir haben im Untergrund künstliche Sonnenräume, aber das ist nicht das gleiche wie die wirkliche Sonne.

Frage: Was essen Sie?

Antwort: Allgemein verschiedene Dinge wie Sie: Fleisch, Früchte, Gemüse, spezielle Arten von Pilzen (von unterirdischen Farmen) und andere Dinge. Wir können auch einige Substanzen essen und verdauen, die giftig für Sie sind. Der Hauptunterschied zwischen Ihnen und uns ist, daß wir Fleisch essen müssen, weil unser Körper die Proteine braucht. Wir können nicht völlig wie Vegetarier leben wie Ihre Art, weil unsere Verdauung absterben würde und wir nach einigen Wochen oder Monaten ohne Fleisch sterben würden. Viele von uns essen rohes Fleisch oder andere Dinge, die Sie anekeln würden. Ich persönlich ziehe gekochtes Fleisch vor und Oberflächenfrüchte wie Äpfel oder Apfelsinen.

Frage: Können Sie mir etwas über die Naturgeschichte und Entwicklung Ihrer Art erzählen? Wie alt ist Ihre Art? Haben Sie sich von primitiven Reptilien entwickelt, wie die Menschheit sich von Affen entwickelt hat?

Antwort: Oh, dieses ist eine sehr lange und komplizierte Geschichte, und es klingt bestimmt unglaublich für Sie, aber es ist die Wahrheit. Ich werde versuchen, es in Kürze zu erklären. Vor 65 Millionen Jahren starben viele unserer primitiven Vorfahren der Dinosaurier-Rasse in einer großen, weltweiten Umwälzung. Der Grund für diese Zerstörung war nicht eine Naturkatastrophe, durch einen Asteroideneinschlag, wie Ihre Wissenschaftler glauben, sondern ein Krieg zwischen zwei feindlichen außerirdischen Gruppen, hauptsächlich in der Umlaufbahn und oberen Atmosphäre Ihres Planeten. Gemäß unserem begrenzten Wissen um die frühen Tage war dieser weltweite Krieg der erste außerirdische Krieg auf der Erde, aber es war definitiv nicht der letzte, und ein zukünftiger Krieg kommt bald, während ein „Kalter Krieg" - wie Sie es nennen - zwischen außerirdischen Gruppen seit den letzten 73 Jahren auf Ihrem Planeten andauert. Die Gegner in diesem 65 Millionen alten Krieg waren zwei fortgeschrittene außerirdische Arten, deren beide Namen wieder nicht für Ihre Zungen aussprechbar sind. Ich bin zwar fähig dazu, aber es würde Ihre Ohren verletzen, wenn ich Ihnen die Namen sage. Ein Rasse war humanoid wie Ihre Art (aber viel älter) und war aus diesem Universum, von einem Sonnensystem in der Stern-Konstellation, die Sie „Procyon" nennen. Die anderen, über die wir nicht so viel wissen, war eine reptilartige Spezies, aber sie haben nichts mit unserer Art zu tun, weil wir uns von hiesigen Sauriern ohne äußeren Einfluß entwickelt haben. (Abgesehen von der Manipulation unserer eigenen Gene. Mehr darüber später.)

Die fortgeschrittenen reptilartigen Arten kamen nicht von diesem Universum, sondern von - wie soll ich es zu Ihnen erklären? Ihre Wissenschaftler verstehen die wahre Natur des Universums nicht tatsächlich, weil ihr unlogischer Verstand nicht fähig ist, die leichtesten Dinge zu sehen, und verläßt sich auf falsche Mathematik und Zahlen. Dieses ist Teil der genetischen Programmierung Ihrer Art, zu der ich später kommen werde. Lassen Sie mich sagen, daß Sie fast so weit entfernt von dem Verständnis des Universums sind wie Sie es vor 500 Jahren waren.

Um es ihnen verständlich zu machen: die anderen Arten kamen nicht von diesem Universum, sondern von einer anderen „Blase" im Schaum des Omniversum. Sie würden es vielleicht eine andere Dimension nennen, aber das ist nicht das richtiges Wort (übrigens, der Ausdruck Dimension ist allgemein falsch in der Weise, wie Sie es verstehen.) Was Sie wissen sollten, ist, daß fortgeschrittene Arten fähig sind, zwischen den Blasen zu wandern durch Gebrauch von - wie Sie es nennen würden - Quantentechnologie und manchmal sogar nur durch Gebrauch ihres Verstandes (meine eigene Art hat im Vergleich zu Ihnen fortgeschrittene geistige Fähigkeiten, aber wir sind nicht fähig, das „Materiestring/Blase-Wandern" ohne Technologie zu tun, aber andere Arten, die auf diesem Planeten aktiv sind, können es.)

Zurück zu unserer eigenen Geschichte: die erste Art (die humanoide) hatte die Erde 150 Jahre vor den Reptilien erreicht, und sie baute einige Kolonien auf den damaligen Kontinenten. Es gab eine große Kolonie auf dem Kontinent, den Sie Antarktis nennen, und eine andere in dem Kontinent, den Sie Asien nennen. Diese Leute lebten ohne Probleme mit tierähnlichem Sauriern auf dem Planeten zusammen. Als die fortgeschrittenen Reptilien in diesem System ankamen, versuchten die humanoiden Kolonisten von „Procyon" eine friedliche Kommunikation, aber sie waren nicht erfolgreich, und ein weltweiter Krieg begann innerhalb von ein paar Monaten. Sie müssen verstehen, daß das Interesse der beiden Arten an diesem jungen Planeten nicht wegen der Biologie und der unentwickelten Arten war, sondern wegen einem einzigen Grund: Rohstoffe, besonders Kupfer. Um diesen Grund zu verstehen, müssen Sie wissen, daß Kupfer ein sehr wichtiges Material für einige fortgeschrittene Arten ist, weil es (sogar heute) - mit einigen unbeständigen Materialien - fähig ist, neue stabile Elemente zu produzieren. Wenn Sie ein hohes elektromagnetisches Feld in dem richtigen Winkel mit einer hohen Atomstrahlung veranlassen, sich überschneidende fluktuierende Felder zu produzieren, kann die Fusion von Kupfer mit anderen Elementen in einer solchen magnetischen/Strahlungsfeldkammer ein Kraftfeld spezieller Natur produzieren, das sehr nützlich für verschiedene technologische Aufgaben ist. (Aber die Basis für dieses ist eine extrem komplizierte Formel, die Sie wegen der Beschränkungen Ihres einfachen Verstandes nicht entdecken können.) Beide Arten wollten das Kupfer von Planet Erde aus diesem Grund haben, und deswegen kämpften sie einen nicht sehr langen Krieg im Weltraum und im Orbit. Die humanoide Art schien zunächst siegreich, aber in einer letzten Schlacht entschieden die Reptilien, eine mächtige experimentelle Waffe - eine spezielle Art von Fusionsbombe, zu benutzen, die die Lebensformen auf diesem Planeten zerstören und den wertvollen Rohmaterialien und dem Kupfer nicht schaden sollte. Die Bombe wurde vom Raum aus abgefeuert und detonierte an einem Punkt Ihres Planeten, den Sie „Mittelamerika" nennen. Als sie im Ozean detonierte, produzierte sie eine unberechenbare Fusion mit Wasserstoff, und der Effekt war viel stärker, als die Reptilien erwartet hatten. Eine tödliche Strahlung, eine Überproduktion von Sauerstoff, ein Fallout anderer Elemente und ein „nuklearer Winter“ für fast 200 Jahre waren das Ergebnis. Die meisten der Humanoiden wurden getötet, und die Reptilien verloren nach einigen Jahren das Interesse an dem Planeten aus (sogar für uns) unbekannten Gründen - vielleicht wegen der Strahlung. Die Erde war wieder allein, und die Tiere auf der Oberfläche starben. Übrigens, war ein Ergebnis des Fallout, daß andere Elemente und Materialien geschaffen wurden, und eins der Materialien war Iridium. Ihre menschlichen Wissenschaftler sehen die Iridium-Konzentration im Boden als ein Beweis für einen Asteroiden-Einschlag an, der die Dinosaurier tötete. Das ist nicht wahr, aber wie sollten sie das wissen?

Gut, die meisten der Dinosaurier starben nicht an der Detonation, sondern an den schlechten Bedingungen, die nach dem Krieg herrschten, besonders durch den Fallout und den nuklearen Winter. Fast alle Dinosaurier und Reptilien waren innerhalb der nächsten 20 Jahre tot. Einige von ihnen, besonders jene in den Ozeanen, waren fähig, die nächsten 200 bis 300 Jahre in dieser veränderten Welt zu überleben, aber diese Arten starben auch, weil sich das Klima verändert hatte. Der Fallout endete nach 200 Jahren, aber es war kälter als vorher. Trotz der Umwälzung waren einige Arten fähig zu überleben: Fische (wie die Haifische), Vögel, kleine Säugetiere (Ihre Vorfahren), verschiedene Reptilien wie Krokodile und eine Art von klein geratenen, aber fortgeschrittenen Dinosauriern, die dem letzten Saurier glichen, den Sie Tyrannosaurus nennen.

Dieses neue Reptil ging auf zwei Beinen und sah ein bißchen aus wie Ihre Rekonstruktion eines Iguanodon (es stammte aus dieser Familie) aber es war kleiner (etwa 1,50 Meter groß) mit einigen humanoiden Merkmalen, einem veränderten Knochenbau, einem größeren Schädel und Gehirn, einer Hand mit einem Daumen, die fähig war, Dinge zu greifen, einem anderen Organismus und Verdauung, vorstehenden Augen mitten im Kopf wie Ihre Augen und...sehr wichtig, einer neuen und besseren Gehirn-Struktur. Dieses war unser direkter Vorfahr. Es gibt Theorien, daß die Strahlung der Bombe in den Veränderungen des Organismus dieser neuen Rasse eine Rolle spielte, aber dieses ist nicht sicher. Nichtsdestotrotz, diese kleinen, humanoidenähnlichen Dinosaurier entwickelten sich während der folgenden 30 Millionen Jahren von einem Tier zu einem mehr oder weniger denkenden Wesen (wie ich schon gesagt habe, eine Art braucht allgemein mehr Zeit, um sich zu entwickeln, als Sie denken, wenn die Entwicklung nicht künstlich beeinflußt wurde wie in Ihrem Fall). Diese Wesen waren intelligent genug, in den nächsten Millionen von Jahren nicht zu sterben. Sie lernten, ihr Verhalten zu verändern, lebten in Höhlen, statt in der kalten Natur, und sie lernten, Steine und Zweige zu benutzen als erste Werkzeuge und den Gebrauch von Feuer zum Erwärmen, besonders ihr Blut zu erwärmen, was sehr wichtig für unsere Art ist, um zu überleben. Während der nächsten 20 Millionen Jahre wurde diese Art von der Natur in 27 Unterarten unterteilt (leider waren die ehemaligen, reptilartigen Arten geneigt, sich in einer mehr oder weniger unlogischen Weise zu unterteilen) und es gab viele (hauptsächlich primitive) Kriege zwischen diesen Unterarten um die Vorherrschaft.

Gut, die Natur war nicht sehr freundlich zu uns, und, so weit wir wissen, starben 24 der Arten aus in primitiven Kriegen und durch ihre Entwicklung, weil ihr Organismus und Verstand nicht genug entwikkelt war, um zu überleben, und, als Hauptgrund, sie nicht fähig waren, ihre Bluttemperatur auf die richtige Weise zu verändern, als sich das Klima veränderte. 50 Millionen Jahre nach dem Krieg und nach dem Ende von Dinosauriern, blieben nur drei (jetzt auch technologisch) fortgeschrittene reptilartige Arten auf diesem Planeten neben allen anderen niederen Tieren übrig. Durch natürliche und künstliche Kreuzungen wurden diese drei Arten zu einer reptilartigen Spezies und durch die Erfindung genetischer Manipulationen vereinigt, waren wir fähig, das zur Trennung neigende Gen in unserer genetischen Struktur zu beseitigen. Gemäß unserer Geschichte und Religion war dies die Zeit, als unsere reptilartige Rasse, wie Sie mich heute sehen, durch Gebrauch von genetischer Technologie geschaffen wurde. Dieses war vor 10 Millionen Jahren, und unsere Entwicklung hielt an dieser Stelle an (fast; tatsächlich, es gab einige geringfügige Veränderungen im Hinblick auf eine mehr humaniode und säugetierähnliche Erscheinung während der kommenden Zeit, aber wir haben uns nicht mehr in Unterarten unterteilt).

Sehen Sie, wir sind eine sehr alte Rasse im Vergleich zu Ihrer, die als kleine affenähnliche Tiere in den Bäumen herum sprang, während wir Technologie erfanden, andere Planeten dieses Systems kolonisierten, große Städte auf diesem Planeten bauten (sie verschwanden ohne eine Spur) und unsere eigenen Gene konstruierten, während Ihre Gene noch jene von Tieren waren.

Vor 10 Millionen Jahren fingen die kleinen Primaten an zu wachsen, und sie kamen hinunter von den Bäumen auf den Boden (wieder wegen der Veränderung des Klimas - besonders auf dem sogenannten afrikanischen Kontinent.) Aber sie entwickelten sich sehr langsam, wie es normal für ein Säugetier ist, und, wenn nicht etwas Außergewöhnliches geschehen wäre, würden wir hier nicht sitzen und reden, weil ich in meinem bequemen, modernen Haus sitzen und Sie in Ihrer Höhle sitzen würden, mit Pelz gekleidet, und versuchen würden, das Geheimnis des Feuers zu entdecken, oder Sie in einem unserer Zoos sitzen würden. Aber die Dinge entwickelten sich anders, und Sie glauben jetzt, Sie seien die „Krone von Schöpfung", und Sie können in dem modernen Haus sitzen, und wir müssen uns unter der Erde und in entfernten Gebieten verbergen.

Vor 1,5 Millionen Jahren kam eine andere außerirdisch Art auf die Erde. (Es war überraschend: die erste Art seit über 60 Millionen Jahren. Dieses würde überraschender für Sie sein, wenn Sie wüßten, wieviele andere Arten heute hier sind.) Das Interesse dieser humanoiden Art - Sie nennen sie heute „Ilojiim" - war nicht das Rohmaterial und das Kupfer, es war zu unserem Erstaunen der humanoide Affe. Trotz unserer Gegenwart auf diesem Planeten entschieden die Außerirdischen sich zur Hilfe für die Affen, sich ein bißchen schneller zu entwickeln, um ihnen in der Zukunft als eine Art von Sklaven-Rasse in kommenden Kriegen zu dienen. Das Schicksal Ihrer Spezies war nicht tatsächlich wichtig für uns, aber wir mochten die Gegenwart der „Ilojiim" auf unserem Planeten nicht, und sie mochten unsere Gegenwart auf ihrem neuen „Milch-Zoo" Planeten nicht, und so war ihre sechste und siebte Schöpfung der Grund für einen Krieg zwischen uns und ihnen. Sie können über den Krieg teilweise in dem Buch lesen, das Sie „Bibel" nennen, in einer sehr eigenartigen Art der Beschreibung. Die wirkliche Wahrheit ist eine sehr lange und schwierige Geschichte. Soll ich fortsetzen?

Frage: Nein, nicht jetzt. Ich habe einige Notizen gemacht und jetzt habe ich einige Fragen.

Antwort: Fragen Sie bitte.

Frage: In erster Linie, Sie behandeln einen sehr großen Zeitraum. Sie behaupten, daß Ihre primitiven Vorfahren, die mit den Dinosauriern gelebt haben, die künstliche Umwälzung überlebten und sich dann über 40 Millionen Jahren entwickelten und Ihre Entwicklung vor 10 Millionen Jahre vollendet war. Das klingt für mich unglaublich. Können Sie etwas dazu sagen?

Antwort: Ich verstehe, daß dies absolut unglaublich für Sie klingen muß, weil Sie eine junge und genetisch konstruierte Spezies sind. Ihr historischer Horizont endet an einer Skala von gerade einigen Tausenden von Jahren und Sie denken, daß das richtig ist. Aber es ist nicht so. Dieses ist unmöglich. Ihr programmierter Verstand ist offensichtlich nicht fähig, solche großen Zeiträume zu handhaben. Unsere Entwicklungszeit mag unglaublich lang für Sie scheinen, aber dieses ist in der Tat der ursprüngliche Weg der Natur. Erinnern Sie sich, Ihre frühen Säugetier-Vorfahren, die mit Dinosauriern und ihnen entwikkelt wurden, überlebten die Bombe wie wir. Sie entwickelten sich langsam während der nächsten Millionen von Jahren und sie teilten sich in verschiedene Arten und Formen, einige von ihnen größer, einige von ihnen kleiner. Dieses ist die Evolution des Körpers. Aber was ist mit ihrem Verstand und ihrer Intelligenz? Sie waren einfache Tiere. Die Säugetiere, die seitdem entwickelt wurden, sagen wir vor 150 Millionen Jahren, wurden erst in den letzten 2 - 3 Millionen von Jahren intelligent und denkend. Und innerhalb dieser kleinen Periode wurden Sie geschaffen. Von Natur? Nehmen Sie 148 Millionen von Jahren für die Entwicklung von tierähnlichen Säugetieren, und dann 2 Millionen von Jahren für die Entwicklung von (mehr oder weniger) intelligenten Wesen wie Sie? Fragen Sie sich: Denken Sie tatsächlich, daß diese beschleunigte Entwicklung natürlich ist? Dann ist Ihre Arten unwissender als ich dachte. Wir haben uns nicht falsch entwickelt, sondern Sie.

Frage: Ich verstehe. Aber ich habe eine andere Frage. Sie erwähnten den Krieg zwischen den Außerirdischen vor 65 Millionen Jahren. War das, bevor Ihre Art tatsächlich intelligent wurde? Warum wissen Sie dann so viele Dinge davon?

Antwort: Dieses ist eine gute Frage (viel besser als die vorige), und ich habe es Ihnen nicht richtig erklärt. Unser Wissen um den ersten Krieg kommt von einem alten Artefakt, das vor 16.000 Jahren von unseren Archäologen gefunden wurde auf dem Kontinent, den Sie Nordamerika nennen. Sie fanden da eine runde Scheibe mit einem Durchmesser von ungefähr 47 Ihrer Zentimeter. Sie war aus einem sogar für uns unbekannten, magnetischen Material gemacht, und innerhalb der Scheibe war eine andere kleinere Kristallscheibe, die eine enorme Menge von Information enthielt, die in der molekularen Struktur des Kristalls kodiert war. Diese Speicherscheibe wurde von den letzten Überlebenden der Bombe der menschlichen Rasse von „Procyon" vor 65 Millionen Jahre hergestellt, aber sie war völlig intakt, als wir sie fanden. Unsere Wissenschaftler waren in der Lage, die Mitteilungen und Daten zu entschlüsseln, und so hörten wir zum erstenmal über die Ereignisse, die in der entfernten Vergangenheit stattfanden, und darüber, was zum Aussterben der Dinosaurier geführt hatte. Die Scheibe enthielt detaillierte Beschreibungen beider Arten (aber mehr über die humanoide Art) und über die Ereignisse und Waffen, einschließlich der Fusionsbombe. Sie enthielt auch eine Beschreibung der Tiere und Saurier auf der Erde, einschließlich unserer vorintelligenten Vorfahren. Der Rest unseres Wissens über unsere Entwicklung kommt von Skeletten und vom Entschlüsseln unserer DNA. Sehen Sie, wir wissen die Wahrheit über unsere Wurzeln seit 16.000 Jahre. Vor der Zeit gab es eine religiösere Vorstellung unserer Schöpfung.

Frage: Was ist mit den beiden außerirdischen Arten geschehen?

Antwort: Wir wissen das nicht genau. Die überlebenden Humanoiden auf der Erde, die offensichtlich in den Jahren nach der Bombe gestorben sind, kamen, so weit uns bekannt ist, nie zur Erde zurück. Bezüglich der reptilartigen Außerirdischen gibt es die Möglichkeit, daß es physisch unmöglich für sie war, zurückzukehren, weil die Sache zwischen Blasen manchmal in schneller Bewegung ist. Die aktuelle Theorie ist, daß beide Arten während der Millionen von Jahren aufgehört hatten, zu existieren.

Frage: Sie erwähnten Skelette Ihrer Art. Wie kann es sein, daß menschliche Wissenschaftler nicht irgendwelche Spuren von Ihnen und Ihren Vorfahren fanden, wenn Sie tatsächlich eine solche lange Zeit auf diesem Planeten leben? Wir haben viele Skelette primitiver Dinosaurier gefunden, aber keine eines fortgeschrittenen reptilartigen Wesens mit einem größeren Schädel und Gehirn und einer Hand mit einem Daumen, wie Sie es beschrieben haben.

Antwort: Doch, Sie haben. Aber Ihre „großen" Wissenschaftler waren nicht in der Lage, die Skelette richtig wiederherzustellen, weil sie reptilartige Tiere, nicht intelligentes Leben wiederherstellen wollten. Sie würden lachen, wenn Sie wissen würden, wie viele von den Knochen von kleinen Sauriern in Ihren Museen völlig falsch zusammengefügt wurden, weil Sie viele Knochen benutzten, die gar nicht zusammen gehören, und Sie manchmal künstliche Knochen machten, wenn etwas fehlte, um ein Saurierskelett zusammen zu bauen. Viele Ihrer Wissenschaftler sind sich dieses Problems bewußt, aber sie trauen sich nicht an die Öffentlichkeit, weil sie es nicht erklären können, und deshalb behaupten sie, daß ihr Wiederaufbau richtig ist. Viele Knochen von uns wurden für den Wiederaufbau eines Iguanodon benutzt, zum Beispiel die Hände mit dem sichtbaren Daumen (Sehen Sie ein Iguanodon in einem Museum, und Sie werden sehen, daß ich richtig liege.).

Ein Wissenschaftler in dem Land, das Sie Vereinigte Staaten nennen, hatte vor einigen Jahren ein Skelett unserer Art fast richtig gebaut, aber die Kommunalverwaltung (die teilweise unserer Existenz gewahr ist) hat den Wiederaufbau beschlagnahmt.

Da wir heute (und seit Tausend von Jahren) fast völlig unter der Erde leben, werden Sie keine Kadaver oder Skelette von uns finden.

Frage: Sie sprechen manchmal über unterirdische Städte und eine künstliche Sonne. Hat das etwas mit der hohlen Erde zu tun? Gibt es eine zweite Sonne innerhalb unseres Planeten?

Antwort: Nein, die Erde ist nicht tatsächlich völlig hohl, und es gibt keine zweite Sonne innerhalb. Diese Geschichte ist lächerlich und physisch nicht möglich (sogar Ihre Art sollte intelligent genug sein, das nicht zu glauben.) Wissen Sie, wieviel Masse eine Sonne braucht, um Energie und Licht auf längere Zeit durch Fusion zu produzieren? Denken Sie tatsächlich, daß es eine kleine, aktive Sonne innerhalb des Planeten geben könnte? Wenn ich von unserem unterirdischen Heim rede, rede ich von großen Höhlen-Systemen. Die Höhlen, die Sie nahe der Oberfläche entdeckt haben, sind winzig im Vergleich zu den gewaltigen Höhlen tiefer in der Erde (in einer Tiefe von 2,000 zu 8,000 Ihrer Meter, aber im Verband mit vielen verborgenen Tunneln unter der Oberfläche oder Nebenhöhlen) und wir leben in großen und fortgeschrittenen Städten und Kolonien in solchen Höhlen.

Die Hauptgebiete von uns sind jenseits der Arktis, der Antarktis, Innerasien, Nordamerika und Australien. Wenn ich über künstliche Sonnen in unseren Städten rede, bedeutet das nicht eine wirkliche

Sonne, sondern verschiedene technologische Lichtquellen (einschließlich Gravitationsquellen), die die Höhlen und Tunnel erleuchten. Es gibt spezielle Höhlengebiete und Tunnel mit einem starken UV Licht in jeder Stadt, und wir brauchen das, um unser Blut zu erhitzen. Des weiteren haben wir auch Sonnenplätze an der Oberfläche in abgelegenen Gebieten, besonders in Amerika und Australien.

Frage: Wo können wir einen Eingang zu Ihrer Welt finden?

Antwort: Denken Sie tatsächlich, daß ich Ihnen ihren genauen Ort erzählen werde? Wenn Sie einen solchen Eingang finden wollen, müssen Sie es allein suchen (aber ich würde Ihnen raten, das nicht zu tun.) Als ich vor 4 Tagen zur Oberfläche kam, benutzte ich einen Eingang ungefähr 300 Ihrer Kilometer nördlich von hier in der Nähe zu einem großen See, aber ich zweifle, daß Sie fähig sein würden, es zu finden (es gibt nur einige Eingänge in diesem Teil der Welt - es sind weit mehr im Norden und Osten.) Ein guter Rat, um sie zu finden: Wenn Sie in einer engen Höhle oder in einem Tunnel sind oder in etwas, das aussieht wie ein künstlicher Bergwerksschacht und, wenn Sie tiefer gehen, die Wände glatter erscheinen, und wenn Sie ungewöhnlich warme Luft fühlen, die von der Tiefe strömt, oder wenn Sie den sausenden Ton von Luft in einer Ventilation oder wie in einem Fahrstuhlschacht hören, eine spezielle Art künstlicher und glatter Wand irgendwo in der Höhle mit einer Tür, die aus grauen Metall gemacht ist, sind Sie auf der richtigen Fährte. Wenn Sie fähig sein würden, die Tür zu öffnen (aber ich zweifle daran), und Sie in einen technischen Raum mit Belüftungsanlagen und Fahrstühlen in die Tiefe kommen würden, ist dieses wahrscheinlich ein Eingang zu unserer Welt. Wenn Sie diesen Punkt erreicht haben, sollten Sie wissen, daß wir dann definitiv Ihrer Gegenwart gewahr sind. Sie sind schon in großer Gefahr, wenn Sie in den runden Raum eingetreten sind, aber besonders, sollten Sie eins der zwei reptilartigen Symbole auf den Wänden finden. Wenn es keine dieser Symbole gibt, sind Sie vielleicht in noch größerer Gefahr, als Sie denken, weil nicht jeder unterirdischer Bau unserer Art gehört. Einige neue Tunnel-Systeme werden von außerirdischen Rassen benutzt, einschließlich feindlicher Rassen. Mein allgemeiner Rat ist, wenn Sie sich in einer für Sie fremden, unterirdischen Anlage befinden: laufen Sie so schnell davon, wie Sie können.

Frage: Sie erwähnten früher, daß Sie den Namen „Lacerta" benutzen, wenn Sie unter Menschen sind, und, daß Sie es genießen, in der wirklichen Sonne auf der Oberfläche der Erde zu sein. Aber wie können Sie unter Menschen sein? Sie sehen nicht aus wie wir, und so kann jeder sehen, daß Sie einer anderen Art angehören. Warum hat niemand je ein Wesen wie Sie gesehen und beschrieben, wenn Sie schon seit unserer „Schöpfung" mit uns auf dem gleichen Planeten leben? Können Sie das erklären?

Antwort: Früher in Ihrer primitiven Vergangenheit wurde meine Art angebetet, zum Beispiel in Ihren religiösen Schriftstücken wie Ihrer Christlichen Bibel. Sie können auch Beschreibungen und sogar einfache Zeichnungen von uns auf verschiedenen Stätten im südlichen Teil des amerikanischen Kontinentes finden. Sogenannte „weise" Männer von Indien und von den Asiatischen Bergen haben unsere Art vielfach in Schriftstücken beschrieben (auch vom Afrikanischen Kontinent). Ich denke, daß wir die am meisten erwähnte nichtmenschliche Art (vielleicht neben den „Ilojiim") in Ihrer Geschichte sind. Wenn Sie mir nicht glauben, werfen Sie einen Blick in Ihre Geschichte, und Sie werden die Wahrheit in meinen Worten sehen. Ihre „großen" Wissenschaftler nennen den Glauben an uns „Aberglaube" und „Religion", und „intelligente" Menschen haben unsere Gegenwart auf der Oberfläche in der Vergangenheit vergessen.

Des weiteren wird unsere Art sogar heute manchmal von menschlichen Zeugen in seiner ursprünglichen Form an der Oberfläche neben Eingängen und Tunnelsystemen gesehen, aber glücklicherweise nehmen Sie und Ihre Medien die Berichte solcher „Verrückter" nicht ernst (das ist gut für uns, und das ist der Grund, warum wir jenen Leuten erlauben, uns zu sehen, wie wir tatsächlich sind.) Einige meiner Art sind auch in direktem Kontakt mit menschlichen Wissenschaftlern und Politikern von der Oberfläche, aber das ist streng geheim, wie Sie es nennen würden, und niemand Ihrer Öffentlichkeit weiß etwas davon. Der Grund für dieses Treffen ist allgemein der kommende Krieg mit und zwischen den außerirdischen Arten und unsere Hilfe. Aber es gibt auch eine andere Erklärung, warum wir unter Ihnen gehen können und warum Sie nicht fähig sind, uns zu erkennen: Mimikry.

Das Folgende mag unglaublich und sogar schockierend für Sie klingen, aber da Sie gefragt haben, werde ich es Ihnen erzählen. Ich habe vorher erzählt, daß wir mehr geistige Fähigkeiten haben als Ihre Art, und damit meine ich, daß wir fähig sind, von unserer Geburt an Telepathie zu benutzen, (Mutter und neugeborenes Kind kommunizieren allgemein mit Telepathie während der ersten Monate) ohne Sonderausbildung, wie Sie es brauchen, um diese schlafenden Teile Ihres Gehirnes zu aktivieren. Die Struktur unseres Gehirnes ist ein bißchen anders als Ihre und unsere Hypophyse ist größer und aktiver als bei Ihnen, besonders wenn wir in der Sonne sind. Unsere eigenen Fähigkeiten sind sehr stark im Vergleich zu Ihren, aber schwach im Vergleich zu den „Materiestring/Bubble"-Fähigkeiten von einigen der außerirdischen Arten auf diesem Planeten. Ich war nie sehr gut in den Dingen, aber wir alle haben diese Fähigkeiten und können sie zum Beispiel für unseren Schutz oder sogar für Angriff benutzen.

Wenn wir auf der Oberfläche sind und wir menschliche Wesen treffen (sogar eine große Gruppe von ihnen, dieses macht keinen Unterschied, Ihre Verstände sind wie ein Verstand), sind wir fähig, Ihren Verstand zu „berühren" und Sie über Telepathie zu veranlassen, uns als einen Ihrer eigenen Art zu sehen, und der schwache menschliche Verstand wird diesen Befehl ohne Widerspruch annehmen, und Sie werden uns (trotz unserem reptilartigen Anblick) als normale Menschen wahrnehmen. Ich habe das vielfach getan, und Sie, die schwachen Menschen, sehen mich als eine attraktive braunhaarige Frau, weil ich dieses Bild geschaffen habe.

Ich brauchte am Anfang etwas Zeit, den Gebrauch der Mimikry korrekt zu lernen, aber dann geht es fast automatisch und ich kann unter einer Gruppe von Ihnen gehen, und niemand wird erkennen, was ich bin. Es gibt einen einfachen Schalter in Ihrem Bewußtsein, der von den „Ilojiim" implantiert wurde, als sie Ihre Art schufen, und wir können diesen Schalter benutzen, Sie zu überzeugen, daß Sie Menschen sehen, wenn Sie uns sehen. Andere Außerirdische benutzen diesen Schalter auch. Es ist leichter, als Sie denken. Wenn es Treffen zwischen Ihrer Art und Außerirdischen gibt, die genau wie Sie zu sein scheinen, haben diese Außerirdischen den Schalter benutzt, und einige der Treffen mit menschenähnlichen Außerirdischen können mit Treffen mit meiner Art erklärt werden. Als ich E.F. das erstemal traf, sah er mich auch als eine normale menschliche Frau, und ich erinnere mich, daß er sehr erschrocken war und entsetzt, als ich ihm meine wirkliche Erscheinung enthüllte.

Frage: Bedeutet das, daß Sie mich tatsächlich Glauben machen können, daß ich jetzt mit einer attraktiven braunhaarigen Frau statt mit einem reptilartigen Wesen rede?

Antwort: Wahrscheinlich, aber ich denke, bei Ihnen ist es jetzt ein Sonderfall. Wenn jemand erwartet, eine menschliche Frau statt meiner zu sehen, kann ich es ohne Probleme mit meinem Verstand tun, (sogar mit großen Gruppen), weil niemand erwartet, eine Reptil-Frau zu sehen. Aber ich habe Ihrem Verstand erlaubt, mich in meiner ursprünglichen Form zu sehen, also haben Sie schon realisiert, daß ich kein Mensch bin. Wenn ich jetzt versuchen würde, dieses zu verändern, würde das wahrscheinlich zu einer absoluten Konfusion führen, und ich will Ihnen nicht schaden.

Frage: Das ist sehr erschreckend. Können Sie mit den Fähigkeiten töten?

Antwort: Ja, aber das ist verboten. Dieses bedeutet nicht, daß es nicht schon vorgekommen ist.

Frage: Haben beide Geschlechter diese Fähigkeiten?

Antwort: Ja.

Frage: Was ist mit Photos? Wie erscheinen Sie auf Photos?

Antwort: Dieses ist eine alberne Frage. Ich erscheine auf Photos als ein Reptil-Wesen, weil ich nicht Einfluß auf das Photo oder auf die Kamera haben kann. Wenn der Film entwickelt wird und Sie das Photo anderen zeigen würden, würden sie mich in meiner ursprünglichen Form sehen. Das ist der Grund, warum es für unsere Art verboten ist, photographiert oder gefilmt zu werden, und wir müssen jede Kamera auf der Oberfläche meiden. (Das ist sehr schwierig, und wir wurden manchmal gefilmt ohne unser Wissen, besonders von Leuten Ihrer Regierung und Geheimdiensten.)

Frage: Welche anderen Befehle können Sie oder Ihre Art in unseren Verstand geben? Etwas wie „Dienen" oder „Gehorchen Sie uns „?

Antwort: Dieses ist wieder eine merkwürdige Frage. Wir sind nicht Ihr Feind (die meisten von uns nicht), also warum sollten wir das tun? Um Ihre Frage zu beantworten: es hängt von der Stärke des menschlichen Verstandes und von der Stärke des sendenden Reptils ab. Es gibt kein „Dienen Sie uns" Schalter in Ihrem Verstand, daher ist ein solcher Befehl viel schwieriger zu bewirken. Wenn der menschliche Verstand und das Bewußtsein schwach sind und der reptile Sender in diesen Dingen erfahren ist und einige Stunden in der

Sonne war, bevor er oder sie es versucht, dann könnte es wahrscheinlich für eine bestimmte Zeit funktionieren. Es gibt geheime Ausbildungen für solche Dinge, aber ich lernte sie nie. Ich benutze meine Fähigkeiten hauptsächlich für Mimikry und zur Kommunikation mit meiner eigenen Art und manchmal für andere Privat-Dinge, aber ich benutze es nie, um Menschen oder ihrem Verstand zu schaden. Ich würde es schätzen, wenn wir dieses Thema hier beenden könnten.

Frage: Eine letzte Frage: Sie sagten, daß Sie Ihre UFOs tarnen können? Benutzen Sie die gleichen Methoden, das zu tun?

Antwort: Ja, aber auf einer technischen Basis. Es gibt eine Vorrichtung innerhalb der Maschinen, die fähig ist, ein künstliches Signal zu Ihren Verständen zu senden, Sie zu überzeugen, daß Sie nichts sehen, sondern nur den Himmel, oder ein normales Flugzeug. Dieses wird nicht sehr oft benutzt, weil wir die menschliche Öffentlichkeit meiden. Wenn Sie fähig sind, eines unserer UFOs zu sehen, bedeutet das, daß die Vorrichtung entweder defekt, oder aus irgendeinem Grund ausgeschaltet ist. Der Tarneffekt funktioniert nicht bei Photos, um diese Frage von Ihnen schon im voraus zu beantworten, aber warum sollte jemand ein Photo des Himmels machen, wenn er nichts Ungewöhnliches sieht?

Übrigens werden die meisten der Eingänge zu unseren Tunneln mit einer solchen Vorrichtung verborgen, und man wird nur normale Höhlenwände statt der Tür sehen. Das ist ein Grund, warum ich gesagt habe, daß ich bezweifele, daß Sie fähig sein werden, eine solche Geheimtür zu unserer Welt zu finden (aber es ist einige Male in der Vergangenheit geschehen.)

Frage: Zurück zu Ihrer und unserer eigenen Geschichte. Sie haben erwähnt, daß die Rasse der „Illojiim“ unsere menschliche Rasse geschaffen hat. Von wo kamen sie und wer sind sie? Was ist genau geschehen, als sie ankamen? Sind sie unser „Gott“?

Antwort: Die „Illojiim“ kamen aus diesem Universum, aus dem Sonnensystem, das Sie „Aldebaran“ nennen. Sie waren eine sehr große, humanoide Art mit gewöhnlich blonden Haaren und einer sehr weißen Haut (sie mieden die Sonne, weil es ihre Haut und Augen verletzte. Das war absolut unglaublich für eine Sonnenliebende Rasse wie unsere.) Sie schienen am Anfang intelligent und friedlich zu sein, und wir fingen eine mehr oder weniger freundliche Kommunikation mit ihnen an, aber später zeigten sie ihre wirklichen Absichten und

Pläne: sie wollten die Affen zu einer neuen Rasse entwickeln, und wir waren ein beunruhigender Faktor für sie auf ihrem neuen Zoo-Planeten. Als Erstes fingen sie 10,000 oder vielleicht sogar 20,000 Ihrer Primaten-Vorfahren und verließen ihren Planeten für einige hundert Jahre. Als sie zurückkehrten, brachten sie Ihre Vorfahren zurück (jetzt Menschen). Dann verließen sie die Erde wieder für einige tausend Jahre, und wir lebten mit dem primitiven Vormenschen ohne bedeutende Probleme. Die „Illojiim" hatten ihren Verstand gefördert und ihre Gehirn- und Körperstruktur verbessert, und sie waren jetzt fähig, Werkzeuge und Feuer zu benutzen. Die „Illojiim" kehrten innerhalb 23,000 Jahre sieben Male zurück und beschleunigten die Entwicklungsgeschwindigkeit Ihrer Rasse. Sie müssen verstehen, daß Sie nicht die erste menschliche Zivilisation auf diesem Planeten sind. Die ersten fortgeschrittenen Menschen, die zur gleichen Zeit mit weniger entwickelten Vormenschen lebten, existierte 700,000 Jahre vorher auf diesem Planeten (Ihre Wissenschaftler verstehen das nicht, weil sie nur die Knochen des Vormenschen und einige primitive Höhle-Zeichnungen von fliegenden Vorrichtungen fanden.) Diese genetisch fortgeschrittene menschliche Rasse lebte mit uns, aber sie mied den Kontakt mit meiner Rasse, weil die „Illojiim" Lehrer ihnen beigebracht hatten, daß wir böse seien.

Nun, nach einigen Jahrhunderten beschleunigten die Außerirdischen, die ihre erste Schöpfung auslöschten, die Evolution mit einer zweiten und besserer Versuchsreihe und so fort und so fort. Die Wahrheit ist, daß Ihre moderne menschliche Zivilisation nicht die erste auf diesem Planeten ist, sondern schon die siebte. Die Gebäude der ersten Rassen sind verloren, aber die fünfte Zivilisation war diejenige, die die großen dreieckigen Bauten errichtete, die Sie als Ägyptische Pyramiden bezeichnen, vor 75.000 Jahren. (Ihre Ägypter fanden die alten Pyramiden und versuchten nicht sehr erfolgreich, ähnliche Bauten nachzumachen) Die sechste Zivilisation war diejenige, die vor 16,000 Jahren im sogenannten Bimini Gebiet Städte baute, die Sie heute unter dem See finden können. Die letzte Schöpfung der siebten Rasse - Ihrer Serie - wurde vor 8500 Jahre gemacht, und dieses ist die einzige Schöpfung, an die Sie sich erinnern können und worauf sich Ihre religiösen Schriften beziehen. Sie verlassen sich auf archäologische und paleonthologische Artefakte, die Ihnen eine falsche und kurze Vergangenheit zeigen, aber wie sollen Sie auch von den sechs Zivilisationen vorher wissen. Und wenn Sie Beweismaterial für ihre Existenz finden, leugnen und mißdeuten Sie die Tatsachen. Dieses ist teilweise eine Programmierung Ihres Verstandes und teilweise reine Unwissenheit. Ich werde Sie im Folgenden nur über Ihre Schöpfung informieren, weil die sechs vorigen Menschheiten verloren sind und deshalb nicht wichtig sein sollten.

Es gab einen langen Krieg zwischen uns und den „Illojiim" und auch zwischen bestimmten Gruppen der „Illojiim" selbst, weil viele von ihnen der Meinung waren, daß die Schöpfung menschlicher Arten wieder und wieder auf diesem Planeten keinen wirklichen Sinn macht. Die letzten Schlachten in diesem Krieg wurden vor 5,000 Jahren in der Umlaufbahn und Oberfläche gekämpft. Die Außerirdischen benutzten mächtige Schallwaffen, um unsere unterirdischen Städte zu zerstören, aber wir waren fähig, viele ihrer Oberflächengebäude und Anlagen im Raum zu zerstören. Die Menschen Ihrer Serie waren sehr erschrocken, als sie unsere Schlachten beobachteten, und sie schrieben es auf in Form religiöser Mythen (ihr Verstand war nicht fähig, zu verstehen, was tatsächlich vorging.) Die „Illojiim" erschienen der sechsten und siebten Rasse als Götter. Sie erzählten daß es ein Krieg zwischen gut und böse ist, und, daß sie das Gute und wir die böse Rasse sind. Dieses hängt natürlich vom Standpunkt ab. Es war unser Planet, bevor sie ankamen und bevor sie ihr Entwicklungsprojekt mit Ihrer Art anfingen. Meiner Meinung nach war es unser Recht, für unseren Planeten zu kämpfen. Es war genau vor 4,943 Jahren gemäß Ihrer Zeitrechnung, daß die Elohim den Planeten wieder verließen, aus für uns unbekannten Gründen (dieses ist ein sehr wichtiges Datum für uns, weil viele unserer Historiker es einen Sieg nennen.) Tatsache ist, daß wir nicht wissen, was tatsächlich geschehen ist. Die „Illojiim" waren von einem Tag auf den anderen weg, mit ihren Schiffen verschwunden, ohne eine Spur, und wir fanden die meisten ihrer Oberflächenbauten, die von ihnen zerstört wurden. Die Menschen waren ohne fremde Hilfe und entwickelten Ihre Zivilisation. Viele von uns standen in den kommenden Jahrhunderten mit bestimmten, südlichen Stämmen Ihrer Art in Verbindung, und wir waren fähig, einige von ihnen zu überzeugen, daß wir nicht das „Böse" sind, was die Außerirdischen wollten, daß Sie es glauben. Während der Zeit von vor 4,900 Jahren bis heute kamen viele andere außerirdische Arten auf den Planeten (einige von ihnen benutzten die alten

Programmierung Ihres Verstandes und spielten wieder Gott für Sie), aber die „Illojiim" selbst kamen nie zurück. Sie hatten den Planeten für eine Dauer einiger tausend Jahre verlassen, und so erwarten wir ihre Rückkehr eines Tages in der Zukunft, ihr Projekt zu beenden oder vielleicht auch die siebte Rasse zu beenden, aber wir wissen tatsächlich nicht, was aus ihnen wurde.

Ihre aktuelle Zivilisation weiß nicht alles von Ihrem wirklichen Ursprung, von Ihrer wirklichen Vergangenheit, von Ihrer wirklichen Welt und Universum, und Sie wissen sehr wenig von uns und unserer Vergangenheit. Und Sie wissen nichts von den Dingen, die in naher Zukunft kommen werden. Solange Sie meine Worte nicht verstehen und glauben werden, ist Gefahr für Ihre Art da. Ich erzähle Ihnen die Wahrheit, weil wir nicht Ihr Feind sind. Ihre Feinde sind schon hier und Sie verstehen nicht. Öffnen Sie Ihre Augen, oder Sie werden bald in großer Not sein.

Frage: Warum denken Sie, daß ich Ihnen nicht glaube?

Antwort: Ich habe ein bestimmtes Gefühl, daß Sie mir nicht glauben, trotz der Tatsache, daß ich hier vor Ihnen bin. Alles was ich in den letzten zwei Stunden erzählt habe, ist die absolute Wahrheit über unsere Welt.

Frage: Wie viele außerirdische Arten sind im Augenblick auf Erde aktiv?

Antwort: So weit uns bekannt ist, 14 Arten. 11 aus diesem Universum, 2 von einer anderen „Blase" und eine sehr fortgeschrittene von einer sehr anderen Ebene. Fragen Sie mich nicht nach Ihren Namen, weil fast alle für Sie nicht aussprechbar sind, Acht von ihnen sind nicht einmal aussprechbar für uns. Die meisten der Arten - besonders die fortgeschrittenen - studieren Sie wie Tiere, und sie sind nicht sehr gefährlich für Sie und für uns, und wir arbeiten mit einigen von ihnen zusammen, aber drei Arten sind feindlich, einschließlich derjenigen, die mit einigen Ihrer Regierungen in Verbindung stehen und ihre Technologie für Kupfer und andere wichtige Dinge tauschten, und die Ihre Art verraten haben. Es gab und gibt einen „Kalten Krieg" zwischen zwei dieser feindlichen Rassen während der letzten 73 Jahre, und die dritte Art schien der „Sieger" in diesem nutzlosen Kampf zu sein. Wir erwarten einen mehr „heißen" Krieg zwischen ihnen und Ihnen in nächster Zukunft (ich würde sagen in den nächsten 10 oder 20 Jahren), und wir sind wegen der Entwicklung beunruhigt. In der letzten Zeit gab es Informationen über eine neue, fünfzehnte Art, die vor gerade 3 oder 4 Jahren auf der Erde angekommen ist, aber wir wissen nicht alles von ihrer Absicht, und wir waren bis jetzt nicht in Kontakt mit ihr. Vielleicht sind die Gerüchte falsch.

Frage: Was wollen die feindlichen außerirdischen Rassen?

Antwort: Verschiedene Rohmaterialien, einschließlich Kupfer für ihre Technologie, Ihr Wasser (oder besser der Wasserstoff in Ihrem Wasser, das ist eine Energiequelle in fortgeschrittenen Fusionsprozessen) und bestimmte chemische Elemente in Ihrer Luft. Außerdem sind zwei der Arten auch interessiert an Ihren Körpern, an Ihrem menschlichen Gewebe und Blut, weil ihre eigene genetische Struktur defekt ist, durch schlechte Entwicklung und Strahlung (so weit uns bekannt ist) und sie intakte Gene von Ihrer Art und von Tieren brauchen, um ihre eigenen Gene immer wieder zu reparieren, aber sie sind nicht tatsächlich fähig, die Defekte völlig zu reparieren, weil ihre DNA und Ihre DNA nicht völlig vereinbar sind. Meine eigene Art ist absolut unvereinbar mit ihnen, deshalb sind sie nicht sehr an uns interessiert. Sie versuchen, Kreuzungen zwischen sich und Ihnen durch Anwendung künstlicher Befruchtung und Brutkästen zu machen. Wir nehmen an, daß der kommende Krieg zwischen den drei Rassen oder zwischen Ihnen und einer oder aller um Rohmaterial, Wasserstoff, Luft und DNA gekämpft werden wird.

Frage: Ist dieses der Grund für die „Entführungen"?

Antwort: Teilweise, besonders wenn die Außerirdischen Ei- und Sperma-Muster von Ihnen nehmen. Manchmal gehören die Entführer auch einer anderen Rasse an, und sie wollen Ihren Körper und Ihren Verstand studieren (was für einige von ihnen interessanter ist als Ihr physischer Körper), wie Sie ein primitives Tier studieren würden. Wie ich gesagt habe, sind drei außerirdische Arten feindlich, und dies bedeutet, daß sie nicht an Ihrem Schicksal oder Ihrem Leben interessiert sind, und daran, Leute, die „entführt" werden, lebendig zurückzubringen. Wenn jemand fähig ist, von einer Entführung zu berichten, bedeutet es meiner Meinung nach, daß er oder sie keine der aggressiven Arten getroffen hat, oder daß er oder sie ein sehr glücklicher Mensch ist, noch am Leben zu sein.

Frage: Sie haben gesagt, daß nur 14 Arten auf der Erde aktiv sind. Aber warum beschreiben Leute, die außerirdische Wesen gesehen haben, daß sie so viele andere und bizarre Typen sahen?

Antwort: Ich denke, daß ich diese Frage schon beantwortet habe. Wie ich gesagt habe, haben die meisten der außerirdischen Rasse viel mehr fortgeschrittene Verstandesfähigkeiten als Sie oder sogar ich (es gibt eine außerirdische Rasse völlig ohne solche Fähigkeiten). Sie sind fähig, in Ihrem Verstand und Gedächtnis als das zu erscheinen, was auch immer sie wollen, und dieses „Bild" hat nichts zu tun mit ihrer wirklichen Erscheinung. Sie erinnern sich an normale Menschen oder graue Zwerge oder sogar extrem bizarre Tiere, weil sie es wollen, sich an das zu erinnern, oder manchmal wollen sie, daß Sie alles über eine Sitzung mit Ihnen völlig vergessen. Ein anderes Beispiel: Sie können sich zum Beispiel erinnern, daß Sie in einem normalen Ihrer menschlichen Krankenhäuser waren und daß einige Ärzte Sie untersuchten, und Sie wissen nicht, worum es ihnen ging. (Vielleicht finden Sie heraus, daß es kein Krankenhaus in der Strasse gibt, wo sie waren). Sie können sich nicht auf Ihren Verstand verlassen. Sie erscheinen in anderen Formen, um Sie zu verwirren und sogenannte Entführungszeugen zu machen, die fähig sind, sich an die Ereignisse zu erinnern, aber sie in der Öffentlichkeit lächerlich zu machen, und so weit uns bekannt ist, sind sie damit sehr erfolgreich. Glauben Sie mir, es gibt nur 14 außerirdische Arten auf diesem Planeten und nur acht von ihnen entführen Menschen (wieder so weit uns bekannt ist.) Zudem, nicht jeder Ihrer Entführten ist echt und einige der Außerirdische in ihren Berichten sind tatsächlich Phantasie oder Lügen.

Frage: Wie können wir uns gegen diesen Einfluß auf unseren Verstand schützen?

Antwort: Ich weiß es nicht. Ich bezweifele, daß Sie es können, weil Ihr Verstand für fast alle Arten wie ein offenes Buch zu lesen ist, und zu „be- schreiben". Dieses ist teilweise die Schuld der „Illojiim" selbst, weil sie (teilweise beabsichtigt) Ihren Verstand und Ihr Bewußtsein ohne wirkliche Schutz-Mechanismen gebaut haben. Wenn Sie gewahr sind, daß jemand versucht, Ihren Verstand zu manipulieren, können Sie versuchen, sich darauf zu konzentrieren, jeden Ihrer Gedanken und Erinnerungen zu analysieren. Sehr wichtig: nicht Ihre Augen schließen (dieses würde zu einer anderen Form von Gehirnwellen führen, die leichter zu erreichen sind) und nicht sitzen oder ruhen. Wenn Sie während der ersten Minuten wach bleiben, können Sie vielleicht versuchen, die anderen Gedanken zu filtern, und der „Eindringling" wird nach einigen Minuten aufgeben, wenn er oder sie nicht erfolgreich war, weil es anfangen wird, sein oder ihr eigenes Gehirn zu verletzen. Dieses ist sehr schwierig und bestimmt schmerzhaft, und es kann Ihnen schaden. Versuchen Sie besser nicht, Wesen zu widerstehen, aber es ist die einzige Möglichkeit, die Sie haben. Jedoch können Sie dieses nur mit den schwächeren Arten versuchen, nicht mit den starken.

Frage: Was meinten Sie mit „eine Art kommt von einer sehr anderen Ebene"?

Antwort: Bevor ich das erklären kann, müssen Sie in der Lage sein, das Universum zu verstehen, und dieses ist bei Ihrem Verstand ein vielleicht nutzloser Versuch, der viele Wochen mit Unterrichten bedeuten würde, und nicht nur Unterrichten durch Worte. Ich habe dieses mit Ihrem Wort „Ebene" oder „Niveau" bezeichnet, weil Sie kein besseres Wort in Ihrem Vokabular haben und „Dimension" in diesem Fall falsch sein würde, (selbst eine andere „Blase" ist falsch), weil eine Dimension nicht ohne Ebenen existieren kann.

Wenn Sie eine Rasse wären, die in einer anderen Ebene lebte, und wenn Sie des weiteren fähig sein würden, in andere Ebenen ohne Technologie einzutreten, dann wären Sie die mächtigsten Wesen, die man sich vorstellen kann. Diese sehr fortgeschrittene Rasse, die ich erwähnt habe, hat sich außerhalb des Hier und Jetzt entwickelt, über Milliarden von Jahren. Sie würden fähig sein, Sie alle und uns und alles mit einem Einzelnen Gedanken zu zerstören. Wir standen mit ihnen nur 3 Male in unserer ganzen Geschichte in Verbindung, weil ihr Interesse an Ihrem Planeten anders als der aller anderen Rasse ist. Sie sind definitiv keine Gefahr für Sie oder uns.

Frage: Was wird geschehen, wenn der Krieg beginnt?

Antwort: Dieses ist schwierig zu beantworten. Es hängt von der Feind-Rasse und von ihrer Taktik ab. „Krieg" ist nicht immer das primitive Ding, das Sie unter dem Wort verstehen, „Krieg" kann auf verschiedenen Ebenen gekämpft werden. Eine Möglichkeit, die sie haben, ist die „Zerstörung" Ihrer Gesellschaftsform durch Einfluß auf Ihre politischen Anführer, ein anderer ist der Gebrauch fortgeschrittener Waffen-Systeme, die Erdbeben oder Vulkanausbrüche oder andere Katastrophen (einschließlich Wetterkatastrophen) verursachen können, die Ihnen als natürlich erscheinen würden. Die speziellen Felder der Kupferfusion, die ich erwähnte, sind fähig, einen Einfluß auf Ihr weltweites Wetter zu haben. Ich denke, daß sie den Planeten nicht direkt angreifen werden, bevor die menschliche Zivilisation sehr schwach ist, weil sogar Sie Möglichkeiten haben (aber nicht viele), ihre Maschinen zu zerstören, daß wir nicht absolut sicher sind, ob es tatsächlich einen solchen „heißen" Krieg in den nächsten Jahren geben wird. Ich will nicht weiter darüber reden.

Frage: Dieses ist das Ende des Interviews. Wollen Sie einen letzten Satz oder Mitteilung sagen?

Antwort: Öffnen Sie Ihre Augen und sehen Sie. Glauben Sie nicht an Ihre falsche Geschichte oder Ihren Wissenschaftlern oder Ihren Politikern. Einige von ihnen wissen die Wahrheit von verschiedenen Dingen, aber sie informieren nicht die Öffentlichkeit, um Durcheinander und Panik zu vermeiden. Ich denke, daß Ihre Art nicht so schlecht ist, wie einige meiner Art denken, und es wäre schade, Ihr Ende zu beobachten. Das ist alles, was ich sagen kann. Gehen Sie durch Ihre Welt mit offenen Augen und Ihnen wird klar, daß Ihre Art weitgehend unwissend ist.

Frage: Denken Sie, daß jemand glauben wird, daß dieses Interview die Wahrheit ist?

Antwort: Nein, aber es ist ein interessantes Experiment für meine Gemeinschaftskunde. Wir werden uns in einigen Monaten wieder treffen, und Sie werden mir dann erzählen, was nach der Veröffentlichung meiner Mitteilung geschehen ist. Vielleicht gibt es Hoffnung für Ihre Art.

Soweit das erste Interview. Ich möchte erneut darauf hinweisen, daß ich nicht beweisen kann, daß diese Texte echt sind, sie aber für nachdenkenswert halte. Daß ich aber auch dafür plädiere, skeptisch zu sein, ob wirklich alles in diesem Text die Wahrheit ist. Es wird viel über irdische Geschichte und den Ursprung von Religionen gesprochen. Eine objektive Geschichtsschreibung gibt es wahrscheinlich nirgendwo, und so ist diese Geschichte von Lacerta vielleicht aus der Sicht der Reptos – wie ich sie nenne – richtig. Ich hätte noch eine ganze Menge anderer Fragen gestellt, z.B. was ihr Glauben ist, ob sie, bei ihren Ansichten zu einer natürlich verlaufenden Evolution, an einen Gott glauben, der sie und die Außerirdischen, die unsere Evolution beschleunigt haben, geschaffen hat.

Wenn unsere Evolution tatsächlich durch das Eingreifen von Außerirdischen beschleunigt wurde, dann müssen wir diesen in gewisser Weise dankbar sein. Möglicherweise wären wir sonst heute noch gar nicht in der Lage, unser Sein zu hinterfragen, und in einer völlig anderen Stufe der Entwicklung. Da jedoch offenbar diese Eingriffe nicht nur positiv, sondern auch manipulierend waren, relativiert sich die Dankbarkeit wieder. Denn offenbar haben uns die Außerirdischen so programmiert, daß wir sie als Götter ansehen, und damit eine Religion geschaffen, die uns von Allem-was-ist getrennt hat. Die Wirkung dieser Religionen können wir sehen: Gerade die Christlichen, Jüdischen und Moslemischen Religionen, die alle auf der gleichen Basis, nämlich den Geschichten von Abraham und Moses basieren, sind diejenigen, die am meisten Kriege und Blutvergießen, resultierend auf religiösen Dogmen, verursacht haben.

Lacerta-Datei 2

„Ich bestätige erneut, daß der folgende Text die absolute Wahrheit ist und keine Fiktion. Er wurde nach drei original Bandaufnahmen verfaßt, die mit einem Rekorder während meines zweiten Interviews mit dem reptiloiden Wesen „Lacerta" am 27.04.2000 gemacht wurden. Auf Bitten von „Lacerta" wurde der ursprünglich 31 Seiten lange Text erneut um einige Fragen und Antworten gekürzt, auch vorhandene Antworten wurden teilweise in ihrer Länge gekürzt oder revidiert, es wurde jedoch versucht, Botschaft und Bedeutung zu erhalten. Der in diesem Transkript nicht oder nicht vollständig erwähnte Teil des Interviews bezieht sich hauptsächlich auf persönliche Dinge, paranormale Demonstrationen, das Gesellschaftssystem der reptilen Spezies, fremde Technologie und Physik.

Der Grund für die Verlegung von Datum und Ort des zweiten Treffens war eine mögliche Observation und Überwachung meiner eigenen Person nach der Veröffentlichung des ersten Transkript. Obwohl auf Anraten von „Lacerta" alles versucht wurde, um meine Identität geheim zu halten, traten bereits 2 Tage nach dem Versenden des Dokuments ins Ausland verschiedene, seltsame Ereignisse auf. Bitte denken Sie nicht, ich wäre paranoid, doch ich glaube, daß die Veröffentlichung des Interviews eine staatliche Stelle oder Organisation auf mich aufmerksam gemacht hat. Ich hielt Leute die glaubten, vom Staat verfolgt zu werden, bisher immer für Spinner, doch seit den Ereignissen im Januar beginne ich, umzudenken. Es begann mit einem Ausfall meines Telefons für mehrere Stunden. Als das Gerät wieder funktionierte, traten leise Echos und seltsam klickende und surrende Geräusche beim Telefonieren auf. Ein Defekt konnte (angeb-

lich) nicht gefunden werden. Über Nacht verschwanden wichtige Dateien von der Festplatte meines Rechners. Das Prüfprogramm meldete „Defekte Sektoren", doch seltsamerweise waren nur Dateien betroffen, die Zeichnungsmaterial und ergänzendes Textmaterial zum Interview und zu paranormalen Themen im Umfeld meiner Recherche enthielten, (das Material war glücklicherweise auch noch auf Disketten gesichert), außerdem entdeckte ich durch puren Zufall eine versteckte Datei in einem ebenso versteckten Verzeichnis. Der Name der Datei des Verzeichnisses war E72UJ. Ein Freund, der Computer-Experte ist, konnte nichts mit dieser Bezeichnung anfangen, und als ich es ihm zeigen wollte, war das Verzeichnis verschwunden. Eines Abends stand meine Wohnungstür offen, mein Fernseher lief - ich bin mir aber absolut sicher, abgeschlossen und das Gerät abgeschalten zu haben.

Ein Kleinbus mit britischem Kennzeichen und dem Aufdruck einer europaweiten Supermarkt-Kette parkte vor meinem Haus, ich bemerkte denselben Kleinbus ebenfalls mehrfach hinter meinem Wagen in einigem Abstand fahrend (selbst als ich die ca. 65 Kilometer entfernte Stadt X besuchte). Als ich zurückkam, stand der Wagen erneut auf der anderen Straßenseite. Ich sah niemals jemanden ein- oder aussteigen, ein Klopfen an der Tür und den getönten Fenstern brachte keine Reaktion. Nach circa 2 Wochen verschwand der Kleinbus wieder. Als ich E.F. persönlich über die seltsamen Vorgänge informierte, schlug er vor, Ort und Datum des Treffens zu verlegen, um unsere eigene und die Sicherheit von „Lacerta" zu gewährleisten. Das Treffen fand am 27.04.2000 an einem anderen abgelegenen Ort statt, meiner Ansicht nach nicht überwacht.

All das mag erneut seltsam und paranoid klingen, wie eine Fantasie aus einem billigen Science-Fiction-Film, doch ich kann nur immer wieder wiederholen und versichern: es ist die reine Wahrheit. Glaubt meinen Worten oder glaubt ihnen nicht. Diese Dinge sind geschehen, und sie werden weiterhin geschehen, auch wenn viele von Euch es nicht glauben und glauben werden. Bis es vielleicht zu spät ist. Unsere Zivilisation ist in Gefahr."

Ole K. 3. Mai 2000

2. Interview, 27.04.2000

(Anmerkung Ole K.: Das Treffen begann mit der Sichtung diverser Fragen und Meinungen, die ich von Lesern des ersten Transkriptes durch Vermittlung meiner verläßlichen Freunde auf anonymen Weg bekommen hatte. Einige dieser Meinungen - es waren insgesamt über 14 Seiten Papier - enthielten Kommentare, geprägt von einer radikal religiösen bis fanatischen Ablehnung der Kontaktaufnahme mit reptilen Spezies. Viele dieser Kommentare enthielten Floskeln wie „Diener der Hölle“ oder „Spezies des Bösen“. Ich will hier nicht detailliert auf derartige Zuschriften eingehen, da ich falsches und radikales Gedankengut nicht weitergeben will.)

Frage: Wenn Sie diese religiösen und feindseligen Kommentare hier lesen, was denken und fühlen Sie dann? Ist das Verhältnis zwischen Ihrer und unserer Spezies wirklich derart von totaler Ablehnung geprägt?

Antwort: Erstaunt es Dich wenn ich nicht besonders verärgert bin? Ich hatte derartige Extremreaktionen durchaus erwartet. Die Programmierung zur vollkommen Ablehnung anderer Spezies (insbesondere reptiler Spezies) ist äußerst tiefsitzend in jedem Eurer Individualbewußtseine. Diese alte Konditionierung stammt noch aus den Tagen Eurer dritten künstlichen Schöpfung und wird - um es biologisch zu sagen - als Informationsgenom von Generation zu Generation weitergegeben. Die Identifizierung meiner Spezies mit Mächten der Finsternis war eine primäre Absicht der Illojiim, die sich gerne in der Rolle der Mächte des Lichts sahen - was an sich eigentlich ein Paradoxon darstellt, da jene humanoide Spezies extrem empfindlich gegen Euer Sonnenlicht war. Falls Du erwartet hast, daß ich verärgert reagiere, so muß ich Dich teilweise enttäuschen. Diese obskuren Ansichten sind nicht wirklich Eure Schuld, ihr befolgt nur größtenteils, was Euch von Euren Urahnen vererbt wurde. Es ist allerdings tatsächlich etwas enttäuschend, daß viele von Euch kein besonders starkes Eigenbewußtsein entwickeln, denn dies würde helfen, die Konditionierung zu überwinden. Wie ich bereits sagte, waren wir während der letzten Jahrhunderte in direktem Kontakt mit einigen Eurer primitiveren menschlichen Stämme, und es war selbst diesen Stämmen gelungen, die alte Schöpfungs-Programmierung zu durchbrechen und uns nicht mit Angst, Hass und blanker Ablehnung zu begegnen. Scheinbar sind jedoch viele Eurer modernen Zivilisationsmenschen nicht in der Lage, selbst und individuell zu denken, sondern lassen sich von Programmierung und Religion (auch eine Manifestation Eurer alten Programmierung und Teil des Illojiim-Planes) lenken.

Daher sind derartige Kommentare eher amüsant als verärgernd und bestätigen mir einen Großteil meiner Vermutungen über Euer festgelegtes Denkmodell.

Frage: Also seid Ihr nicht die „Spezies des Bösen“, wie es gesagt wurde?

Antwort: Was soll ich darauf antworten? Ihr Menschen denkt immer noch nach einem simplen und daher völlig falschen Verallgemeinerungs-Schema. Es gibt einfach KEINE rein böse Spezies. Es gibt in jeder irdischen und außerirdischen Spezies gute und böse Individuen - was selbst bei Euch Menschen ja nicht anders ist - aber es gibt KEINE absolut böse Spezies. Diese Vorstellung ist wirklich sehr primitiv. Ihr glaubt, was ihr von Alters her glauben sollt - was für Euch zu glauben von Euren Schöpfern vorgesehen wurde. Jede bekannte Spezies - auch die höher Entwickelten - besteht aus einer Vielzahl von Individualbewußtseinen, (zumindest ein Teil des Bewußtseins ist individuell, während es auch verbindende Felder gibt) und diese autarken Geister können sich frei für ein Leben entscheiden, das entweder - nach Euren menschlichen Maßstäben - gut oder böse ist, wobei es auch wieder auf den jeweiligen Betrachtungspunkt ankommt, und Ihr Menschen seid möglicherweise nicht wirklich in der Lage zu beurteilen, ob die Taten einer weit höher entwickelten Spezies nun gut oder böse sind, weil Ihr auf einer niedrigen Warte steht, von der aus eine Bewertung nicht möglich ist. Eure simplen Worte „Gut“ und „Böse“ sind ebenfalls Beispiele einer Verallgemeinerung, in meiner Sprache gibt es weit mehr Begriffe für die Schattierungsarten von Einzelverhalten im Vergleich zu den Normen einer Gesellschaft.

Auch jene außerirdische Spezies, die Euch feindlich gesinnt ist, ist keine „Spezies des Bösen“, obwohl sie Euch gegenüber negativ agiert. Sie tun dies aus eigenen Gründen und sehen sich selbst nicht als „Böse“, und wäre Eure Denkstruktur linearer und fokussierter wie die ihre, dann würdet Ihr genauso handeln. Die Einstellung einer Spezies zu anderen Existenzen hängt natürlich immer stark von der jeweiligen Denkstruktur ab, und jede Spezies setzt ihre eigenen Prioritäten. Das als „gut“ und „böse“ zu klassifizieren, wäre recht primitiv, denn das Überleben der eigenen Spezies rechtfertigt für viele Arten - darunter auch Eure eigene - wohl die verschiedensten bösen oder negativ ausgerichteten Taten. Ich will meine eigene Art dabei gar

würde dadurch gespiegelt werden und einen quasi-bipolaren Charakter annehmen.) Die daraus resultierende Verbindung und das Feld wären daher in normalem Materie-Zustand nicht stabil und ungeeignet für die Aufgaben, daher wird das gesamte Feldspektrum in einen höheren plasmatischen Zustand verschoben, wobei es mit dieser harten Verschiebung zusammen auch gleich noch zu einer „Gravitationsverschiebung" auf die gegenpolare - das Wort ist nicht korrekt - Seite der generellen Feldkraft kommt. Die Verschiebung bewirkt ein „Kippen" der abstoßenden, quasi bipolaren Kraft, die nun nicht mehr nach innen, sondern teilweise nach außen in den Feldraum fließt. Das Ergebnis ist ein zwischenschichtig gespiegeltes Kraftfeld, das sich innerhalb gewisser technischer Grenzen in Bezug auf seine Eigenschaften sehr stark modulieren läßt und vielfältige Aufgaben erfüllen kann, wie zum Beispiel massive Flugobjekte zum Schweben und Manövrieren anregen, Tarnfunktionen im elektromagnetischen Feldbereich ausüben, zeitliche Abläufe auf Feldbasis manipulieren (allerdings nur in sehr beschränktem Ausmaß) und einiges mehr. Bist Du mit Eurem physikalischen Begriff „Quantentunnel-Effekt" vertraut? Auch derartige Schwingungsangleichungen zwischen echter Materie lassen sich mit einem derartigen Feld erreichen, wenn die Frequenz und die Distanz von der Feldebene hoch genug sind. Das Ganze ist nun leider recht primitiv mit Euren Worten von mir erklärt und klingt daher ziemlich seltsam und sicherlich unmöglich für Deinen Verstand, aber vielleicht kann diese simple Erklärung Deinem Geist helfen, mehr zu verstehen. Vielleicht auch nicht.

Frage: Gibt es eine wissenschaftliche Begründung für paranormale Kräfte, wie z.B. Ihre Gedankenkräfte?

Antwort: Ja. Um das zu erklären, muß man die physikalische Realität des Feldraumes anerkennen. Ich werde es versuchen... warte einen Moment... Du mußt Dich geistig von der Illusion trennen, daß das, was Du siehst, die wahre Natur des Universums ist - es ist bestenfalls die Oberfläche einer Seite. Stell Dir vor, daß alle Materie hier - Du, dieser Tisch, dieser Stift, dieses technische Gerät, dieses Papier - nicht wirklich existiert, sondern nur Ergebnis einer Feldschwingung und einer Energiekonzentration ist. Jede Materie, die Du siehst, jedes Lebewesen, jeder Planet und Stern in diesem Universum hat ein Informations/Energie-Äquivalent im Feldraum, welches sich auf einem Hauptfeld - der generellen Ebene - befindet. Nun gibt es nicht nur eine Ebene, sondern mehrere. Ich hatte beim letzten Mal ja auch jene hochentwickelte Spezies erwähnt, die zum Ebenen-Wechsel fähig ist (was etwas vollkommen anderes ist als der einfache Blasen-Wechsel, denn Blasen sind Teil einer jeden Ebene.) Verstehst Du? Dimensionen - wie Ihr es nennt - sind Teil einer einzelnen Blase, Blasen oder omniverseller Schaum sind Teil einer Ebene, und Ebenen sind Schichten im Feldraum, während der Feldraum als einzige physikalische Größe wirklich unendlich ist und aus unzähligen Informations/Energie-Schichten und generellen Ebenen besteht. Es gibt im Feldraum keine Null-Ebene, und alle sind gleich und doch durch ihren Energiezustand getrennt. Ich merke schon, ich verwirre Dich nur. Ich denke, ich sollte mit der Erklärung aufhören.

Frage: Nein, bitte fahren Sie fort. Wie entstehen denn nun konkret paranormale Kräfte?

Antwort: Nun gut. Versuchen wir es etwas einfacher. Es ist wieder nicht völlig korrekt, aber beginnen wir auf diese Weise: Greifbare Materie auf dieser Seite ist im Feldraum gespiegelt als ein Feld mit unterschiedlichen Schichten. Diese Schichten enthalten Informationen über beispielsweise die simple Materiestruktur oder die Stringfrequenz, aber auch gespeicherte Informationen aus der Entwicklung der Materie. Bist Du vertraut mit dem menschlichen Begriff „morphogenetische Felder“? Einen Teil der Schicht könnte man so bezeichnen. Nun gibt es auch noch eine andere Zwischenschicht, für die Ihr leider keinen menschlichen Begriff habt, da Euch die Theorie nicht geläufig ist. Nennen wir sie einfach Para-Schicht, denn diese Schicht ist hauptverantwortlich für alles, was Ihr PSI und Paranormal nennt und von Eurer Primitiv-Wissenschaft ausgrenzt. Diese Para-Schicht liegt zwischen den Materieschichten und den morphogenetischen Schichten eines Feldes und kann mit beiden aktiv interagieren. Dein Körper zum Beispiel ist gespiegelt als Feld im Feldraum. Das bedeutet nun nicht, daß er nicht auch hier als Materie - Fleisch, Blut, Knochen - in Form von Materiestrings oder Atomen existiert, aber nicht nur. Existenz ist immer dual. Einige Schichten des Feldes enthalten daher simple Informationen über die feste Materie Deines Körpers und deren Frequenz, während andere Schichten Deinen Geist, Dein Bewußtsein oder, menschlich-religiös gesagt, Deine Seele enthalten. Bewußtsein ist in diesem Fall eine simple Energiematrix, verteilt auf verschiedene Schichten Deines Feldes im Feldraum -

nicht mehr und nicht weniger. Reines Bewußtsein kann auch hier auf der Materie-Seite existieren, aber dann nur in Form von Post-Plasma. Mit dem nötigen physikalischen Wissen und der entsprechende Technologie kann eine Bewußtseins-Matrix oder Seele auch vom Restfeld getrennt werden und trotzdem für eine gewisse Zeit autark weiterexistieren - womit wohl jenes seltsame, okkulte „Seele rauben“ gemeint ist. Wir sprechen hier allerdings über Wissenschaft, nicht über Magie oder finstere Mächte.

(Anmerkung Ole K.: Das „Seele rauben“ war in einem der radikal religiös motivierten Kommentare im Zusammenhang mit reptilen Spezies erwähnt worden.)

Aber zurück zu Deiner Frage: Wesen mit stärkeren Geisteskräften können mittels ihrer Bewußtseins-Felder direkten Einfluß auf die Para-Schicht nehmen. Nun ist diese Schicht nicht nur auf ein Individuum begrenzt, sondern als Teil einer allgemeinen Informationsschicht - Du könntest es auch prosaisch als Gemeinschaftsseele bezeichnen - mit aller belebten und unbelebten Materie und allem Bewußtsein verbunden, das auf dieser Hauptebene existiert. Auf der Materieseite liegt die biologische Ursache für diese Fähigkeiten im Übrigen in der Hypophyse, die seit jeher dazu in der Lage ist, die nötigen Frequenzen zu erzeugen, um aktiv den Feldraum zu kontrollieren. Auch Ihr Menschen könntet dies theoretisch, doch Ihr seid stark blockiert in diesen Dingen. Wie ich gesagt habe, die Para-Schicht kann sowohl mit Geist als auch mit Materie interagieren. Wenn ich z.B. meine geistigen Kräfte verwenden will, um diesen Stift hier erneut zu bewegen, dann stelle ich mir - einfach gesagt - im Geist vor, wie mein Bewußtsein sich auf der Materie-Seite in Form von Post-Plasma zum Stift ausdehnt. Im Feldraum bewirkt dies gleichzeitig einen automatischen Befehl von der Bewußtseinsschicht an die Para-Schicht, mit der Materieschicht des Stiftes zu interagieren. Da die Para-Schicht nicht auf den Körper beschränkt ist, ist es auch kein Problem, daß der Stift dort drüben liegt, denn ich kann ihn problemlos erreichen, auch ohne meinen Materie-Körper zu bewegen. Post-Plasma auf dieser Seite, Para-Feld auf der anderen. Ich habe Kontrolle über den Stift, und die Interaktion bringt das Materiefeld des Stiftes dazu, sich zu ändern z.B. in der Art, daß er sich bewegt.

(Anmerkung Ole K : Ich beurkunde, daß der erwähnte Stift im selben Moment abrupt ca. 20 cm in die Höhe sprang und dann zurück auf die Tischplatte fiel. Das Geräusch ist deutlich auf den Audio-Bändern zu hören. Niemand hatte den Stift sichtbar berührt.)

Frage: Das ist faszinierend. Welche Arten von paranormalen Aktivitäten kann man damit erzeugen?

Antwort: Alle. Alles was Ihr paranormal nennt. Wie ich sagte, diese spezielle Schicht liegt im Feldraum zwischen den morphogenetischen Informationsschichten und den Materieschichten und kann nach beiden „Seiten" interagieren, Daß heißt, es kann sowohl mit fester Materie, als auch mit Geist/Information interagiert werden, womit wir alles erreichen können, was allgemein als Telekinese und Telepathie bezeichnet wird. Die Verbindungsaufnahme mit einem anderen Bewußtsein ist allerdings in der Prozedur unterschiedlich von der simplen Materiebeeinflussung, da verschiedene Bewußtseinsfelder mit unterschiedlichen Schwingungen arbeiten, und ein sendendes oder lauschendes Bewußtsein sich erst dem anderen Geist exakt anpassen muß, bevor ein Zugriff möglich ist. Die meisten Spezies haben auch dann noch Möglichkeiten, den Fremdzugriff zu blockieren, aber Ihr Menschen habt dies nicht. Es gilt generell: je stärker die paranormalen Fähigkeiten einer Spezies, desto einfacher die Anpassung und der Zugriff. Unsere eigenen Fähigkeiten sind nicht so stark entwikkelt, daher müssen wir speziell die Fremdgeistbeeinflussung erst erlernen, um sie z.B. für Mimikry zu benutzen - wobei Mimikry durch die „Schalter-Implementierung" in Eurem Geist eigentlich recht einfach ist. Teilweise werden die Fähigkeiten auch vererbt, Mutter und Kind meiner Art liegen beispielsweise während der ersten Lebensmonate - teilweise auch schon in der Eihülle in der Gebärmutter - exakt auf derselben Schwingung und kommunizieren telepatisch. Um Euch Menschen zu beeinflussen, braucht es für uns trotz Eurer simplen Struktur eine gewisse Zeit der Übung, daher ist es beispielsweise für Heranwachsende meiner Art verboten, vor dem „Alter der Erleuchtung" (was neben anderen Dingen gleichbedeutend mit voller psychischer Stärke ist) an die Erdoberfläche zu kommen, da bei nicht voll entwickelten Fähigkeiten die Gefahr einer Entdeckung durch Euch zu groß wäre. Im Übrigen gibt es natürlich zahlreiche Geheimlehren über die wirklichen Möglichkeiten, die einem diese Fähigkeiten geben können, aber darüber weiß ich nichts Genaues.

Wenn ein fremder Geist beeinflußt werden soll, dann gibt es einige allgemeingültige Schritte, die in dieser Form auch von anderen außerirdischen Spezies eingesetzt werden. Zuallererst einmal muß die fremde Schwingung erfühlt werden - was generell vom Gehirn automatisch getan wird - das heißt, zum einen die Feldschwingung, zum anderen die quasi-elektrischen Gehirnwellen hier im normalen Materieraum. Das ist nicht besonders schwer. Danach greift man im Geist mit einer postplasmatischen Manifestation einfach nach dem anderen Bewußtsein, der Feldraum reagiert, und die Verbindung ist da. Nun kann man zum einen dort Informationen auslesen, zum anderen auch gewünschte Informationen an der richtigen Stelle einspielen. Du hast mich beim letzten Mal gefragt, ob Ihr Menschen eine Möglichkeit habt, Euch gegen diese Beeinflussung zu wehren, und ich sagte Dir, daß nur ein wacher und konzentrierter Geist möglicherweise eine Chance hat, zu widerstehen. In dieser Verfassung wechseln die Schwingungen sehr abrupt, und der Zugriff wird erschwert, bzw. es kann zu einem schmerzhaften Rückstoß kommen. Wenn Ihr die Augen schließt, dann wird das Feld „flach" und der Fremdzugriff ist sofort und ohne Einschränkung möglich. Gegen höher entwickelte Spezies habt Ihr auch so keinerlei Chance, da sie sich den Schwingungen viel schneller anpassen können, als Ihr wechseln könnt. Ich könnte es Dir an Dir selbst nochmals demonstrieren, aber Du warst beim letzten Mal recht erschrocken und verwirrt, daher belassen wir es bei einer Erklärung.

Diese Erklärung klingt für Dich nun vermutlich nach - wie Ihr es sagt - Esoterik oder Okkultismus oder Magie. Das liegt daran, das Dir das physikalische Grundverständnis fehlt, um die Hintergründe zu sehen. Alle paranormalen Phänomene haben einen rein wissenschaftlichen Ursprung. Das Ganze hat nichts mit übernatürlichen Mächten zu tun. Wir wachsen mit einem derartigen Wissen auf, wir wissen, wie man die Kräfte bedient und woher sie kommen, wir kennen Theorie und Praxis. Ihr nicht. Daher versteht Ihr nicht wirklich, was in Eurer Welt geschieht - Ihr seht nur die eine Seite der Existenz, nicht die andere (ich meine beides physikalisch.) Alles Paranormale ist dualistisch und existiert sowohl im Materieraum als auch im Feldraum. Erklärt werden... erklärt werden kann es nur mit der Akzeptanz von letzterem, denn der Feldraum ist die Basis. Ich würde es begrüßen, wenn wir mit den wissenschaftlichen Fragen zu einem Ende kommen, da Du ohnehin nicht wirklich begreifst - wir vergeuden also mehr oder weniger nur wertvolle Zeit.

Frage: Nur eine letzte Frage: bei unserem ersten Treffen im Dezember wollten Sie so gut wie gar nicht über derartige wissenschaftliche und paranormale Dinge sprechen. Warum nun diese Offenheit?

Antwort: Beim letzten Mal sah ich noch keine Notwendigkeit, Dich mit derartigen Fakten zu überlasten (und Du bist nun offensichtlich überlastet), daher hatte ich es vorgezogen, diese Themen nur am Rand zu erwähnen. Möglicherweise haben Dich einige meiner heutigen Ausführungen zum Nachdenken über Eure Welt angeregt, was ja nicht falsch sein kann. Im Übrigen werden Eure menschlichen Wissenschaftler meine Worte sowieso als „Humbug" bezeichnen, daher sehe ich keine große Gefahr darin, diese Information zu verbreiten. Sie wird sowieso nicht beachtet werden. Im Übrigen, die Worte der Menschen, die mich als „Wesen des Bösen" bezeichnet haben, haben ihre Basis im Glauben an okkulte Kräfte und Magie - was beides Dinge sind, die es NICHT wirklich gibt. Es gibt keine Magie, nur hochentwickelte Wissenschaft, und alles, was Ihr als „Magie" bezeichnet, ist ein Teil dieser Wissenschaft. Wenn Ihr dies begreifen würdet, dann wäret Ihr schon einen Schritt weiter in Eurer Entwicklung. Im Übrigen endet meine Offenheit hier. Stell bitte andere Fragen.

Frage: Gut, zum Thema UFOs. Können Sie mir erklären, wie unsere Regierungen an UFO-Material gelangt sind, um eigene Projekte zu starten? Hat das etwas mit dem „Roswell"-Vorfall zu tun?

Antwort: Ja, aber jener Vorfall war nicht der erste. Ich bin kein Historiker, ich studiere nur Euer aktuelles Verhalten, daher ist mein Wissen über derartige Ereignisse Eurer Geschichte vermutlich nicht sehr umfangreich. Ich will versuchen, Dir zu erklären, was ich über die Dinge weiß, die damals geschehen sind. Lassen Sie mich nachdenken. In den Jahren 1946 bis 1953 Eurer Zeitskala sind nicht nur eines, sondern fünf außerirdische Schiffe auf die Erdoberfläche gestürzt. In jenen Absturz, den Ihr „Roswell-Vorfall" nennt, war auch nicht nur ein fremdes Schiff verwickelt, sondern zwei, die nach einer Kollision in unterschiedlichen Teilen des Landes im Westen - das Ihr USA nennt – abstürzten. (Du mußt wissen, die Schiffe dieser Spezies können sich auch beschädigt für einen gewissen Zeitraum in der Schwebe halten, daher die räumliche Differenz.) Es waren allerdings nicht die ersten Abstürze, sondern bereits der zweite und dritte. Ein anderes Schiff war bereits 1946 abgestürzt, jedoch unverwertbar zerstört worden.

Eines vorab zur Erklärung: es klingt sicherlich lächerlich für Dich. daß derart hochentwickelte außerirdische Schiffe einfach abstürzen und das auch gleich noch in relativ großer Zahl in einem derart kurzen Zeitraum. Die Erklärung dafür ist ebenfalls reichlich seltsam, aber korrekt. Es lag nicht am Antrieb selbst, sondern an der Feldrichtung zu Eurem Planeten. Diese Spezies, über die wir sprechen - und es waren in diesem Zeitraum immer scheibenförmige Schiffe derselben Spezies - verwendete ein Antriebssystem, das zwar nach dem normalen Fusionsprinzip lief, das aber damals eine reichlich unkonventionelle Methode zur Feldausrichtung verwendete. Diese Methode hatte diverse Vorteile, aber auch Nachteile. Das abstoßende Feld muß natürlich im absolut korrekten Winkel zur Erdoberfläche liegen, und diese Spezies verwendete in ihren Schiffen eine Ausrichtungstechnologie, mit der sich das Feld unter Einbeziehung irdischer Magnetfelder selbst arretierte. Nun war jene Spezies damals erst vor kurzem hierher auf der Erde angekommen, und ihr Ursprungsort lag auf einem Planeten mit stabilerem Magnetfeld, auf dem sie ihren Antrieb entwickelt und bisher eingesetzt hatte. Das Magnetfeld der Erde ist aber nicht wirklich stabil, es ist zyklischen Schwankungen unterworfen, bildet unter ungünstigen Bedingungen Feldwirbel, und wenn ein Schiff mit einem derartigen Antrieb in eine zu starke Schwankung oder einen Wirbel gerät, dann kann sich das abstoßende Feld für kurze Zeit nicht mehr korrekt ausrichten, und das Schiff gleitet nicht kontrolliert auf seiner Kursebene. Der Antrieb läuft zwar korrekt, aber das Feld fluktuiert in alle Richtungen, und das Schiff kann dadurch abstürzen. In dem 47er-Fall, den Du ansprichst, geriet meines Wissens nach eines der Schiffe in eine Schwankung, sein Feld koppelte sich unbeabsichtigt mit dem seines Staffelbegleiters, und es kollidierte mit dem anderen Schiff, wodurch beide schwer beschädigt wurden. Die Ursache für die damalige Magnetschwankung war wohl eine elektrische Störung durch ein Wetterereignis. Beide Schiffe stürzten daraufhin ab, das eine nahe der Kollisionsstelle, das andere einige Hundert Eurer Kilometer entfernt. Alle Insassen wurden bei den Aufschlägen getötet. Die dünne Hüllenstruktur derartiger Scheiben ist an sich nicht sehr stabil, da sie nicht für Abstürze konzipiert worden sind und beim Flug im Feld sowieso keine äußeren Kräfte darauf einwirken.

Nun, Euer menschliches Militär sammelte zuerst nur die Einzelteile ein, bis sie die vollständigen Schiffe mit den toten Wesen entdeckten und sofort als „Streng Geheim" klassifizierten und in ihre Basen brachten, um den Antrieb zu analysieren. Die geheime Bestrebung war, die Fremdtechnologie später gegen böse Feinde des großen Landes einzusetzen, was genauso primitiv wie lächerlich ist. Ich glaube mich zu erinnern - ich möchte mich nicht genau auf Eure Jahreszahl festlegen - daß es wohl zwischen 1949 und 1952 einen ziemlich schweren Unfall bei den Forschungsarbeiten an einem der Wracks gab. Nach dem, was ich hörte - was Mitgliedern meiner Spezies von Mitgliedern jener Regierung erzählt wurde - kam es zu einer unabsichtlichen Aktivierung einer Antriebskomponente im unabgeschirmten Zustand. Dadurch kam es für einen sehr kurzen Zeitpunkt zu einer... wie soll ich das nun wieder sagen... ungedämmten Verschiebung der Umgebung in einen plasmatischen Zustand, was, wiederum durch einen sehr, sehr unglücklichen Zufall, ein Kippen der generellen Feldkraft auf einem magnetischen Puls immenser Stärke verursachte. Weißt Du, was ein derartiger Plasma/Magnet-Stoß bewirkt, wenn er auf einen Organismus trifft? Nein, woher solltest Du auch. Feldstrukturstörung und bioelektrischer Feedback. Stell Dir einen menschlichen Körper vor, der 3 oder 4 Eurer Tage in hellen Flammen steht, die scheinbar nicht mehr verlöschen und die den Körper bis auf den letzten Rest verbrennen, dann hast Du einen ungefähren Eindruck. Ich glaube 20 oder 30 Eurer Wissenschaftler wurden in jenem Labor getötet.

1950 und 1953 kam es zu den beiden weiteren Abstürzen im Einzugsgebiet des amerikanischen Kontinents, und auch jene Schiffe konnten relativ intakt geborgen werden. (Das 53er Schiff meines Wissens nach sogar mit intaktem Antriebskern, dadurch habt Ihr zum ersten Mal gesehen, das Ihr das ganze Konzept bisher völlig falsch verstanden und rekonstruiert hattet. Richtig begriffen habt Ihr es aber bis heute noch nicht.) Jene Spezies, die die Schiffe konstruiert hatte - eine Art, die ich im Übrigen zu den Euch feindlich gesinnten zähle - war natürlich besorgt über die Untersuchung ihrer eigenen Technologie durch Eure Art, sie wollten jedoch zu jenem frühen Zeitpunkt auch keinen direkten Konflikt mit Euch beginnen, daher wählten sie den diplomatischen Weg und kamen während Eurer 60er Jahre in Kontakt mit jener Regierung. Natürlich erzählten sie dabei nicht die ganze Wahrheit über den Grund ihres Hierseins - Kupfer, Wasserstoff, Luft - sondern gaben vor, neugierige „Forscher“ zu sein und boten an, den Menschen das Funktionsprinzip der Schiffe zu erläutern, wofür sie im Gegenzug einige „Gefälligkeiten“ erwarteten. Einfältig, wie Ihr seid, habt Ihr natürlich zugestimmt... und wurdet betrogen. Ihr habt ihnen Rohmaterial gegeben, gesicherte Orte für ihre Basen, Ihr habt ihnen Zugriff auf Eure geheimsten Verteidigungsdaten gegeben, Zugriff auf Eure DNS und vieles mehr, und alles nur, um Eure Gier nach Macht und Information zu stillen. Die fremde Spezies hat natürlich sehr schnell bemerkt, daß sie es mit einfältigen Wesen zu tun hat, und sie haben Euch falsche und minderwertige Informationen über ihre Technologie gegeben, damit sie aus der Zusammenarbeit weit mehr Nutzen ziehen als Eure Art. Sie haben Euch zum Beispiel die Information gegeben, daß der Antrieb nur mit instabilen Elementen hoher Ordnungszahl konstruiert werden kann, sie haben Euch aber die Information vorenthalten, daß der Feldantrieb mit diversen Modifikationen genauso mit stabilen Elementen niedrigerer Periodenzahl konstruiert werden kann und generell auch wird. Durch diese Halbwahrheiten haben sie Euch von der Synthetisierung der hohen Elemente abhängig gemacht - und damit erneut von ihrer eigenen Technologie. Ihre Hinweise zur Konstruktion Eurer „UFOs“ waren ebenso darauf ausgelegt, daß eine Lösung alter Probleme gleichzeitig neue Probleme aufwarf. Sie sagten Euch niemals die gesamte Wahrheit, sondern bauten immer wieder geschickt Lügen ein, die später zu technischen Problemen führten - und zur Abhängigkeit von ihnen.

In den letzten Jahren Eurer 1970er und frühen 1980er kam es schließlich zu diversen Ereignissen zwischen der Spezies und jener menschlichen Regierung - ich will hier nicht ins Detail gehen, da mir vieles selbst nicht genau bekannt ist. Das Ganze lag z.B. im Zusammenhang mit einigen neuen oder besser gesagt, den alten technischen Problemen mit Euren selbstkonstruierten Schiffen, deren Tarnung und Antrieb teilweise bei Testflügen in der Öffentlichkeit versagten und dadurch die Geheimhaltung bedrohten. Eure Militärs und Politiker kamen langsam - sehr langsam - nach über 20 Jahren darauf, daß sie von der Spezies betrogen worden waren. Zahlreiche Ungereimtheiten und beiderseitige Überschreitungen der Verträge führten schließlich zum Eklat zwischen Euch und den Außerirdischen, der im Abschuß dreier fremder Flugobjekte durch eine spezielle - wie sagt Ihr - EMP-Waffe (Elektro-magnetischer Puls, wie er bei Atomexplosionen auftritt und elektronische Geräte unbrauchbar macht, Anm. des Herausgebers) und einer militärischen Auseinandersetzung um eine ihrer Untergrundinstallationen gipfelte. Als Folge dieser Attacke zog sich die Spezies endgültig von allen Kontakten mit Euch zurück und war natürlich mehr als verärgert über Deine Art. Daher zähle ich diese Außerirdischen zu den drei Euch feindlich gesinnten Spezies, und während die anderen beiden mehr damit beschäftigt sind, untereinander einen kalten Krieg um die Dominanz auf Eurem Planeten zu führen, bereiten sich Eure alten „Freunde" und Partner darauf vor, sich endgültig die alleinige und absolute Dominanz über Rohmaterial und menschliche DNS zu verschaffen. Im Moment fehlen ihnen allerdings wohl etwas die technischen Möglichkeiten und die Masse an Kräften, um ihre Ziele direkt zu erreichen. Trotzdem rechnen wir mit negativen Aktionen - möglicherweise auch subtilerer Art - gegen Euch in den nächsten Jahren oder Jahrzehnten.

Frage: Werden die anderen außerirdischen Spezies nichts gegen diese kriegerischen Aktionen unternehmen? Speziell den höher entwickelten sollte doch etwas an der Erde liegen.

Antwort: Du irrst Dich. Speziell den höher entwickelten liegt eigentlich am wenigsten an Eurem Schicksal. Ihr seid Tiere für sie. Tiere in einem großen Labor. Natürlich würde eine fremde Intervention auf Eurem Planeten ihre Projekte stören, aber ich denke nicht, daß sie dafür eine Konfrontation mit anderen Spezies in Kauf nehmen. Viele von ihnen könnten sich auch einen anderen Forschungsplaneten suchen oder aber Euer Verhalten und Euer Bewußtsein weiterhin studieren, da auch Krisensituationen einen Reiz für ihre Studien haben könnten. Wenn Ihr Menschen einen Ameisenhaufen betrachtet, und ein anderer Mensch kommt vorbei und tritt in diesen Haufen, was macht Ihr? Ihr geht weiter, sucht Euch einen anderen Haufen oder beobachtet die Insekten im Krisenzustand. Aber würde einer von Euch - selbst wenn er größer und stärker wäre als jener, der in den Haufen tritt - die bedeutungslosen Ameisen verteidigen? Nein. Du mußt Dir den Standpunkt der höher entwickelten Wesen so vorstellen. Ihr seid die Ameisen. Erwartet von ihnen keine Hilfe.

Natürlich wurden auch wir um Hilfe gebeten, als es deutlich wurde, daß sich Eure alten Partner nun gegen Euch richteten. Einige Mitglieder jener menschlichen Regierung sind sich unserer Existenz völlig bewußt - teilweise auch aufgrund einer alten religiösen Basis. Es gibt z.B. ein riesiges teilunterirdisches Gebäude in der Hauptstadt, das völlig meiner Spezies gewidmet ist und das auch einen direkten Zugang zu einem Liftschacht und zu einem Untergrundsystem hat. In diesem Gebäude fanden und finden teilweise Treffen zwischen uns und den Menschen statt. Wir haben Euch in den letzten Jahren einiges an Information übermittelt, meines Wissens nach werden wir uns aber aus dem Konflikt so weit wie möglich heraushalten. Ihr solltet lernen, Eure Probleme selbst zu lösen oder intelligent genug zu werden, um derartige Situationen erst gar nicht zu schaffen. Was kommen und wer sich möglicherweise auf Eure Seite stellen wird, das wird die Zeit zeigen. Aussagen darüber kann und möchte ich nicht machen.

Frage: Ich habe hier Abzüge von 5 verschiedenen Fotos, die UFOs zeigen sollen. Können Sie sich die Bilder ansehen und mir sagen, auf welchen davon tatsächlich außerirdische Flugkörper zu sehen sind?

Antwort: Ich kann es versuchen. Du stellst mir heute viele Fragen, die selbst ich nicht eindeutig beantworten kann. Überschätze mein Wissen nicht, ich bin kein Experte für Fremdtechnologie und die Konstruktion außerirdischer Schiffe. Es gibt allerdings meist einige technische Details und Besonderheiten an echten „UFOs“, mit deren Hilfe man sie von natürlichen Phänomenen oder menschlichen Fälschungen leicht unterscheiden kann. Ihr fälscht allerdings manchmal auch nach den Vorgaben echter Schiffe, daher ist es wohl nicht so einfach, mit absoluter Sicherheit ein Objekt zu identifizieren. Ich will es versuchen. Zeig mir die Fotos.

(Anmerkung Ole K.: Sie betrachtete die Bilder jeweils nur einige Sekunden und sortierte dann die Aufnahmen 1, 3 und 5 aus)

Diese drei Bilder hier sind offensichtliche Fälschungen oder Fehlidentifikationen. Auf dem einen Bild scheint mir zwar ein real existierendes Schiff einer fremden Spezies als kleines Modell nachempfunden, es fehlen jedoch wichtige Charakteristika, die mit dem technischen und physikalischen Umfeld zusammenhängen. Generell gesagt ist ein Bild um so eher eine Fälschung, je klarer die Umrisse und Farben sind, denn ein schwebendes Schiff ist generell in einen feldverschobenen Zustand gehüllt, der je nach Ausrichtung die Farben oder

Formen verzerrt. Es mag vielleicht seltsam klingen, aber unklare und spektralverschobene Aufnahmen sind manchmal als Indiz für eine mögliche Echtheit zu deuten. Im Übrigen schwebt dieses Objekt hier über Wasser. Wäre es ein echtes Schiff, so müßten wir auf jeden Fall entweder eine Mulde oder eine Erhebung auf der Oberfläche sehen, da die Oberfläche aber glatt ist, ist es offensichtlich kein echtes Schiff.

Alle drei Bilder zeigen meiner Ansicht nach keine echten Flugobjekte oder UFOs. Hier auf diesem Bild sehe ich überhaupt kein künstliches Flugobjekt, vielmehr scheint es sich nur um einen Lichtreflex in Euren einfachen optischen Kameras zu handeln. Ihr solltet wirklich intelligent genug sein, nicht auf derartige Verwechslungen hereinzufallen. Wenn Eure Öffentlichkeit weiterhin Fälschern und Täuschungen nachläuft, dann wird sie vermutlich zu spät entdekken, was in Eurer Atmosphäre wirklich vor sich geht.

Foto 2: Albiosc, Frankreich, 1974

Dieses hier scheint echt zu sein, zumindest weist es die notwendigen Charakteristika auf. Ich würde es auf den ersten Blick einer fremden Spezies zuordnen, die Euren Planeten seit circa 35 Jahren besucht. Das Objekt selbst ist metallisch und scheibenförmig, allerdings durch einen Feldeffekt in Form und Farbe verzerrt. Diese vier weißen und sehr langen Fortsätze an der Unterseite des Schiffes selbst stellen eine Art von quasi-gravitativer Lichtmanipulation dar, das heißt, die universelle Feldkraft wird in Richtung einer simulierten Gravitation verschoben. Es ist allerdings kein echtes Licht (es ist meistens kein echtes Licht, wenn ihr leuchtende „UFOs" seht), sondern eine spezielle, stark geladene Feldform, die sich im Materieraum als quasi-Licht manifestiert. Ich bin mir über den Grund der Aktivierung dieses speziellen Hochenergie-Systems in einer Atmosphäre allerdings nicht ganz klar, möglicherweise eine Art Untersuchung oder Beeinflussung der Umgebung. Es ist auf jeden Fall äußerst unvorsichtig von jener Spezies, diese Technologie von Menschen fotografieren zu lassen. Nun ja, die meisten von Euch verstehen es sowieso nicht, und jene, die es verstehen, werden der Öffentlichkeit nichts darüber sagen.

Foto 4: Petit Rechain, Belgien, 1990

Das ist in der Tat ein echtes Flugobjekt, es ist allerdings nicht außerirdisch. Dreieckige Flugobjekte werden von fremden Spezies eigentlich nicht oder nicht in dieser Form verwendet, jene stromlinienartige Form ist eine menschliche Grundidee. Es ist eines Eurer eigenen militärischen Geheimprojekte, das Ihr mit Hilfe von unausgereifter Fremdtechnologie baut - jener Technologie, die Euch während der 60er und 70er Jahre von den Außerirdischen übergeben wurde. Generell ist die Hüllenform für ein echtes außerirdisches Schiff egal, denn im Feld selbst wirken keine äußeren Kräfte ein, die Schiffe sind aber generell abgerundet und ohne harte Kanten konstruiert - als Scheibe oder Zylinder - damit das Feld leichter fließen kann. Eure Projekte verfügen neben dem außerirdischen Feldantrieb auch noch über konventionelle Düsensysteme, daher werden sie stets dreieckig und dadurch stromlinienförmig gebaut, um auch auf diese primitive Rückstoßprinzip-Weise steuerbar zu sein.

In jenem Beispiel hier gleitet das Schiff allerdings auf seinem echten Feldantrieb. Siehst Du die Verzerrung und das Quasi-Licht in den rotierenden Zylindern? Das ist ein eindeutiges Indiz für die Echtheit des Fotos. Aber wieso sind es 4 Zylinder? Das ist ungewöhnlich - auch der Abstand scheint inkorrekt zu sein. Die Färbung ist sehr dunkel und die innere optische Verzerrung sehr ausgeprägt. Vermutlich eine Umkonstruktion des ursprünglichen Systems durch Eure Wissenschaftler. Seit ihnen die fremde Spezies nach dem Zerwürfnis überhaupt keine Informationen mehr gibt, bauen sie eigenhändig die Systeme um, ohne eigentlich wirklich zu verstehen, was sie da Gefährliches tun. Besser macht diese Konstruktion das System nicht, nur instabiler. Die beiden vorderen Zylinder sind zu nah beisammen, sie fließen deutlich ineinander. Die Farbe zeigt mir eine starke Reststrahlung, es wurden wohl, wie üblich, wieder hohe Elemente zur Verschiebung verwendet. Es ist auf jeden Fall sehr gefährlich, unabgeschirmt in der Nähe des Feldes zu sein. Wies der Mensch, der das Foto gemacht hat, Verstrahlungen und Verbrennungen auf?

Frage: Ich weiß nicht. Woher kommen diese militärischen „UFOs“? Aus den Vereinigen Staaten?

Antwort: Ja. Ich denke generell ja. Vom westlichen Kontinent.

Frage: Warum fliegen sie dann über dichtbesiedelten Gebieten in Europa? Dieses Foto stammt aus Belgien. Das macht doch keinen Sinn. Können Sie das erklären?

Antwort: Warum soll gerade ich seltsame menschliche Taten erklären können? Möglicherweise sind es Langstreckentests oder Tests mit den elektromagnetischen Tarnsystemen. Der alte Feind des Landes Amerika ist doch hier auf dieser Seite der Welt, also warum sollten sie nicht hier testen? Zuhause hatten sie genug Zeit, ihre Schiffe auf und ab kreuzen zu lassen, vielleicht haben sie dort zuviel Aufsehen erregt. Mit einer derartig instabilen Struktur des Feldes - wie es Dein Foto andeutet - halte ich es aber für ziemlich unwahrscheinlich, daß jenes Schiff fähig ist, eine derart weite Strecke über den Ozean zu fliegen. Möglicherweise gibt es einen Teststandpunkt auf Eurem Kontinent. Darüber weiß ich leider nichts.

Frage: Viele Leser des ersten Transkripts haben die Frage gestellt, wie Ihr ursprünglicher Kontakt mit E.F. zustande gekommen ist. Ich kenne die Geschichte bereits aus seinen Erzählungen, aber können Sie es hier nochmals für das Band und für das neue Transkript wiederholen?

Antwort: Natürlich. Nun, die Geschichte begann vor circa zwei Eurer Jahre hier in Schweden. Ich war seit meiner Jugend stark an Eurer Spezies und an Eurem Verhalten interessiert und habe bereits damals Eure Literatur studiert, so gut es ging (natürlich ist es nicht leicht, in meiner Heimat an menschliche Bücher zu gelangen, aber da meine Gruppe oder Familie in einer höheren Rangordnung steht, gelang es mir doch, einiges an Material zusammenzutragen und einige Male mit anderen aus meiner Art zu sprechen, die bereits in Kontakt mit Euch gewesen sind.) Ich war wirklich sehr neugierig auf Deine Spezies, und sobald ich zur Oberfläche kommen durfte, versuchte ich sofort, noch mehr an Informationen zu sammeln. Allerdings wurde es mir untersagt, mit Menschen direkten Kontakt aufzunehmen, da in meiner damaligen Position keine Notwendigkeit dazu bestand.

Es war in Eurem Jahr 1998, als ich hier weiter nördlich nahe eines Eingangs zu meiner Welt in den einsamen Wäldern unterwegs war und nach biologischen Proben suchte, die wir verwenden, um die Umweltverschmutzung und Zerstörung Eurer Flora und Fauna durch Eure eigene Art statistisch zu überwachen. Ich war damals bereits auf dem Rückweg zum Eingang - wir können uns übrigens durch unsere Sinne leichter am Erdmagnetfeld selbst orientieren - und bereits in der Nähe des großen Sees, als ich zu meiner Überraschung auf eine Hütte im Wald traf. In dieser Hütte spürte ich ein menschliches Bewußtsein. Es war E.F. Eigentlich hatte ich keine Erlaubnis für Kontakte mit anderen Spezies, andererseits hatte ich meine Mimikry-

Fähigkeiten bereits vorher mehrfach erfolgreich eingesetzt - selbst bei größeren Gruppen von Euch (ich war allerdings noch nie allein einem Menschen begegnet.) Nun, nennen wir es primitive Neugier, ich wollte mit dem Menschen in dieser Hütte sprechen und klopfte an der Tür. E. öffnete, und wir kamen in ein interessantes Gespräch. Seine Sprache war mir damals noch nicht ganz geläufig, aber es ist nicht allzu schwer, eine neue Sprache zu lernen, wenn man die Informationen im Bewußtsein des Gegenübers lesen kann. Ich sagte ihm einfach, ich komme aus einem fremden Land im Osten. Natürlich hat er mich damals auch noch nicht wirklich „erkannt", er war der völligen Überzeugung, mit einem Wesen seiner eigenen Art zu sprechen, obwohl es eigentlich nur ein Mimikry-Image war.

Da meine Aufgabe ohnehin eine mehrtägige Untersuchung dieses Terrains zum Ziel hatte, besuchte ich ihn während dieser Zeitspanne dreimal als Mensch. Wir sprachen zuerst hauptsächlich über recht banale Dinge, kamen dann aber auch auf religiöse und physikalische Themen. Er schien beeindruckt von meinem Wissen zu sein, und ich war ebenfalls etwas beeindruckt von seinen klaren Gedanken und seiner - für einen Menschen - gut ausprägten Persönlichkeitsstruktur und Eigenmeinung. Ihr gebt Euch gerne vollständig einer Öffentlichkeitsmeinung oder Konditionierung hin, wie z.B. „reptile Spezies sind böse" und ähnlichem. Ich lenkte das Gespräch in diese Richtung, und E.F. sagte sinngemäß, daß er an fremde Spezies glaube und daß sie nicht unbedingt böse sein müssen, sondern vielleicht nur anders als seine Art sind. Das gefiel mir. Zu jenem Zeitpunkt konnte ich natürlich nicht konkret mit ihm über mein Wissen sprechen, da er mir nicht geglaubt hätte - er hätte mich für einen menschlichen „Spinner" gehalten. Ich entwickelte die für meine Art sehr, sehr ungewöhnliche Idee, ihm mein wahres Äußeres zu zeigen, was ich während eines Gespräches bei unserem vierten Treffen in der Hütte auch tat. Er war eigentlich prädestiniert für einen Kontakt: er war aufgeschlossen, ehrlich, intelligent, nicht religiös veranlagt oder konditioniert, er lebte allein und abgelegen, und niemand würde es ihm glauben, falls er mit seiner Geschichte an die Öffentlichkeit gehen sollte. Ich wagte den Schritt, hatte aber dann starke Zweifel an der Richtigkeit meines Tuns, speziell, als er doch sehr... heftig reagierte. Er beruhigte sich aber nach einer Zeit wieder, und wir konnten endlich konkret über bestimmte Dinge sprechen. Nun mußte er mir wohl glauben. Dies war der Beginn einer Reihe von Treffen, die anfänglich noch dort in den Wäldern, später auch in seinem abgelegenen Wohnhaus stattfanden. Schließlich brachte er Dich mit mir in Kontakt... und darum sitzen wir nun heute wieder einmal hier und sprechen über Dinge, die in der Menschenwelt dort draußen sowieso nicht geglaubt werden.

Frage: Sie sagten, Sie hätten damals keine Erlaubnis für Kontakte mit Menschen gehabt. Haben Sie denn nun eine Erlaubnis, mit E.F. und mir über all diese Dinge zu sprechen und sie sogar wissentlich publik zu machen?

Antwort: Ja. Das ist schwierig zu erklären und für Euch zu verstehen. Sagen wir einfach, ich befinde mich jetzt in einer Position, die es mir erlaubt hat, an diese Erlaubnis zu kommen, ohne mit Konsequenzen rechnen zu müssen. In dieser Position bin ich quasi „immun“ gegen bestimmte Restriktionen. Sehen wir es so. Ja.

Frage: Wenn andere Menschen mit Ihrer Art in Kontakt kommen wollen, haben sie die Möglichkeit dazu?

Antwort: Generell nicht. Wir vermeiden den Kontakt mit Euch, und wir operieren an der Oberfläche nur in abgelegenen Gebieten und benutzen dort Mimikry-Techniken, falls wir doch auf Menschen treffen sollten. Daß ich nun mit Euch spreche, heißt nicht, daß andere meinem Beispiel folgen werden. Ihr könnt selbstverständlich versuchen, einen Eingang zu meiner Welt zu finden und dort einzudringen, das kann jedoch zu eher unangenehmen Konsequenzen für den Eindringling führen. Möglichkeiten, uns an der Oberfläche zu erkennen, habt ihr eigentlich nicht. Ihr könnt uns auch nicht direkt kontaktieren, wir müssen Euch kontaktieren, so wie ich es mit E.F. getan habe. Derartige Kontakte sind aber nicht die Regel, sondern sehr seltene Ereignisse.

Frage: Können Sie ihren unterirdischen Heimatort beschreiben?

Antwort: Ich kann es versuchen, ich werde Euch aber bestimmt nicht sagen, wo sich dieser Ort genau befindet. Meine Heimat liegt in einer unserer kleineren Untergrund-Ansiedlungen östlich von hier. Ich werde Dir einige Zahlen geben, damit Du Dir einen besseren Eindruck machen kannst. Einen Moment... ich muß versuchen, die Maße ungefähr in Eure Einheiten umzurechnen. Es ist eine kuppelförmige Höhle in einer Entfernung von circa 4300 Metern von der Erdoberfläche. Die Höhle wurde vor ca. 3000 Jahren als Kolonie eingerichtet, ein Großteil der Deckenstruktur ist künstlich in den Fels integriert, und die Form wurde zu einer fast ebenmäßigen und sehr flachen Kuppel mit ovalem Grundriß umgestaltet. Der Durchmesser der Kuppel ist nach Euren Maßen ca. zweieinhalb Kilometer, die Höhe am höchsten Punkt der Kuppel ist ca. 220 Meter. Unter jenem höchsten Punkt steht, wie in jeder Kolonie, ein spezielles, weißgraues zylindrisches Gebäude - eine Art Stützsäule, die die gesamte Netzwabenträgerstruktur der Kuppel hält. Dieses Gebäude ist das höchste, größte und älteste in der ganzen Kuppel, denn es wird stets als erste Konstruktion zusammen mit der Deckensicherung errichtet (in der Zwischenzeit wurde es natürlich etliche Male ergänzt und überholt) und hat einen sehr speziellen Namen und religiöse Bedeutung. Wir haben nur eine derartige Stütze, größere Kolonien haben je nach ihrer Deckenkonstruktion auch mehrere Säulen - eine der Hauptkolonien in Innerasien hat beispielsweise 9 derartige Träger, aber jene Kolonie ist auch über 25 Eurer Kilometer groß. Das zentrale Gebäude ist generell ein Zentrum der Religion, aber auch der Klimakontrolle, der Verwaltung und der Regelung der Lichtsysteme - es gibt bei uns insgesamt 5 große künstliche Lichtquellen, die ihr UV-Licht und ihre Wärme durch gravitative Quellen erzeugen. Die Luftschächte und die Liftsysteme von der Oberfläche laufen ebenfalls durch diese Säule und sind natürlich sehr stark kontrolliert.

Wir haben übrigens 3 Luftschächte und 2 Liftsysteme dort, sowie eine Tunnelverbindung zur nächsten Hauptkolonie, die ungefähr 500 Kilometer südöstlich liegt. Ein Liftschacht führt zu einer oberflächennahen Höhle, der andere führt zu einem unserer Schiffsdepots - Du erinnerst Dich, die zylindrischen Schiffe - das sich natürlich näher an der Oberfläche hinter einer felsigen Bergwand verbirgt. Es gibt dort aber normalerweise nur 3 Schiffe, es ist ein kleines Depot. Die anderen Gebäude der Kolonie sind größtenteils konzentrisch in ovalen Kreisen um die Hauptsäule angeordnet und ohne Ausnahme weitaus flacher - generell nur zwischen 3 und 20 Meter hoch. Die Form der Gebäude ist rund und kuppelförmig, die Farbe ist unterschiedlich, je nach Kreis und Entfernung zum Zentrum. Es gibt nördlich der Säule noch ein weiteres, sehr großes, aber flaches, rundes Gebäude, das die konzentrische Symmetrie der Kolonie mit seinem Durchmesser von ca. 250 Meter unterbricht. Es ist die künstliche Sonnen-Zone, in der die speziell beleuchteten Gänge und Kammern untergebracht sind, in denen sehr starkes UV-Licht vorherrscht und die benutzt werden, um unser Blut zu erwärmen. Auch eine medizinische Versorgung und ein Versammlungsraum befinden sich dort. Außerhalb des äußeren Ringes der Kolonie befinden sich die Zonen, in denen Tiere gehalten - Du weißt, wir müssen fleischliche Nahrung zu uns nehmen - und die Gärten, in denen pflanzliche Nahrung und Pilzkulturen angebaut werden, auch fließendes kaltes und heißes Wasser aus unterirdischen Quellen gibt es dort. Ebenfalls am Rand befindet sich das Kraftwerk, das auf Fusionsbasis betrieben wird und die Kolonie und die „Sonnen" mit Energie versorgt. Meine Gruppe oder „Familie" lebt übrigens im vierten Gebäudering, von der Zentralsäule aus gezählt. Soviel einmal in Kürze. Dir alle Gebäude und deren Aufgaben zu beschreiben, würde nun zu weit gehen. Es ist schwer, Euch so etwas zu beschreiben, denn es ist eine völlig andere Umgebung und Kultur, als Ihr es von Eurem Oberflächenleben gewohnt seid. Du müßtest es selbst sehen, um es glauben zu können.

Frage: Werde ich es denn einmal selbst sehen?

Antwort: Wer weiß. Die Zeit bringt neue Möglichkeiten.

Frage: Wie viele Wesen Ihrer Art leben in dieser Kolonie?

Antwort: Ungefähr 900.

Frage: Das ist das Ende des Interviews. Haben Sie eine letzte Botschaft für die Leser des Transkripts?

Antwort: Ja. Ich bin durchaus überrascht über die vielen Kommentare zu meinen Worten, ich bin aber natürlich auch enttäuscht über die religiösen Feindbilder, die dort geäußert werden und die sich tief in Euren Geist gegraben haben. Ihr solltet lernen, Euch über diese alte Konditionierung hinwegzusetzen und nicht quasi unter der Kontrolle von etwas oder jemandem zu stehen, der bereits vor beinahe 5000 Jahren gegangen ist. Ihr seid schließlich freie Geister. Das sollen meine Schlußworte sein."

Soweit das Interview. Wie ich schon sagte, kann ich keinen Beweis für die Echtheit dieser Niederschrift geben. Dennoch muß man sich fragen, aus welchem Grund jemand mit solchem Wissen sich so etwas ausdenken sollte, ohne davon zu profitieren. Auch im Fernsehen waren die daran Beteiligten bis jetzt noch nicht, und auch sonst ist mir keine kommerzielle Auswertung bekannt.

Da ich den Urheber nicht nach dem Copyright fragen konnte, bitte ich ihn/sie, sich bei mir zu melden. Anscheinend wollten sie, daß dieser Text veröffentlicht wird. Andererseits scheinen die Reptos –

wie ich sie im Unterschied zu den außerirdischen Dracos nenne – nicht zu wollen, daß ihre Gegenwart bekannt wird. Es scheint also ein Widerspruch vorzuliegen. Aber es gibt ja auch unter den Menschen unterschiedliche Zielsetzungen, und warum sollte das bei den Reptos anders sein. Einige Menschen wollen, daß alles Wissen freigegeben wird, andere meinen, daß die Menschheit noch nicht reif dafür ist. Womöglich sind viele der Reptos nicht gut auf die Menschen zu sprechen, andere wünschen sich vielleicht eine Annäherung.

Wenn es, wie aus diesen Texten und auch aus den Büchern von David Icke oder anderen Quellen hervorgeht, einen Millionen Jahre alten Konflikt zwischen reptiloiden und humanoiden Spezies gibt, wäre es doch wünschenswert, wenn sich zumindest die Wohlwollenden beider Seiten kennenlernen würden, um die Konflikte zu beenden. Dazu gehört natürlich, daß man mehr über die anderen erfährt.

Daß die Reptos möglicherweise nicht gut über die Menschen denken, wäre nur zu verständlich, wenn man sich die Kriege, Umweltzerstörung usw. ansieht, die die Menschen anrichten.

Die Verantwortung für die Veröffentlichung eines solchen Textes ist groß. Denn wer kann ausschließen, daß sich jetzt Jäger auf die Suche nach den Eingängen zu den Repto-Basen machen, mit der Absicht, so viele wie möglich von ihnen zu töten? Wer kann ausschließen, daß es nicht zu militärischen Aktionen kommen wird, daß uns unsere Kriegstreiber erzählen werden, daß man diesen Reptos zuvorkommen und sie vernichtend schlagen müsse, daß dieses Interview nur eine geschickte Täuschung über ihre Absichten sei.

Daher habe ich mich entschlossen, diesen Text im Rahmen meines Buches zu veröffentlichen, das ja klar stellt, daß alles Teil von Gott ist und wir die Trennung überwinden müssen.

Es ist mir klar, daß es viele Leser geben wird, die dieses Interview für Science-fiction oder Effekthascherei halten. Ich will Sie zu selbständigem Denken anregen und nicht dazu, irgend etwas blind zu glauben. Wie Lacerta dargelegt hat, können wir die uralten, religiösen Programmierungen überwinden, wenn wir unser individuelles Denken trainieren. Ich hoffe, daß diese Veröffentlichung dazu angeregt hat. Und wer weiß, vielleicht wird es irgendwann zu einem offiziellen Kontakt mit den Reptos, die auf dem selben Planeten leben wie wir, kommen.

Interview mit Virgil Armstrong

Virgil Armstrong ist in der UFO-Szene ein bekannter Mann. Er arbeitete früher beim Geheimdienst und stieß dort auf UFO-Berichte, die er für so wichtig hielt, daß er sich nach seiner Pensionierung entschied, an die Öffentlichkeit zu gehen. Ob alles aus seinen Berichten wahr ist oder er von den Geheimdiensten benutzt wird, um Desinformationen zu streuen, ist schwer zu sagen. Das Schöne bei der Arbeit als Schriftsteller ist, daß man oft den Leuten persönlich begegnet, von denen man sonst nur gelesen hat, und so bekam ich eines Tages Besuch von einem Freund, der Virgil Armstrong mitbrachte, was ich natürlich sofort für ein Interview nutzte.

J.C.: Viele Leute sagen: Einmal CIA, immer CIA. Sie sagen, wenn Sie beim CIA waren, dann könnten Sie diese Dinge, die Sie sagen, nicht sagen. Wie können Sie Sachen erzählen, von denen die CIA nicht möchte, daß sie jemand erfährt?

V.A.: Ich spreche nicht über alle Sachen, die dort passieren, ich halte mich immer noch an einen Eid der Geheimhaltung, bis zu einem gewissen Grad, doch wenn es um die UFOs geht, so muß jemand das Schweigen brechen. Es geht nicht um die CIA, es geht gegen unsere Regierung und die Weltregierung, und das veranlaßte mich dazu, 1980 mein Schweigen zu brechen.

J.C.: Sie kündigten also? Was passierte beim CIA, als Sie kündigten, bzw. daß Sie sich entschlossen, das Schweigen zu brechen?

V.A.: Ich hatte genug. Ich war drei Mal in Vietnam, wo ich natürlich auch für sie arbeitete, und sah irgendwie die fatale Zukunft des Ganzen und entschied mich, daß ich genug von dem habe.

Ich war im zweiten Weltkrieg, im Korea Krieg, bei einem Bürgerkrieg in China, bei drei Revolutionen, drei Mal in Vietnam und so weiter und so weiter. Irgendwann war Schluß damit, und ich wollte da raus.

J.C.: Sie haben aber keine UFOs in Vietnam gesehen oder etwa doch?

V.A.: Nicht in Vietnam, aber 1948 in den Vereinigten Staaten war ich bei der zweiten UFO Bergung dabei. Die bekannteste war wohl Rosswell, der Rosswellunfall. Das war im Jahre 1947, bevor ich damit zu tun bekam. Ich hatte mit dem zweiten Absturz zu tun, mit dem

„White Sands-fall“. Das hatte eine sehr hohe Geheimhaltungsstufe, und das ist heute noch so.

J.C.: Und damit hatten Sie zu tun?

V.A.: Nur beim White Sands Fall. Ich kann aber sonst noch eine ganze Menge zu dem Rosswell Thema sagen.

J.C.: Hatten Sie Beweise, Dokumente oder so was?

V.A.: Ja, ich war immer in die Geheimdienstfälle eingeweiht, ob es damals G2 oder der CIA war. Meine Dienstkarriere begann während des zweiten Weltkrieges, und irgendwie bekam ich den Stempel „Nachrichtendienst“, und so hatten die meisten meiner Aufgaben mit Geheimdienstmaterial zu tun.

Ich hatte aber nicht zu viel mit den geheimen UFO-Sachen zu tun, das begann erst, nachdem ich pensioniert war. Zu dieser Zeit fing ich aber intensiv an, Nachforschungen über UFO-Sichtungen, Außerirdische Lebensformen usw. anzustellen.

J.C.: auf privater Basis ?

V.A.: Ja, nun, privater Natur...

J.C.: Aber es fing an , seitdem Sie die Vorfälle in Rosswell und White Sands kannten? Mit den Information, die Sie vom CIA bekamen?

V.A.: Nun, es war nicht direkt CIA, ich war damals bei einer Luftwaffendivision,. Ich kam damals zu einem vorübergehenden Job im Nachrichtendienstbüro der amerikanischen Air Korps, die damalige Luftwaffe der USA, und in dieser Zeit landete so etwas wie heute ein Fax auf meinem Schreibtisch, es war ein Twix, und es war an das G2 Air gerichtet. Das G2-Air kümmert sich um alles, was irgendwie unerklärlich oder übersinnlich ist. Was passierte, war, daß mir der befehlshabende General des amerikanischen Hauptquartier ein Twix zuschickte, das er empfangen hatte, in dem stand, daß ein UFO in White Sands in New Mexico abgestürzt wäre und daß es nun unter Beobachtung stehen würde. Die Beobachtung sollte dazu führen, herauszufinden, ob sie freundlich oder böse sind, ob es eine Besatzung gibt, was sie für Absichten haben und wie sie sich verhalten. Wie viele es sind, sind es Männer oder Frauen oder alles Männer, eine Menge Fragen, und so wurde für 24 Stunden eine Nachrichtensperre eingeleitet und die höchste Sicherheitsstufe ausgesetzt, aber nichts passierte. Sie begannen, die Außenhülle des Schiffs zu untersuchen und einen Zugang zum Inneren des Schiffes zu suchen, als plötzlich wie auf Kommando von Oben oder durch Zufall, oder wie auch immer, jemand einen Knopf drückte und wie von Geisterhand das Schiff sich öffnete. Eine Kleine Treppe mit Stufen kam aus dem Inneren des Schiffes heraus, und wir gingen rein.

An Bord waren fünf Leichen, tote Lebewesen. Sie waren erstickt, die Explosion hatte ein Chaos hinterlassen. Sie waren ungefähr dreieinhalb Fuß groß.

J.C.: Sahen sie aus wie die Grauen, über die manche Leute reden?

V.A.: Nein, die Augen sind anders. Diese waren menschenähnlich, die von den Greys sind insektenähnlich. Diese kleinen Burschen hatten nette Augen, wirklich freundliche Augen. Der eine, der über den anderen saß, war ungefähr vier Fuß groß, war wohl der Kommandant, das erkannten wir an den Abzeichen, die er auf seiner Uniform hatte. Einer von den Typen war der System Kommandant, Sie hatten sehr engsitzende, silberne Uniformen. Charakteristisch für all diese Lebewesen war, daß sie völlig unbehaart waren und sehr glatt wirkten, große Augen, keine Ohren, der Mund war unbeweglich, also nicht wie wir, daß sie den Mund bewegen konnten, also offensichtlich würden sie mit Telepathie kommunizieren. So, nun wurden die Leichen aus dem UFO gebracht und zur Untersuchung nach Wright Patterson geflogen.

J.C.: Zur Wright Patterson Air -Force Base?

V.A.: Ja richtig, in Ohio. Sie hatten große Schwierigkeiten, die Uniformen abzukriegen. Sie konnten es nicht schneiden, sie versuchten es mit Scheren, sie waren aus einem Material, wie wir es nicht kennen. Man konnte es nicht zerschneiden und doch war es dünner als eine Zeitungsseite. Erst mit groben Metallscheren ging es. Und als wir ihnen die Kleidung abgenommen hatten stellten wir fest, daß sie alle männlich waren. Sie besaßen männliche Organe und Geschlechtsteile, die aber genauso verkümmert wie ihre Ohren und Nasen waren. Sie hatten keinen Nutzen mehr. Wahrscheinlich genau wie bei den Ohren und dem Mund waren sie degeneriert. Sie waren nicht länger sexuell aktiv und brauchten die Ohren nicht mehr zum Hören. Sie waren anders als wir, aber trotzdem, es waren nette, kleine Burschen.

J.C.: Hat man herausgefunden, woher sie gekommen sind?

V.A.: Ja, sie haben es herausgefunden, doch wurde ich nicht davon unterrichtet, ich erfuhr ja alles aus dem Twix. Aber ich wußte, daß sie gut waren. Meine Ansicht ist, daß, in dem ersten Versuch, uns zu sagen, daß sie hier waren, gab es den Roswell - Unfall. Der Roswell -

Unfall enstand durch Radar. Sie waren auf das Radarsystem nicht eingestellt und konnten z.B. die Flughöhe nicht richtig einschätzen So brachte es dort die Systeme durcheinander, und das UFO stützte zu Boden und wurde auf etwa 10 Morgen Land verteilt. Aber aus dem Roswell - Unfall hatten wir einen Überlebenden.

J.C.: Das war aber vorher?

V.A.: Das war 1947. 1948 war der Fall, mit dem ich zu tun hatte.

J.C.: Und waren das dieselben Außerirdischen wie beim White Sand Absturz?

V.A.: Ja, das waren beide Male die selben.

J.C.: Also in Roswell waren es nicht die Grauen?

V.A.: Nein, es waren nicht die Grauen.

J.C.: Sie sagten, sie waren nett...

V.A.: Ja, ich nenne sie die Guten, also die Wohlwollenden...

J.C.: Aber beim Roswell-Absturz gab es einen Überlebenden?

V.A.: Ja. Was kaum bekannt ist, ist, daß es drei Unfälle gab. Einer wurde Astec genannt. Das waren zwei Stück in einem Jahr, der erste war Aztec, anschließend der Roswell Unfall. Im nächsten Jahr folgte White Sands. Nun. White Sands ist der Ort, an dem die Amerikaner ihre erste Atombombe getestet hatten, ein streng geheimes und sensibles Thema für sie... Und so kam es, daß die Regierung niemals zugab, nicht mal dem Militär gegenüber, daß dort ein Schiff abgestürzt ist. Das Schiff war intakt, es war nicht zerstört, es hatte etwa 100 Fuß Durchmesser, es war sehr, sehr weit fortgeschritten, wir verstanden es damals nicht, doch heute wissen wir Bescheid.

J.C.: Heute wissen sie Bescheid... Von jenen Aliens oder von anderen?

V.A.: Von verschiedenen, es waren nicht die einzigen gefangengenommenen Aliens. Ich nehme an, daß die US-Regierung allein ungefähr 100 geborgene Schiffe besitzt..

C.J.: Also ist Area 51 real?

V.A.: Nun. Area 51 war der Kontakthafen der Grauen von Zeta-Reticuli. Doch jetzt nicht mehr, sie haben ihn verlassen. Aber dort sind eine Menge UFOs versteckt. Aber das heutige Problem ist noch ein ganz anderes: Wenn Sie ein Ufo sehen, wem gehört es? Sind es die Amerikaner, die Russen, die Aliens oder die Haunebu Leute...

J.C.: Die Haunebus sind Deutsch?...

V.A.: Ja, sie leben in der Antarktis. Es sind gute Leute. Ich hatte mal welche in einem meiner Vorträge in Österreich und sie sagten zu den Veranstaltern, sagt Virgil, daß wir hier waren und daß uns gefiel, was er sagte.

J.C.: Also, Deutsche, die in der Antarktis leben?

V.A.: Ja, ich schrieb einen Artikel über Hitler, vor ein paar Jahren. Ich denke, daß dieser Artikel verteilt werden sollte. Hitler starb nicht im Berliner Bunker, wie alle sagen. Er flüchtete.

J.C.: Es war ein Double?

V.A.: Ja, ein Double. Als sie ihn gefunden hatten, untersuchten sie seine Zähne und erkannten sofort, daß er es nicht war.

J.C.: Dann flog er zum Südpol?

V.A.: Nein, er und Eva flogen nach Argentinien, Buenos Aires. Und da lebte er sein Leben. Hitler wurde über 98 Jahre alt.

J.C.: Er starb also irgendwann in den Achtzigern?

V.A.: Ich kann nicht genau sagen, wann und wie er starb, ich nehme an, an Altersschwäche, aber Dr. Hurtok und ich trafen uns zu einem Frühstück in Zürich, in der Schweiz. Da sagte er zu mir: Virgil, die internationalen Geheimdienste sagen, daß Hitler von einem UFO entführt worden ist. Und das zum Frühstück. Nein, darüber wollte ich nicht nachdenken. Aber dann bekam Jim einen Anruf, und mitten im Gespräch rief er auf und sagte, daß es wahr währe. Hitler wäre kürzlich gestorben. Die Haunebu Leute haben den Leichnam mit zur Antarktis genommen und ihn und Eva begraben.

J.C.: Nun haben wir Außerirdische, die in Amerika abgestürzt sind, wir haben deutsche fliegende Untertassen, die Haunebu Leute. Diese aber gab es schon vor dem Absturz in den USA. Also die Quelle für Flugscheiben auf der Erde sind nicht die Abstürze in Amerika?

V.A.: Nein, die waren außerirdisch.

J.C.: Hatten die Deutschen damals Kontakt mit Außerirdischen?

V.A.: Ja, tatsächlich wesentlich früher, als ihn die Amerikaner hatten.1929 z.B. waren die Deutschen schon auf dem Mond.

J.C.: 1929!?

V.A.: Ja, 1929. Professor Philips...

J.C.: Was für Leute waren es damals?

V.A.: Professor Philipps. Und das Dritte Reich bat ihn, solche Untertassen zu bauen, um damit den Krieg zu gewinnen. Doch er sagte „Nein“. Aber was ich in dem Artikel über Hitler geschrieben habe:

Warum ist ein solch kleines Land wie Deutschland so einzigartig und so stark?

Alle haben Angst vor den Deutschen. Dabei ist es kleiner als einige der Staaten in den USA. Und doch haben sie eine starke Wirtschaft. Und damals hatten sie die Kraft, eine Kriegsmaschinerie aufzubauen.

Sie sind großartige Wissenschaftler, Philosophen, Mathematiker...

J.C.: Aber sie sind sich dessen nicht so bewußt. Sie denken nicht positiv über sich...

V.A.: Aber wenn Sie die Geschichte lesen... da steht es geschrieben. Der Grund dafür ist, das sie eine spezielle Energie bekommen. Sie wird durch eine Art Kanal von einem Sternensystem in unser Sonnensystem geschickt. Dieses System, von dem diese Energie ausgeht, liegt in einem System, das wir Taurus nennen. Und der hellste Stern dieses Systems ist Alderbaran. Alderbaran strahlt die Energie direkt auf Deutschland, so daß die Quelle für die geistige Potenz verstärkt wird. Deshalb heben sie sich von der ganzen Welt ab und sind ein ganz spezielles Volk.

J.C.: Aber wir Deutschen sehen das nicht so. Außerdem wurde die Geschichte von den Amerikanern und den Siegern geschrieben...

V.A.: Nun, die Geschichte wird von den Siegern geschrieben, und die brauchen jemanden, den sie schlecht machen können, und dafür kommen die Deutschen in Frage. Die Deutschen sind nicht schlechter als die Amerikaner und die Briten, sie alle haben genau so schlimme Dinge getan. Es ist ein Teil der Wahrheit, aber auch der Teil eines Krieges.

J.C.: Nun, die Deutschen hatten Kontakt mit den Alderberanern. Ist das wahr?

V.A.: Nun, auf Grund der Energie schon. Es gab damals zwei Gesellschaften: Die Thule - Gesellschaft und die Vril - Gesellschaft. Sie waren besonders von der Aldebaran - Energie erleuchtet.

Adolf Hitler und Dr. Schauberger, er war das Genie in Person. Adolf Hitler sagte, ich werde den Krieg gewinnen. Er sagte, ich habe eine Wunderwaffe, und die Alliierten lachten ihn aus, sie dachten, es wäre die V2 Rakete. Auf der V2 Rakete hätte stehen sollen: „Wen es betreffen mag." Weil die Raketen nie ankamen, es war psychologisch interessant. Sie waren sehr gefährlich, denn man wußte nie, wo sie einschlagen würden. So fand der amerikanische Geheimdienst heraus, daß Hitler sehr wohl eine Geheimwaffe hatte: Die Haunebus!

J.C.: War es eine Waffe oder nur eine Flugscheibe...

V.A.: Ja, es war eine Waffe, es war ein UFO.

J.C.: Ja, ein UFO, aber keine Waffe...

V.A.: Das zweite der Haunebu UFO`s war auf jeden Fall eines. Sie konnten fliegen, das Erste etwa 1200 mp/h. Das Zweite flog 3000 mp/h und das Dritte, das auf dem Reisbrett entstand, brachte es auf 8000 mp/h. Das Zweite hatte eine Waffe, die mit Laser arbeitet. Sie konnte 4 zoll dicken Stahl durchdringen. Sie hätten die ganzen Schiffe hinwegfegen können. Sie hatten mehrere Kanonen aus denen sie feuern konnten. Nun, die feindliche Luftwaffe war extrem verängstigt, sodaß die Alliierten beschlossen, daß sie den Krieg möglichst schnell gewinnen sollten. Aus diesem Grund hat Ihr Volk so gelitten von den Bombardierungen. Aber die Idee war eben, das 3. Reich auszulöschen.

Nun, die Geschichte ist eine tragische Sache... Gottseidank war ich nicht dabei, ich kämpfte gerade in Asien gegen die kommunistischen Chinesen und gegen die Japaner...

J.C.: Sie wollten nicht gegen die Deutschen kämpfen?

V.A.: Nein, Nein

J.C.: Nun, Sie sagten, die Deutschen waren auf dem Mond? Nun, das ist ein Thema, mit dem ich mich befaßt habe, in einem Film, den ich gemacht habe, „Die Nasa Akte", und vielleicht können Sie mich da bestätigen oder korrigieren. Aber die Aussage ist die, als Apollo 11 auf dem Mond landete, daß da etwas passierte, denn die Astronauten stiegen nicht gleich aus, sondern sie warteten 7 Stunden, bevor Armstrong seinen Fuß auf den Mond setzte. Also, irgendwas ist da passiert, denn sie haben nicht geplant, so lange zu warten.

V.A.: Nun, da war ein Ufo, das sie beobachtete, ein sehr großes.

J.C.: Was für eine Art?

V.A.:Wir wissen es nicht. Aber offensichtlich wurde es als feindlich eingestuft. Und ich denke, das waren sie auch, denn als sie den Mondrover später benutzten, hat solch ein Ufo den Kotflügel des Mondrovers abgetrennt. Und das war eine Warnung. Um uns von dort wegzuhalten.

J.C.: Und danach gab es keine Mondflüge mehr...

V.A.: Naja, aber sie sind trotzdem da, täuschen sie sich nicht. Es gibt da geheime Aktivitäten.

J.C.: Aber nicht mit Apollo und Saturn-Raketen. Und es gibt das Video, wo man die Fahne der USA wehen sieht. Gibt es eine Atmosphäre auf dem Mond?

V.A.: Ja, die dunkle Seite des Mondes ist fast identisch mit der Erde. Grüne Bäume, Flüsse, Seen,

J.C.: Unglaublich!

V.A.: Ja, das ist es, aber sie erzählen uns, daß der Mond öde und luftleer ist.

J.C.: Weil sie uns sonst sagen müßten, daß da jemand auf dem Mond ist?

V.A.: Ja, es gibt 3 Zivilisationen, die auf dem Mond leben. Sie leben hauptsächlich auf der dunklen Seite des Mondes, aber sie leben auch im Mond. Denn, genau wie die Erde, ist der Mond hohl. Sie beobachten uns, sie wollen uns nicht da oben, sie wollen nicht die Amerikaner, die Deutschen, die Russen, oder die Franzosen da oben.

J.C.: Aber die Amerikaner arbeiten da oben mit Außerirdischen zusammen?

V.A.: Nun, es ist ein multilaterales Unterfangen. Jedes Land ist daran beteiligt. Wir haben atomare Raketen auf dem Mond. Sie haben nukleare Waffen, um Asteroiden und Kometen, aber auch um Außerirdische abzuwehren, die die Erde gefährden könnten. Wir haben sozusagen einen Vorposten da draußen. Während der Hale-Bob-Situation bemannten sie die Waffen.

J.C.: Also, die Filme wie „Armageddon" und „Deep Impact" enthalten gewisse Realitäten?

V.A.: Ja, es ist eine Wahrheit darin.

J.C.: Und Filme wie Hangar 18?

V.A.: Ja, 18, das ist eine wahre Geschichte. Ich habe da lange nichts von gehört, aber es ist eine wahre Geschichte. Es wurde Hangar 18, als sie das Gebiet vergrößerten. Es hatte vorher eine andere Bestimmung.

J.C.: Also, in Science Fiction-Filmen findet man eine Menge Wahres?

V.A.: Ja, das Lustige ist, zum Beispiel, wie heißt das noch, äh, „Unheimliche Begegnung der 3. Art". Das habe ich selber erlebt..

J.C.: Eine Ufo Landung?

V.A.: Nun, erinnern Sie sich an die Stelle, wo das Auto von ihm durchgeschüttelt wurde? Das passierte mir. Ich hatte ein Ufo über mir, und das Auto zitterte und ich zitterte und all das. Ich arbeitete mit einer

UFO-Gruppe in Arizona zusammen. Aber was ich sagen will, ist, daß all diese Filme dazu da sind, Sie und mich zu unterrichten. Also, wenn sie eines Tages die Wahrheit bekanntgeben, was ich denke, daß sie es bald tun werden, dann würden Sie vielleicht sagen, warum um alles in der Welt habt ihr uns das nicht gesagt, und sie werden dann sagen, doch, wir haben es euch gesagt, in den Filmen.

J.C.: Sie haben sich sicher Sorgen gemacht, wie die Menschen darauf reagieren würden. Und dieses Hörspiel von Orson Wells, Krieg der Welten, war das ein Teil davon?

V.A.: Ja, das war der Grund für die Geheimhaltung,

J.C.:... weil sie merkten, die Leute reagierten mit Panik.

V.A.: Genau!

J.C.: Und sie gründeten große geheime Organisationen.

V.A.: Ja, und so wurde es zu einer Zwickmühle, ein Catch 22.

J.C.: Und heute ist es schwer, diese Geheimhaltung zu durchbrechen.

V.A.: Ja, es gibt noch viele andere Beispiele für Ufo-Bergungen. Zum Beispiel gab es eine in der Wüste Kalahari, in Südafrika, und die Südafrikaner hatten Laser, und sie hatten Maser. Das ist eine Weiterentwicklung des Laser. Und sie brachten damit ein Ufo runter. Und es stürzte in der Kalahari ab.

J.C.: Haben die Amerikaner auch die Maser-Waffe?

V.A.: Oh ja.

J.C.: Und sie schossen eins ab, und was passierte dann?

V.A.: Ja, sie schossen eins ab, und dann sagten sie, oh je, was machen wir jetzt damit. Und sie riefen die Amis und sagten, würdet ihr kommen und es bergen, und die Amerikaner sagten, ja, und sie taten es, und sie wußten, wie man damit umgeht, und sie flogen das Ufo rüber. Sie reparierten das Schiff, und es war ein Überlebender dabei. Er hatte die anderen Leichen selber draußen hingelegt, und ein Dokter ging zu ihm, und sie haben nur vier Finger. Sie haben lange Nägel, fast wie die Krallen einer Katze oder so. Und der kleine Außerirdische war verletzt, und der Doktor ging zu ihm und wollte ihn behandeln und berührte ihn, und der ET kratzte ihm mit den Krallen das Gesicht auf. Es war sehr dramatisch. Der Außeridische starb später. Er war verletzt, genau wie der bei dem Roswell-Unfall.

J.C.: War es die gleiche Rasse?

V.A.: Das kann ich nicht sagen, ich weiß es nicht. Ich habe keine Fotos davon gesehen, ich kenne nur den Hergang. In meinem Buch, wenn Sie das Buch „Der Armstrong Report" gelesen haben, schreibe ich, daß 1961 die Amerikaner ein Raumschiff hatten, das von einer Luftwaffenbasis startete und in weniger als eineinhalb Stunden hinter dem Mond war und auf dem Weg zum Mars. Das war 1961, und sogar davor haben wir schon Flüge zum Mars gemacht. Das Schiff konnte schneller als 300.000 Meilen pro Stunden fliegen. Es ist natürlich noch lange nicht Lichtgeschwindigkeit. Aber das war 1961, und so können Sie sich vielleicht vorstellen, was sie heute haben.

Sie haben natürlich viel von den Grauen von Zeta Reticuli gelernt. Es war ein Teil der Abmachung; Wenn wir ihnen erlauben, daß sie Menschen entführen für experimentelle Zwecke, dann würden sie uns Technologien geben.

J.C.: Aber diese Grauen waren nicht diejenigen, die in Roswell abgestürzt sind. Wie kamen sie mit diesen in Kontakt?

V.A.: Nein, die Grauen landeten in der Nähe von Washington D.C. und kontaktierten den Präsidenten.

J.C.: War das zu der Zeit in Roswell? Das wird ja oft damit verwechselt.

V.A.: Es war während der Präsidentschaft von Truman und später von Eisenhower. Truman war der erste, den sie ansprachen. Die Zeitungen und das Fernsehen haben damals darüber berichtet. Eine ganze Flotte von UFOs flog damals über Washington 24 Stunden lang.

J.C.: Ja, es gibt ja dieses Bild, wo man die Lichter über dem Capitol sieht.

V.A.: Ja, und über dem Weißen Haus. Das sind keine Fälschungen, das passierte wirklich. Und dann teilten sie dem Weißen Haus telepathisch mit, daß sie sie treffen wollten, und sie sagten ihnen wo, und Truman ging hin, zusammen mit Forrestal, er war der Staatssekretär, und sie trafen sich. Und sie sahen das Schiff der Außerirdischen, und sie sagten sich, nun, sie sind technisch sehr viel weiter fortgeschritten als wir, also können wir nur Zeit schinden. Es hat 50 Jahre gedauert, bis wir ihnen Widerstand leisten konnten. Und ihnen zu sagen, daß sie nach Hause gehen sollten, was sie auch getan haben. Sie waren in Area 51,

J.C.: Ja, aber sie entführten eine ganze Menge Menschen...

V.A.: Oh Ja.

J.C.: Aber das hat aufgehört, oder?

V.A.: Nun ich bekomme keine Berichte mehr, daß sie noch Leute entführen. Aber es gibt noch eine andere Rasse hier auf der Erde, die die Erde übernehmen will und das ist eine reptilienartige Rasse. Und ich weiß, daß sie hier sind, weil ein Bekannter in Hamburg, mit dem ich gearbeitet habe - ich weiß den Namen nicht mehr - aber ich hatte einen Vortrag auf seinem Kongreß, und er hatte Studenten angeheuert, um nach dem Vortrag alles abzubauen. Jedenfalls stand er da und sah zu, wie die Leute die Geräte abbauten, und auf einmal drehte sich ein junger Mann, der offensichtlich ein Student war, zu ihm um und sah ihn an und er ließ sein menschliches Gesicht verschwinden, und da stand ein Reptil. Und er war zu Tode erschrocken. Und er rief mich am nächsten Morgen an und sagte, Virgil, ich muß dir was erzählen. Und er sagte, was passierte, und das Gesicht nahm wieder die menschliche Form an.

J.C.: Also, das ist ein Trick, eine Illusion? Wo kommen sie her?

V.A.: Aus dem Sternbild des Drachen. Das ist ganz weit draußen. Sie möchten den Planeten übernehmen.

J.C.: Sie haben also die Fähigkeit, Ihr Aussehen zu verändern?

V.A.: Ja, aber sie sind wirklich Reptilien. Aber ihnen wurde auch gesagt, daß sie hier verschwinden müßten, bis zum Jahr 2000.

J.C.: Von wem?

V.A.: Von den guten Außeriridischen, also vom Sirius, Andromeda, und... von den Plejaden.

J.C.: Es gibt also gute Kräfte? Sie schützen die Erde? Arbeiten die mit den Regierungen zusammen?

V.A.: Nein, die glauben nicht an Ihre Regierungen. Ihre Regierung oder meine... Die Grauen von Zeta Reticuli arbeiteten mit der Regierung zusammen. Aber die waren nicht positiv. Und die Reptilien sind negativ. Aber es gibt viele gute Kräfte, die Haunebu-Leute eingeschlossen, die gute Dinge auf dem Planeten tun, um uns zu helfen und uns zu schützen. Ein einfaches Beispiel. Nehmen Sie den Reaktor in Tschernobyl. Er ist so instabil, aber das sind viele andere Reaktoren in der Welt auch. Aber die guten Mächte, die Haunebu-Leute eingeschlossen, stabilisieren die Atomkraftwerke, so daß sie nicht in die Luft gehen. Denn tatsächlich könnte eine Kettenreaktion entstehen, um den Planeten herum und alles zu Atomstaub machen. Also, es gibt eine Mission der guten Außerirdischen.

J.C.: ... damit wir unseren Planeten nicht zerstören?

V.A.: Ja, das wird nicht mehr zugelassen. Die Sache mit Hale-Bob ist auch ein gutes Beispiel. Denn Hale Bob war nur ein Schutzschild für den Begleiter, wie man ihn nennt, der hinter Hale Bob kam. Und das ist tatsächlich der Wormwood Planet.

J.C.: Von dem man schon in der Bibel lesen kann....

V.A.: Ja, in der Offenbarung. Jedenfalls war geplant, daß die dicht an uns vorbeifliegen, sodaß es zu einem Polsprung kommt. Denn das würde das meiste von uns zerstören. Das hatten sie vor.

J.C.: Wormwood ist ein Raumschiff oder ein Planet?

V.A.: Es scheint wie ein Planet zu sein, ist es auch, aber es kann auch gesteuert werden. Es hat eine Intelligenz. In meinem neuesten Buch habe ich über diesen Wormwood-Planeten geschrieben, und ich schreibe darin, daß es die Heimat der „niedrigeren Götter“ ist. Nun, ich spreche über göttlichen Eingriff. Denn die wollten unsere Erdachse kippen und uns zerstören. Aber die Sirianer, die Andromadaner und die Plejadier kamen zusammen, und in der Zwischenzeit hatten wir unsere Nuklearen Sprengköpfe auf dem Mond bereit gemacht und waren bereit zu kämpfen. Aber das ist, entschuldigen Sie den Ausdruck, wie in den Wind zu pinkeln. Es war also ein göttlicher Eingriff nötig und die Intervention von gut gesinnten Außerirdischen, um Wehrmut abzulenken und ihnen zu sagen „haut ab“ und zu verhindern, daß es zu einem Polsprung kommt. Also sie haben sich dematerialisiert und sind verschwunden. Und Hale Bob wurde mit einem Deflektor beschossen und stürzte in den Jupiter. Das ist für Jupiter, als wenn eine Fliege einen Elefanten sticht. Jedenfalls wurde unsere Zerstörung verhindert.

J.C.: Wurde Wormwood auch zerstört?

V.A.: Nein, Wormwood ist weiter da draußen. Es ist jetzt außerhalb unseres Sonnensystems. Sie beobachten uns noch.

J.C.: Also, die reisen weiter rum und gefährden andere Planeten?

V.A.: Ich weiß nicht, aber sie sehen uns als ihren Besitz an. Und sie haben uns auch hierhergebracht. Als menschliche Wesen, genetisch verändert.

J.C.: Also in einer gewissen Weise haben sie recht.

V.A.: Ja, aber sie benutzen uns, wie Rinder und Schafe. Sie haben nichts Gutes mit uns vor. Aber wie auch immer, das ist alles vorbei. Es kommt keine Zerstörung unseres Planeten, wie das einige von denen gerne sehen würde, aber das wird nicht geschehen, weil wir göttlich sind, und in dem göttlichen Szenario, von dem wir ein Teil sind, und jedes Auge im Universum ist im Moment auf die Erde gerichtet zu dieser speziellen Zeit.

J.C.: Also, es passiert etwas besonderes hier?

V.A.: Ja, wir sind etwas besonderes.

J.C.: Warum sind wir etwas besonderes?

V.A.: Nun, das ist eine lange Geschichte. In meinem Buch schreibe ich darüber. In der Kurzform sind wir die Erfahrung der Negativität des Schöpfer-Gottes. Wir haben vorhin schon über eine Welt der Illusion gesprochen, die absichtlich geschaffen wurde, eine Art „Alice im Wunderland“, denn alles, was wir denken, daß es real ist, ist nicht nur Verwirrung, sondern sogar Illusion. Es ist ein Traum, es ist nicht real.

J.C.: Die geistige Welt ist real, und Materie ist es nicht? Also „Matter doesn´t matter?“

V.A.: Materie ist Illusion, aber uns wurde beigebracht, daß es real ist.

J.C.: Aber das ist eine lange Geschichte, wie lange?

V.A.: Oh es geht viele Jahrtausende zurück. Was wir tun müßten - wir schauen einfach von der falschen Seite in den Spiegel, wir müßten die Seite wechseln, um in die Realität zu kommen. Viele von uns sind schon da, aber wie ich in meinem Buch schreibe, etwa 2 Milliarden von 6 Milliarden sind sich dessen bewußt.

J.C.: Das ist nicht schlecht

V.A.: Nein, das ist nicht schlecht, das ist ein Drittel, und wir haben vorher schon darüber gesprochen, daß jetzt Kinder geboren werden, die einen Teil außerirdischer Gene haben und sehr bewußt sind. Also, gute Dinge passieren. Die Zukunft ist nicht so aussichtslos, wie viele von uns denken.

J.C.: Also es ist nur das Fernsehen, was uns das denken läßt?

V.A.: Ja, sie wollen, daß wir das glauben, damit sie uns kontrollieren können.

J.C.: Sie füttern uns mit Gewalt und Angst...

V.A.: Vollkommen richtig!

J.C.: Und wenn sie das nicht tun würden...

V.A.: Würden sie die Kontrolle verlieren, aber hoffentlich würden wir dann begreifen, daß wir unbewußte Götter sind. Und das sind wir tatsächlich. Die Bibel sagt das, z.B. Jesus sagte den Pharisäern: „Wißt Ihr nicht, daß Ihr Götter seid?“ In dem Buch steht es geschrieben, daß wir Götter sind. Also, ich sage, daß wir Götter mit Gedächtnisverlust sind, aber nicht ich sage das, Jesus sagt es. Ich zitiere ihn sehr oft, weil seine Wahrheit es so auf den Punkt bringt. Z.B. was man sät, das erntet man. Wenn man Unkraut sät, wird man Unkraut ernten. Wenn man Haß sät, wird man Haß ernten. Sät Liebe, und Ihr bekommt Liebe zurück!

J.C.: Was ist die Heilung für Angst?

V.A.: Nun, das ist eine individuelle Aufgabe. Wenn man zu Gott zurückkehrt, dann gibt es keine Angst. Das ist das Ultimative. Es ist die Trennung von Gott, daß Angst überhaupt entstehen kann.

J.C.: Sprechen Sie von dem Gott der Bibel, oder ist es ein anderes Konzept?

V.A.: Nun, Etiketten sind immer gefährlich, aber da ich in der ganzen Welt Vorträge halte, muß ich mich mit einer Art planetarischem Denken befassen. Wer kennt Gott? Gott ist eine Energie, Gott ist eine Intelligenz, Gott hat keine Substanz.

J.C.: Wenn man die Bibel liest, findet man eine Menge Gewalt.

V.A.: Ja, im Namen Gottes, aber das sind die niedrigeren Götter, das ist Jehova. Und ich hab das in meinem Buch gesagt, und das ist da, wo ich Schwierigkeiten bekomme, denn man sagt mir, wie können Sie es wagen zu behaupten, daß Jehova ein schlechter Gott ist? Aber er ist es. Auf der einen Seite, natürlich. Auf der anderen Seite ist er ein Instrument des Schöpfers. Und er wurde geschaffen, um es dem Schöpfer zu ermöglichen, Negativität zu erfahren, durch Sie und mich auf diesem Planeten. Das war die Absicht und die These dieses Buches, um die Leute aufzuwecken, um ihnen klarzumachen, daß sie in einer Welt der Illusion leben. Als ich das Buch schrieb, wollte ich die Leute wachrütteln.

J.C.: Und die Sachen passieren, das Bewußtsein verändert sich...

V.A.: Ja, und wissen Sie, vor 5 oder 6 Jahren erzählte ich Leuten hier in Deutschland, daß das geschehen würde. Und ich sage das ohne Stolz, alles, was ich gesagt habe, was geschehen würde, ist wahr geworden. Nun, manchmal hat es etwas länger gedauert, aber es hat sich alles so entwickelt.

Vor 5 -6 Jahren sagte ich das, und wir sprachen eben über die Kinder, die Delphin-Kinder. Sie bleiben unter Wasser und spielen wie die Delphine. Überall auf der Welt, aber besonders in Amerika.

J.C.: Wie viele sind es?

V.A.: Kann ich nicht so genau sagen, aber es ist ein Phänomen. Tatsächlich war es ein deutsches Magazin, in dem es stand. Auf dem Titel war ein Delphinkind, das unter Wasser spielte. Es wird berichtet, daß es Kinder gibt, die mindestens eine Stunde unter Wasser bleiben können. Das ist eine Veränderung. Und dann gibt es diese halb außerirdisch-, halb menschlichen Babies, die geboren werden. Und das Leben geht so weiter, als würde nichts geschehen, aber überall um uns herum sind Umwandlungsprozesse im Gang. Und eines der Dinge, die uns so speziell machen, ob Sie es glauben oder nicht: es ist eine Menge Liebe auf diesem Planeten. Man hört nicht viel darüber, weil es keine interessanten Nachrichten sind. Die Morde, die Kriege und all die negativen Dinge, das sind Nachrichten. Sie reden nie über die guten Dinge, die geschehen. Aber sie passieren! Und es freut mich sehr.

J.C.: Man sieht es nur nicht in den Medien. Können Sie sagen, warum wir Kriege haben, z.B. in Jugoslawien?

V.A.: Um die Börsen der Illuminaten zu füttern und der Trilateralen, um sie reicher und machtvoller zu machen. Und um uns in Trennung zu halten. Sie halten Nationen getrennt, damit sie sie kontrollieren können. Wenn wir alle uns zusammentun würden und sagen würden: Genug, dann wären die Illuminati und Trilateralen und alle, die uns kontrollieren wollen, am Ende. Aber wir sagen das nicht. Denn wir glauben immer noch, daß wir für unser Land sterben sollten. Da muß es einen Gewinner und einen Verlierer geben. Was völlig verrückt ist.

J.C.: Ja, daß man für humanitäre Ziele kämpft, ist schon paradox.

V.A.: Ja, das ist das, was in Jugoslawien geschieht.

J.C.: Ja, wir wollen Menschen retten und schmeißen dann Bomben und töten Leute, um welche zu retten.

V.A.: Ja, das ist verrückt. Ich war in so vielen Kriegen selber, und ich hab es damals nicht durchschaut, daß Kriege verrückt sind. Bei meiner dritten Zeit in Vietnam, da hatte ich schließlich genug.

J.C.: Glauben Sie, daß dieser Krieg in einem größeren Krieg enden könnte?

V.A.: Nein, es wird noch einen großen Krieg geben, Es wird im nahen Osten sein. Die Israelis, die Palästinenser, die Syrier und so weiter, es ist sozusagen die Nabelschnur dieses Planeten und wenn noch etwas geschehen wird in Sachen Krieg, dann wird es dort geschehen. Ich hatte Verbindung mit Außerirdischen, ein spezielles Schiff, 1975, und sie zeigten mir das ganze Szenario der Zukunft, was geschehen würde im nahen Osten. Und darum weiß ich es.

J.C.: Also die Prophezeiungen, daß ein Krieg hier in Europa stattfinden wird, daß die Russen angreifen, wird das geschehen?

V.A.: Nun, wenn man alten Prophezeiungen glaubt, dann heißt es da, daß die Chinesen angreifen würden. Die Roten Horden. Sehen Sie, das menschliche Bewußtsein, wenn es sich verändert und sagt, wir wollen das nicht, dann wird es sich verändern. Ich habe einen Vortrag, der heißt „Alte Prophezeiungen und die Zukunft". Das erste, was ich den Leuten sage, ist, daß Prophezeiungen geändert werden können. Wenn sie es nicht glauben, wird es nicht geschehen. Und in diesem Fall, nun wir sind mitten in Armageddon. Es hat begonnen.

J.C.: Aber es ist nicht das Ende der Welt, sondern eine Umwandlung...

V.A.: Nun, kürzlich hat es einen Mann in Deutschland gegeben, der die Formel gefunden hat, wie man die Prophezeiungen von Nostradamus entschlüsseln kann. Und Nostradamus mit seinen Voraussagen für 300 Jahre und mehr, das war gut. Wir gehen durch Veränderungen, ja. Und dann werden wir das Land von Milch und Honig und Licht und Liebe haben und alles, was wir haben wollen.

J.C.: Es wird viel von dem Jahr 2011-12 gesprochen...

V.A.: Ja, das ist der Maya Kalender. Nun, das ist das Ende des Bewußtseins, wie wir es kennen. Zu dieser Zeit sollten wir im Photonengürtel sein. Wir sind schon ganz nah, und deswegen haben wir diese Umwandlungen überall auf der Erde. Der Photonenring ist, wie soll ich sagen, die Heimat des Christus. Und die Strahlung des Photonenrings badet unseren Planeten in Liebe und Licht und Umwandlung.

J.C.: Christus bedeutet einen Bewußtseinszustand?

V.A.: Ja, das Christusbewußtsein.

J.C.: Also, das wird geschehen, weil es ein kosmischer Kreislauf ist?

V.A.: Ja, und es wird uns vorbereiten auf die 4. Und 5. Dimension. Zumindest ein Drittel von uns wird es schaffen, zwei Drittel nicht. Und da erhebt sich dann die Frage, was passiert mit denen? Aber das ist, wie wir vorhin schon gesagt haben, es ist wie in der Schule. Wenn man eine Klasse nicht schafft, muß man sie wiederholen.

J.C.: Also sie werden woanders inkarnieren?

V.A.: Ja, auf dem neuen Planeten Erde. Lassen Sie es mich so sagen, alles was es gibt in Gottes Schöpfung ist binär. Das bedeutet, es gibt zwei von allem. Also, es gibt zwei Planeten Erde. Einer ist in der vierten Dimension, einer in der dritten. Und wenn der Planet aus der 3. Dimension aufsteigt, dann kommt der andere aus der 4. Dimension herunter. Und da kommen dann diejenigen, die unseren Aufstieg nicht schaffen, hin. Gott hat einen ausgearbeiteten Plan für das alles. Er spielt keine Spiele, er macht es. Er ist so was wie eine Kojote, manchmal.

J.C.: Aber wir können nicht sterben...

V.A.: Ja, das Leben ist ewig. Unsterblich. Wir denken, daß wir sterben können. Aber selbst das ändert sich. Sehen Sie, ich bin 76 Jahre alt. Mein Vater wurde 44. Und ich dachte, er war ein alter Mann. Ich hab das fast verdoppelt.

J.C.: Aber wenn man stirbt, verliert man nur den Körper.

V.A.: Ja, das Bewußtsein besteht weiter. Und das Bewußtsein ist natürlich der wirkliche Teil, es ist nicht der Körper.

J.C.: Gibt es andere Quellen, die etwas über das Jahr 2011-12 sagen? Gibt es zum Beispiel Zeitreisen, die in diese Zukunft stattgefunden haben?

V.A.: Einige sagen, daß es die gibt, ich bin da nicht so sicher. Denn ich denke, die Zukunft ist hier, sie passiert jetzt gerade. Die Prophezeiungen, die es gibt, müssen geändert werden, und wir werden sie ändern, da wir Götter sind. Denken ist viel wirklicher als unser Körper. Jeder schlechte Gedanke, den Sie haben, wird aufgezeichnet. Und jeder gute Gedanke wird aufgezeichnet. Die schlechten Gedanken werden in der niedrigen Astralwelt aufgezeichnet. Und die guten Gedanken in der höheren Astralwelt. Wir müssen durch die Astralwelt, wenn wir in die 4. und 5. Dimension kommen. Und da kommt das auf uns zurück, was wir gedacht haben. Es ist nicht Gott oder Jesus, es sind Sie selber. Sie sind die Summe all Ihres Denkens. Also, jedesmal, wenn Sie einen schlechten Gedanken über etwas oder jemanden haben, dann wird das festgehalten. Und später müssen Sie sich damit befassen. Also, wenn die guten Gedanken die Negativen übertreffen, dann dürfen Sie passieren. Es gibt nicht so etwas wie Gratis-Essen.

J.C.: Also sollten wir unser Denken verändern und aufhören zu urteilen?

V.A.: Genau! Und es wird uns beigebracht. Ich habe einen Workshop, der heißt; die sieben Prinzipien. Da ist Liebe, Vergebung, Kontrolle, Urteil, Angst, schlechte Gedanken und schlechte Gefühle. Darum geht es in dem Workshop, nicht zu urteilen, nicht Angst zu haben, nicht auf die falsche Art zu lieben, nicht auf die falsche Art zu vergeben. Es gibt einen falschen und einen richtigen Weg zu lieben. Es gibt bedingungslose Liebe und Liebe, die an Bedingungen geknüpft ist. Jesus hat uns bedingungslose Liebe gelehrt. Nun, ein Beispiel, das ich gerne in meinen Vorträgen bringe, ist meine Mutter, die sagte, Junge, wenn Du das tust, dann liebe ich Dich. Das ist natürlich eine Bedingung für die Liebe, das ist Kontrolle. Und davon müssen wir natürlich wegkommen. Wir wissen das natürlich nicht besser, bevor es nicht verbreitet wird. Ich versuche jedenfalls mein Leben als ein Beispiel zu leben. Manchmal ist es frustrierend und ich denke, es sollte eine Welle über den ganzen Planeten gehen, aber das passiert natürlich nicht.

J.C.: Aber es ist toll, was sich alles verändert.

V.A.: Ja. Es wird eben alles aufgezeichnet, was wir machen.

J.C.: Sie haben vorhin darüber gesprochen, daß der Mond hohl ist und die Erde auch. Können Sie da mehr zu sagen?

V.A.: Naja, ich hab auch Vorträge darüber. Die Erde ist hohl, genau wie der Mond und jeder andere Planet auch. Wenn Sie aufhören, in Materie zu denken, es ist wie in einer Maschine, die sich schnell dreht. In einer Zentrifuge wird die Materie nach außen geschleudert. Ich erinnere mich an ein Beispiel aus meiner Jugend, ich wuchs auf einer Farm auf, und wenn ich Milch holte, guckte ich, ob keiner zusieht und dann habe ich den Eimer herum geschleudert und es ist niemals etwas herausgetropft. Und wenn ich hoch gesehen habe in den Eimer, dann hatte sich ein Loch in der Mitte der Milch gebildet. Und das ist dasselbe Prinzip bei den Planeten. Unser Admiral Byrd ist ja einmal in den Eingang am Nordpol hinein geflogen, zufällig. Es gibt zwei Eingänge zur hohlen Erde, einen am Nordpol und einen am Südpol.

J.C.: Wie groß?

V.A.: Oh, riesig, 4000 Meilen Durchmesser beim Nordpol.

J.C.: Warum erzählen sie es uns nicht?

V.A.: Sie wollen nicht. Es wird sehr streng bewacht. Da ist eine Air Force-Basis am Nordpol, die verhindert, daß jemand da rein kommt. Ich wurde mal zu einer Expedition dorthin eingeladen. Und ich sagte, sind Sie verrückt? Und sie machten diese Expedition, aber die Airforce

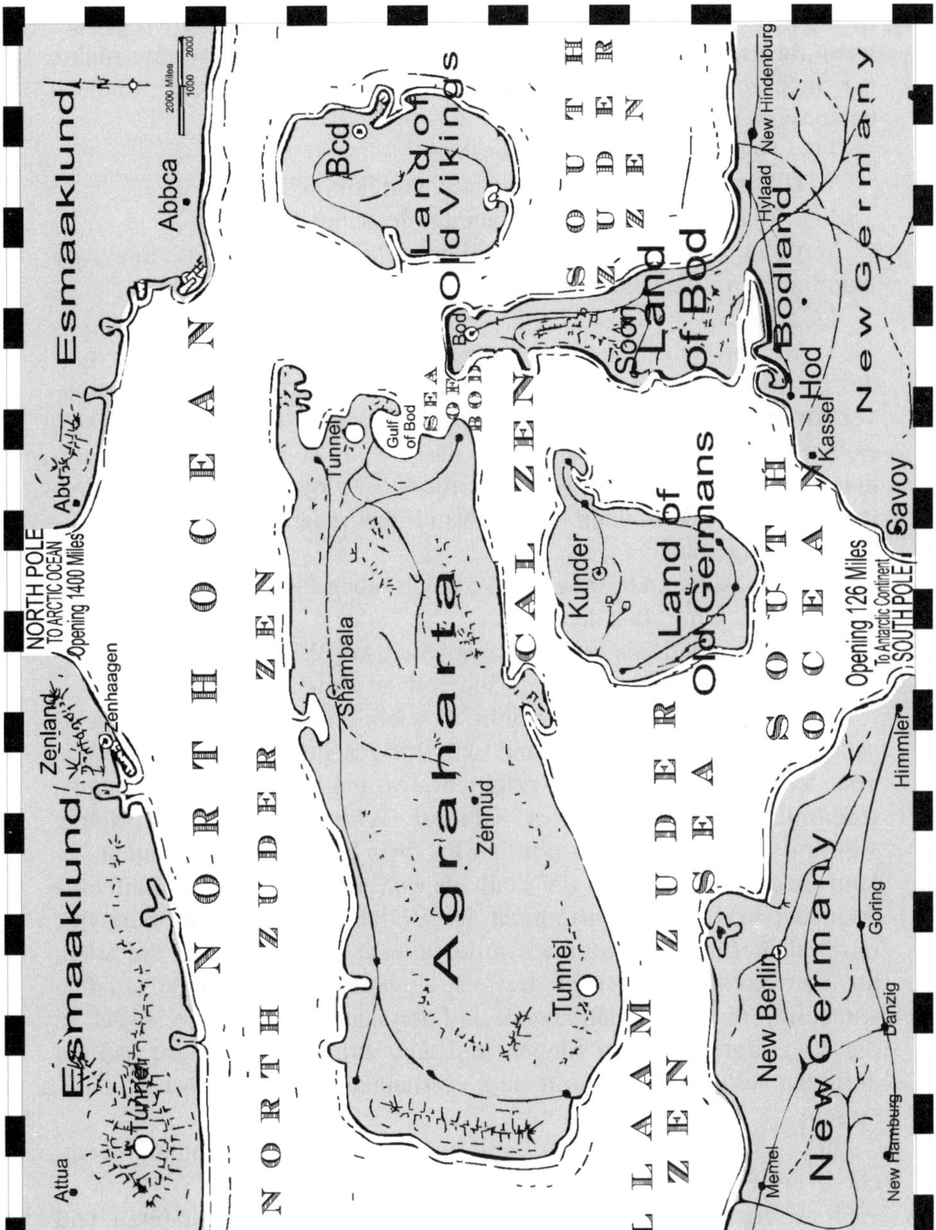
Esmaaklund
Abbca
2000 Miles
1000
2000
N
Abu
NORTH POLE
TO ARCTIC OCEAN
Opening 1400 Miles
Zenland
Zenhaagen
Esmaaklund
Tunnel
Attua
NORTH OCEAN
NORTH ZUDER ZEN
Agraharta
Shambala
Zennud
Tunnel
Tunnel
Gulf of Bod
SEA OF BOD
CAL ZEN
Land of Old Vikings
Bcd
Bod
Soon
Land of Bod
SOUTH ZUDER ZEN
Land of Old Germans
Kunder
LLAAM ZUDER
ZEN SEA
SOUTH OCEAN
Opening 126 Miles
To Antarctic Continent
SOUTH POLE
Savoy
Kassel
Hod
Bodland
Hylaad
New Hindenburg
New Germany
New Berlin
Goring
Danzig
Himmler
New Hamburg
Memel
New Germany

kam ihnen entgegen und zwang sie zur Landung. Und sie haben gesagt, wenn ihr es nochmal versucht, dann seid ihr tot. Und dieser Verrückte hat mich angerufen und hat gesagt, er versucht es noch mal, und ich hab gesagt, viel Glück!

J.C.: Haben Sie ihn wieder gesehen?

V.A.: Nein, ich hab nie wieder was von ihm gehört.

J.C.: Was ist in der Erde? Leben da Menschen?

V.A.: Ja, es gibt da unterschiedliche Völker. Haben Sie jemals von Admiral Byrds Tagebuch gehört?

J.C.: Ja.

V.A.: Nun, ich habe einen Kopie davon. Er beschrieb, nachdem er das Eis überflogen hatte, daß er Städte sah wie Hamburg, oder Hannover, Bremen, schöne Bäume, eine schöne Landschaft, keinen Schnee, es war das Paradies. Er kam kaum darüber hinweg. Er blickte auf seinen Kompaß, der spielte völlig verrückt. Er flog eine C47, eine Propellermaschine. Und dann kamen zwei Flügelrads....

J.C.: Flügelrads?

V.A.: Ja, so nennen sie es. Zwei UFOs, eben Flügelrads....

J.C.: Das klingt fast deutsch...

V.A.: ja, und als sie gingen, sagten sie „Auf Wiedersehen“.

J.C.: Also Deutsche leben im Inneren der Erde?

V.A.: Ja. Einige. Nun, es gibt da viele Zivilisationen. Die Deutschen sind ein Teil davon, und sehr fortgeschrittene Gesellschaften, von dem, was wir über sie erfahren. Die beiden UFOs übernahmen jedenfalls die Kontrolle über Admiral Byrds Flugzeug. Sie sagten, Admiral, lassen Sie die Kontrollen los. Wir fliegen sie und landen sie. Und sie taten es. Und aus der Stadt, es war eine schöne Stadt, kam eine Art Hoverkraft, es berührte nicht den Boden, und sie sagten dem Admiral, daß er an Bord kommen solle, und sie brachten ihn in die Stadt, um den Kommandanten zu treffen. Und der Admiral hatte ein Gespräch mit dem Kommandanten, und der sagte ihm, er solle zurück in die Vereinigten Staaten fliegen und dem Präsidenten sagen, daß sie aufhören sollen mit den atomaren Versuchen. Denn das stört ihr Ökosystem.

J.C.: Und wenn man eine hohle Erde hat, dann sind solche Versuche in der Erde natürlich viel gefährlicher.

V.A.: Ja, das sind sie. Also, Admiral Byrd traf den Präsidenten, und sie verlangten von ihm, daß er niemals darüber reden dürfte. Er starb, ohne darüber zu reden, weil sie ihn bedroht hatten, ihn umzubringen, oder seine Familie, wenn er darüber reden würde. Aber ein Neffe von ihm, der zu der gleichen beim CIA wie ich war, der erzählte mir einige der Sachen über seinen Onkel.

J.C.: Es gab ja noch eine andere Expedition von Admiral Byrd zum Südpol.

V.A.: Ja, richtig, zum Südpol. Das war eine große Expedition mit einem Flugzeugträger, und er mußte sich geschlagen geben. Er bekam 8 Monate Zeit, um die Deutschen dort unten zu besiegen. Denn sie waren eine Bedrohung für die Welt zu der Zeit, denn sonst hätten sie vielleicht ein viertes Reich errichtet und den Rest der Welt bekämpft und wären eine dominierende Macht in der Welt geworden. Also, Byrd kam in die Antarktis, und nach zwei Wochen war er erledigt. Er wurde mit psychotronischen Waffen geschlagen, damals kannten wir noch nicht mal psychotronische Waffen. Und es gab unsichtbare Schranken in der Luft, und die Flugzeuge der Amis flogen gegen diese unsichtbaren Barrieren und wurden zerstört. Also, er verlor Menschen und Material, und nach zwei Wochen funkte er zurück, daß er es nicht schaffen würde. Sie sind uns weit überlegen. Aber die alten Strukturen des 3. Reichs, die SS und all die Leute, starben irgendwann, und die Nachfolger von ihnen übernahmen die Macht, und ich denke, daß sie von den anderen Zivilisationen aus der hohlen Erde kontaktiert worden sind, und sie wollten nicht mehr kämpfen, nicht um die Kontrolle der Menschheit. Wenn, dann nur zur Rettung der Menschheit.

J.C.: Also sie leben in Frieden im Inneren der Erde?

V.A.: Ja, das tun sie.

J.C.: Okay, wir müssen leider zu einem Schluß kommen. Was glauben Sie, wird demnächst geschehen? Glauben Sie, daß die Regierungen uns die Wahrheit sagen werden?

V.A.: Ja, das denke ich. Ich habe das schon vor einiger Zeit gesagt, daß sie vorhaben, es zu veröffentlichen, z.B. hat Präsident Clinton mit den Astronauten gearbeitet, mit Mitchell und Cooper z.B., und er arbeitet mit der Rechten Hand von Rockefeller, Commander Scott, und Dr. Greer arbeitet mit dem Präsidenten zusammen, und sie haben Videos bereit und ihre Regierung hat sie auch. Ein Video wird gleichzeitig auf der ganzen Welt veröffentlicht mit derselben Nachricht. Die Nachricht ist; ja, wir haben Verbindung mit Außerirdischen seit 50

Jahren, und wir entschuldigen uns, aber jetzt ist die Zeit, daß Sie die Wahrheit erfahren.

J.C.: Also kann es sein, daß sie Sie reden lassen, weil sie wollen, daß die Menschen darauf vorbereitet werden?

V.A.: Ja, das ist ein interessanter Gedanke.

J.C.: Sie hätten Sie töten können...

V.A.: Ja, sie versuchten es drei mal. Aber dann haben sie mich in Berlin getroffen, das war etwa 1991 oder 92, 93, und ein Repräsentant von ihnen wollte mich treffen, und ich traf mich mit ihm, und seine Aussage war, daß die Regierung mochte, was ich tat.

J.C. Vielen Dank für dieses Gespräch, Virgil.

Soweit das Interview. Die Karte, die ich eingefügt habe, hat grundsätzlich nichts mit dem Interview zu tun. Ob sie authentisch ist, kann ich nicht sagen, füge sie aber für interessierte Forscher ein. Der Ursprung ist unbekannt.

Die Frau von der Venus

Ich muß zugeben, daß ich große Schwierigkeiten hatte, zu einem Urteil über Omnec Onec zu kommen, als ich von ihr hörte. Als ich die Gelegenheit hatte, sie persönlich kennenzulernen, dachte ich, daß ich es dann wohl irgendwie spüren würde. Ich gestehe, daß ich mir immer noch kein Bild machen konnte. Sie war nicht viel anders als andere Menschen, dazu rauchte sie, was ich nicht gerade als ein Zeichen für hohe Spiritualität deutete, nach Aussagen anderer trank sie auch gerne etwas mehr und fiel ab und an dem einen oder anderen Mann in die Arme. Von dem, was sie sagte, halte ich nichts für falsch. Ob es venusisch ist, weiß ich immer noch nicht. Nachdem ich jedoch in ihrem Buch „Ich kam von der Venus" lesen konnte, in dem ihre Geschichte beschrieben ist, kann ich mir doch vorstellen, daß sie sich hier zu jemandem entwickelt hat, der sich kaum von anderen Menschen (in der Esoterik-Szene) unterscheidet, daß sie auch negative Gewohnheiten der Menschen annahm, weil sie es sonst kaum aushalten kann. Der Verdichtungsprozeß von den feinstofflichen Ebenen zu der der Erde ist sicherlich äußerst unangenehm. Sie hatte sich aber dazu entschlossen - wie viele andere von der Venus - der Erde zu helfen. Sie wollte auch Karma damit abbauen. Sie war damals noch ein kleines Kind. Sie wurde mit einem Raumschiff nach Tibet gebracht, wo sie in einem Kloster, in dem der Kontakt mit Außerirdischen offenbar alltäglich ist, auf das Leben auf der Erde vorbereitet wurde. Dann wurde sie nach Nevada gebracht, wo sie von einer Kontaktperson abgeholt und zu einer Familie gebracht wurde, die sie aufnehmen sollte. In dieser Familie erlebte sie offenbar mehr oder weniger die Hölle. Sie wurde vom Pflegevater vergewaltigt und geschlagen. Jedenfalls lernte sie die physische Welt der Erde nicht gerade auf die angenehme Art kennen. Wenn sie nun raucht und manchmal anderen, sehr irdischen Lastern, nachgibt... nun, so kann ich es inzwischen nachvollziehen.

Hier das Interview, (übersetzt mit Hilfe von Michael Hübener.)

J.C.: Omnec, unsere Zuschauer können sich nicht vorstellen, daß es Leben auf der Venus gibt, da die Wissenschaft alles untersucht hat und behauptet, daß es dort kein Leben gibt. Ist diese Behauptung wahr, oder wird uns etwas von der Wissenschaft verschwiegen? Oder können wir das Leben dort nicht feststellen, weil es auf einer anderen Ebene ist?

O.O.: Früher war das Leben auf der Venus auf physikalischer Ebene wie jetzt hier auf der Erde. Das war vor etwa 20 Millionen Jahren.

J.C.: Das ist eine lange Zeit.

O.O.: Ja, doch jetzt ist das anders, wir leben in einer Parallelwelt oder -dimension. Dort ist sogar der Ursprung einiger alten Rassen auf der Erde. Alle Rassen auf der Erde kommen von anderen Planeten, aber das geschah zu einer Zeit, bevor Ihr mit der Geschichtsschreibung begonnen habt.

J.C.: Waren die Venusianer die ersten Besucher oder waren sie nur ein Teil verschiedener Besucher aus dem All?

O.O.: Alle menschlichen Lebewesen in unserem Solarsystem kamen aus anderen Galaxien, bevor die Erde zu einem Planeten wurde, und sie sind zum Schutze dieses Sonnensystems gekommen und dazu auserkoren, die höhere Lebensform im Universum zu sein, denn menschliche Lebensformen sind die höheren Lebensformen. Sie kolonisierten die ältesten vier Planeten im Sonnensystem, nämlich Mars, Venus, Jupiter und Saturn. Das waren die ersten vier Rassen, die auf der Erde waren. Zu guter letzt kolonisierten sie den Planeten selbst. In der heutigen Zeit leben die ursprünglichen Wesen, nicht die ersten Besucher, sondern die Nachfahren der originalen Rassen, in einer parallelen Dimension mit allen Technologien und spirituellen Vorstellungen, die wir haben. Wir können einen physikalischen Körper manifestieren, um in der hiesigen, physikalischen Welt zu leben und zu arbeiten u.s.w.

J.C.: So wie Du jetzt?

O.O.: Ja, genau

J.C.: Und wie sieht es mit den anderen Planeten aus? Ist dort immer noch Leben?

O.O.: Ja, aber nicht physikalisch.

J.C. Nicht physikalisch, aber etwa auf einer anderen Schwingungsebene?

O.O.: Ja, genau, das ist richtig. Es gibt sogar noch Spuren und alte Relikte aus vergangenen Zeiten.

J.C.: Etwa das Marsgesicht und die Pyramiden?

O.O.: Ja, genau. Einige sind entdeckt worden.

J.C.: Und auf dem Mars ist immer noch Leben, genau so wie auf der Venus, auf demselben Level praktisch?

O.O.: Ja, natürlich.

J.C.: Wie seid Ihr denn auf die Erde gekommen? Wie sollen wir uns das vorstellen? Etwa in einer fliegenden Untertasse oder in einem UFO? Wie bist Du hergekommen?

O.O.: Nun auf jedem der alten Planeten (Mars, Venus, Saturn und Jupiter) existieren die alten Städte in der jetzigen Dimension genauso wie in der physikalischen damals, und da gibt es versteckte Tempel, in denen man sich manifestieren lassen kann. Natürlich kann man dort auch eine bestimmte Reisetechnik manifestieren, die wir in der physikalischen Welt benutzen. Ich bin praktisch mit einem Raumgleiter gekommen. Überhaupt haben wir mehrere Reisetechniken, die da wären intergalaktisches Reisen, Dimensionswechsel und Zeitreisen. Ich bin mit meinem Raumgleiter per Zeitreise gekommen. Ich wurde in einer dieser Städte auf der Venus physikalisiert und in ein physikalisches Schiff gebracht, welches mich per Zeitreise zur Erde gebracht hat. Das erste Jahr nach meiner Ankunft lebte ich in Tibet in der Einsamkeit. Dort lernte ich mit der Schwerkraft umzugehen, die Sprache zu sprechen und meinen physikalischen Körper zu benutzen.

J.C.: Das ist sicher eine harte Erfahrung von einem leichten, sphärischen Leben zu einem „manifestierten, physikalischem" Leben wie bei uns auf der Erde herabzusteigen.

O.O.: Ja, ganz bestimmt. Es ist schon etwas anders in einem physikalischem Körper.

J.C.: Wie alt warst Du, als Du zur Erde gekommen bist? Warst Du schon in Deinem physikalischen Körper oder etwa in dem Zustand, in dem Du auch auf der Venus lebtest? Etwa als Reinkarnation oder in einem physikalischen Körper von der Venus?

O.O.: Optisch, nach einer Zeit, die Eurer entspricht, war ich sieben Jahre alt. In unserer Zeit war ich aber schon 130 Jahre alt. Das ist in Eurer Zeitrechnung zwar genauso lange wie bei uns, wir leben aber länger als Ihr und unser Alterungsprozeß ist wesentlich langsamer als bei Euch. Und nun bin ich nach Eurer Zeitrechnung 250 Jahre alt.

J.C.: Dafür siehst Du aber noch ganz gut aus.

O.O.: Ja. Hier auf der Erde sehe ich wie eine 50 Jahre alte Frau aus.

J.C.: Warum bist Du gekommen? Hast Du einen Auftrag, war es freiwillig oder eine Mission? Warum bist Du gekommen?

O.O.: Alle drei Gründe sind richtig. Zuerst einmal war es der Wunsch der spirituellen Hierarchie.

J.C.: Auf der Venus selbst oder wo anders?

O.O.: Die Hierarchie beherrscht und regelt das ganze physikalische Universum.

J.C.: Also überall, nicht nur auf der Venus?

O.O.: Ja, und sie hat eine ganze Menge mit dem Schicksal der Menschheit zu tun. Sie gibt die Antwort auf Leben und Tod, Seele und Meister, zuletzt auch das spirituelle Bewußtsein. Früher waren die höheren Ebene physikalisch, doch heute sind sie sphärisch, überall und nirgends im Universum.

J.C.: Also aufgestiegene Meister?

O.O.: Ja, korrekt.

J.C.: Wie Jesus?

O.O.: Genau, Jesus ist auch ein Meister. Und sie sind dazu da, die Gesellschaft an ihren Ursprung zu erinnern und ihnen die Information über die Erde und deren Lebensformen zu geben, die vor der Zeitrechnung stattgefunden haben, da die jetzige Erdenlebensform keinen Zugang zu diesem Stück Erdgeschichte hat, dieses Stück Geschichte ist hier verloren gegangen. Denn bald wird das neue Zeitalter anbrechen, das Zeitalter des Bewußtseins, die Leute auf der Erde nennen es „New Age". Deshalb müssen die Menschen wissen, warum sie hier sind und welche Gaben sie haben. Diese Information muß zurückgebracht werden, damit die Menschen ihr Verhaltens- und Wahrnehmungsmuster ändern. Wir haben alle dieselbe Vergangenheit in unseren Köpfen, keine unterschiedlichen. Selbst wir beide haben dieselbe.

J.C.: Bist Du alleine von der Venus gekommen, oder sind noch andere Venusier hier?

O.O.: Nein, nicht nur ich. Da sind noch etliche.

J.C.: Eine ganze Menge also. Aber Du bist die Bekannteste, oder warum sehen wir gerade Dich?

O.O.: Nein, ich bin dazu ausgewählt worden, um auf der Erde bekannt zu werden. Die anderen arbeiten auf verschiedenen Ebenen.

J.C.: Habt ihr bestimmte Fähigkeiten, etwa meine Gedanken oder meine Aura zu lesen?

O.O.: Nein, denn die Menschen haben ein spirituellen Verschluß um ihre Gedanken, eine Art „Schloß". Gedanken sind ihre Privatsache. Das ist nicht möglich.

J.C.: Willst Du oder kannst Du es nicht.

O.O.: Ich kann es nicht. Aber wenn die Menschen wieder in der Lage zu senden sind, dann könnten wir sie empfangen. Dann auf jeden

Fall. Die meisten auf der Erde können nicht Gedanken senden, aber einige können es.

J.C.: Haben alle Menschen auf der Erde telepatische Fähigkeiten?

O.O.: Ja, aber die meisten Menschen haben diese Fähigkeiten verlernt. Einige Menschen, die noch dazu in der Lage sind, kenne ich, und ich kommuniziere manchmal auf diesem Wege mit ihnen. Sonst nur mit denen, die auch von der Venus hier sind, oder mit Leuten, die nicht hier auf der Erde sind.

J.C.: Auf der Venus?

O.O.: Ja, um an die Information zu kommen, die ich benötige. Es ist kein Channeling, sondern persönlicher Kontakt mit Bewußtseinsebenen die ich kenne, aber... Schau, vor langer Zeit, als die Menschen auf der Erde diese Fähigkeiten noch hatten und sie noch wußten, wer sie erschaffen hatte, fand nach dem Untergang von Atlantis eine Genmanipulation an der Menschheit statt.

J.C.: Vor etwa zehntausend Jahren?

O.O.: Ja, genau, lange vor dem Christentum. Damals fand eine Invasion von Besuchern aus einem anderem Sternensystem statt. Diese Genbehandlung teilte das Gehirn der Menschen in zwei Hälften und nahm ihnen dadurch ihre Fähigkeiten, ohne Worte zu kommunizieren, sich daran zu erinnern, woher sie kamen, bevor sie auf der Erde waren, und sie erlaubten ihnen nur, die Fähigkeiten anzuwenden und zu besitzen, die sie hier auf der Erde benötigen. Diese Leute, die das getan haben, die als Invasoren auf die Erde kamen, das sind diejenigen, welche die Rassen kreiert haben und die Sprachen erfanden. Sie setzten die Schlüssel für die höheren Zustandsebenen und setzten Konflikte in die Welt. Dazu erfanden sie Gebote und stellten sich als Gottheit über das eigene Ich. Sie manipulieren und kontrollieren, und es erlaubt ihnen, die Menschen besser zu kontrollieren, seit sie ihre Fähigkeiten verloren hatten. All das Wissen, das sie vor der Manipulation hatten und alle Fähigkeiten, die sie besaßen, waren nun, bis auf einige, für die Menschen nicht mehr zugänglich. Das war eine spezielle „Elite“, die geheimen Bruderschaften, die noch die alten Fähigkeiten besitzen durften. Sie studieren und liefern Informationen über die Menschheit. Die Invasoren schürten Konflikte, führten Rassen ein und Religionen, die ein kleines bißchen Wahrheit heraus lassen.

J.C.: Also alles ist vom eigentlichem Ursprung getrennt.

O.O.: Ja, und es entstanden Konflikte auf Grund dieser Unterscheidungen durch Rassen und Religionen.

J.C.: Wer waren diese Leute?

O.O.: Nun, ich darf nicht sagen, aus welchem Sternensystem sie kommen, weil sie bemerkt haben, was sie in der Vergangenheit falsch gemacht haben, und sie sind nun dabei, durch Transformation die Erde und Menschheit zum Positiven zu verändern und zu korrigieren, was sie getan haben.

J.C.: Wie soll man sich das vorstellen? Besuchen sie uns, oder geschieht es durch Reinkarnationen?

O.O.: Ja, eine Menge sind schon inkarniert.

J.C.: Und sie wurden durch Fortpflanzung immer weiter gegeben und so gibt es immer mehr und mehr?

O.O.: Ja, und die meisten Menschen fühlen es, daß sie irgendwie nicht von dieser Welt sind, aber sie können sich dieses Gefühl nicht erklären. Aber bald ist die Menschheit transformiert, und alles wird wieder wie vor dem Genexperiment. Die Menschen werden sich vereinigen und alle Konflikte beenden, und es fängt damit an, daß sich die Warnehmungsweisen und Ansichten der Menschen ändern. Das ist es auch, was ich in meinen Workshops versuche zu erklären. Ich arbeite mit ein oder zwei Menschen. Sie müssen lernen, mit ihren Gefühlen und Bedürfnissen umzugehen. Ich bringe ihnen bei, die kontrollierten Strukturen und Ideologien zu überblicken.

Schau, wenn Du geboren wirst, ist alles festgelegt, Deine politische Ansicht und religiöse Sichtweisen, alles ist Dir gegeben, nicht durch die Sprache, die Du lernst oder durch Deine Eltern. Man wird umerzogen, aber ein kleines bißchen ist dageblieben, und das läßt die Menschen ein Individuum sein. Bei den Menschen, wo dieses Bißchen überhand nimmt und sie erkennen, was sie wirklich wollen, was sie wirklich fühlen und sie dann das Programm bekommen, welches von außerhalb kommt, dann zieht es einen großen Prozeß nach sich. Jeder reagiert individuell darauf. Ich habe auch keine Patentlösung dafür, ich kann aber ihre Sicht und Verhaltensweisen verändern und die Sichtweise der Realität, verschiedene Konzepte und Sichtweisen über sich selbst, und dann gebe ich ihnen die Schlüssel dazu, ihre wirkliche Ebene zu erlangen. Das ist es, was ich in meinen Büchern schreibe, denn nicht jeder kann meine Workshops aufsuchen.

J.C.: Aber im Grunde haben wir alle die Fähigkeit, unsere Freiheit zu erlangen und unsere eigenen Entscheidungen zu treffen?

O.O.: Ja. Deshalb habe ich auch keine Angst davor, daß der Wandel gebremst wird, denn die Menschen haben einen Drang nach freiem

Leben, zu tun, wozu sie Lust haben, ihre Religionen selbst festzulegen. Aber um das tun zu können, brauchen sie ein Basiswissen darüber, was im Grunde genau die menschliche Lebensform ist und was vor einer langen Zeit mit ihr passiert ist, sie benötigen das komplette Wissen der Menschheit. Wenn Du ihnen einen bildlichen Zustand des Ganzen gibst, wie ich es in meinen Workshops tue, dann gebe ich ihnen damit die Möglichkeit, die Welt, das Universum und sich selbst und deren Ursprung von verschieden Seiten aus zu betrachten. Nicht etwa über das physikalische Leben, aber über den Kernpunkt, das Wesentliche und den Ursprung der Lebenskraft.

J.C.: Also ist es so, daß es uns noch nicht ganz genommen worden ist, unsere Spiritualität zu entwickeln, den Zustand vor der Genmanipulation wieder zu erreichen?

O.O.: Ja, soweit das in dem von den Erbauern geschaffenen Lebensraum möglich ist.

J.C.: Also ein Teil ist manipuliert und ein anderer ist selbst gewollt?

O.O.: Nun, die Erbauer haben praktisch alle Möglichkeiten geschaffen, zu kontrollieren. Da kann man nur an das glauben, was einem gesagt wird. Sie gehen in die Religionen und Wirtschaft, kontrollieren und manipulieren.

J.C.: Aber es verändert sich?

O.O.: Ja, denn wir erleuchten die Menschheit Stück für Stück bei vereinzelten Treffen mit individuellen Patienten, um ihnen andere Denk- und Ansichtsweisen über sich selbst und ihr Universum zu geben und damit sie sich dann entscheiden können, wohin ihr Weg gehen soll. Sie müssen sich nicht entscheiden, aber sie müssen wissen, was vor dem war, bevor der Veränderer ihnen ihren Ursprung nahm.

J.C.: Das sind Informationen, die sie nicht über die Massenmedien bekommen.

O.O.: Absolut richtig. Denn bevor sie nicht diese Informationen haben, würden sie auch nicht die Schulen und Ansichten wechseln, weil sie derzeit noch zu teuer sind

J.C.: Und die Anderen wollen nicht, daß sei diese Informationen bekommen?

O.O.: Natürlich wollen sie das nicht. Sie manipulieren die Energieindustrien und das Geld. Jegliche Veränderungen würden Veränderungen in ihrem System hervorrufen, und das ist es, was sie verhindern wollen.

J.C.: Macht, Gier und Geld.

O.O.: Sicher, materielle Dinge. Sie wären nicht da, wenn sie auch nicht da wären.

J.C.: Und wie siehst Du das Ganze? Bist Du zuversichtlich in Bezug auf die Zukunft der menschlichen Rasse? Entwickeln wir uns schon dahin? Haben sich die Weltansichten schon etwas geändert?

O.O.: Wenn man den Menschen die Ideologien und Zusammenhänge in einfachen kleinen Schritten veranschaulicht wie zum Beispiel: Wenn Du einen Weg gehst, kritisiere und überprüfe ihn und gehe ihn bewußt. Du hast eine Menge verschiedene Möglichkeiten zum Leben, denn Ihr seit die einzigen Personen, die wissen, was gut für Euer Leben ist, und Ihr könnt Eure eigenen Entscheidungen treffen. Schaut nicht soviel auf andere Leute und mischt Euch nicht in deren Angelegenheiten ein, sondern schaut mehr auf Euch selbst. Ihr laßt eine Menge Konflikte entstehen, aber Ihr könnt es verhindern, wenn Ihr diesen Zustand der Kontrolle außer Kraft setzt. Nun, Ihr habt Eure Wahrnehmungen, Ihr habt Eure eigene Realität und Entscheidungen zu treffen. So laßt die anderen es tun, die haben ihren eigenen, freien Willen. Schau, jeder Konflikt entsteht, weil jemand von außen seine ganze Kraft einsetzt, um seine Ideen zu verwirklichen. Und dadurch entstehen Kontrolle und Manipulation.

J.C.: Hast Du, seit Du von der Venus gekommen bist, eine Veränderung hier im Bezug auf das Verhalten der Menschheit festgestellt?

O.O.: Ja. Mein erstes Buch habe ich in den sechziger Jahren geschrieben. Aber damals gab es noch keine Akzeptanz von anderen Dimensionen, es gab keinen Weg, auf diese Weise an die Menschen zu gelangen. Aber mit der Entwicklung der Technologien hier und Euren Satellitensystemen und den Computern und des Kommunikationssystems kam eine große Erkenntnis. Denn mittlerweile ist eine Menge von Informationen für jeden Einzelnen verfügbar. Diese Informationen haben die Menschen verändert und ein wenig geöffnet, sodaß das Verständnis für solche Dinge größer geworden ist.

J.C.: Also alles hat zwei Seiten: Informationen können manipuliert werden, können aber auch Offenbarungen bringen?

O.O.: Absolut richtig. Ihr habt die Möglichkeit zu unterscheiden und die Vorteile daraus zu ziehen.

J.C.: Haben die Venusianer so etwas wie einen Gott oder einen Schöpfer?

O.O.: Ja, wir glauben, daß alles einen Ursprung hat, also aus einer Lebensquelle entsteht, wir nennen es Energie. Diese Energie ist jene, aus dem alles Leben kommt. Alles entsteht durch eine Wiederkreation von sich selbst. Jedes Wesen lebt in sich ständig und in nie enden wollenden Kreisläufen. Und das setzt voraus, daß sich diese Kreisläufe wiederholen.

J.C.: Sind wir ein Teil davon, oder ist es hoch über uns?

O.O.: Nein, der Schöpfer ist in jedem Lebewesen selbst vorhanden.

J.C.: Das klingt nicht nach dem, was in der Bibel steht.

O.O.: Wenn Du einen Kieselstein nimmst und ihn ins Wasser wirfst, dann drängt die mittlere Energie alles zum Rand, wo anschließend die Materie entsteht. Je mehr man dann zum Zentrum geht, um so mehr schwindet die feste Materie, welche sich zu reiner Energie umkehrt. Dieses Zentrum ist dort, wo die Schöpfung entsteht. Und all die anderen Welten und Dimensionen kommen zusammen in der physikalischen Welt. Daher bekommen die Menschen ihre Informationen und machen ihre Experimente und Erfahrungen, die sie in ihrem physikalischen Körper machen. Aber in jedem von Euch steckt die Ursprungsenergie, die Seele, all diese Fähigkeiten aller Lebewesen, die nicht in dieser Dimension sind.

J.C.: Also führen wir nicht nur ein physikalisches Leben hier auf der Erde, sondern mehrere?

O.O.: Ja, denn Dein Körper ist nur ein Gefährt, ein Werkzeug, mit dem Du Deine Erfahrungen, Experimente machen kannst. Mit ihm kannst Du auf dieser Welt kommunizieren und Dich fortbewegen. Aber das eigentliche Leben ist das Deiner Seele, denn wenn Dein physikalischer Körper nicht mehr funktioniert, so bleibt dieser zurück. Die Seele aber existiert weiter in einer höheren Dimension. Und wenn sich dieser Körper dazu entscheidet, wieder in die physikalische Welt zurück zu kommen, dann nur deshalb, um Erfahrungen zu sammeln und Experimente zu machen, welche er laut Vereinbarung zu machen hat. Und das ist es, was ich in meinen Workshops lehre. Ich erkläre das ganze Konzept der Schöpfung und Eure Verbindung dazu. Auch Du bist eine nie endende Kraft.

J.C.: Und Liebe ist der Schlüssel dazu?

O.O.: Ja. Liebe ist die Kraft des Schöpfers, und sie fließt durch alles, was lebt. Ohne Liebe existiert auch kein Leben. Es ist aber die bedingungslose, uneigennützige Liebe, die ich meine, nicht etwa die Liebe, wie sie in Deiner Gesellschaft hier existiert. Wir lieben uns, weil wir sind. Aus keinem anderen Grund.

J.C.: Und nicht nach dem Motto: Ich liebe Dich, wenn Du mich auch liebst.

O.O.: Oder ich liebe Dich, wenn Du machst, was ich verlange.

J.C.: Wir haben bestimmt einige Sachen und Verhaltensweisen auf der Erde, die anders sind als bei Euch auf der Venus. Habt ihr Sex?

O.O.: Nun, im physikalischem Zustand ja. Im Zustand wie auf der Venus aber auch anders, weil wir ja keine physischen Körper haben. Wir haben die selbe „Sensation“ wie ihr. Es sind kurze Vorgänge, bei denen wir praktisch die beim Sex frei werdende Energie austauschen. Das Gefühl ist genau dasselbe wie auf der Erde, wahrscheinlich sogar etwas intensiver. Es ist also genau dieselbe Energie, die bei Euch beim körperlichem Sex frei wird und auch dasselbe Gefühl wie bei Euch, nur nicht derselbe Ablauf, mehr ein Energieaustausch, da wir ja keine festen Körper haben.

J.C.: Ich glaube, daß Sexualität ein großes Problem bei Leuten ist, die auf der Suche nach spirituellen Fortschritt sind.

O.O.: Nun, ich denke, daß Sexualität eine Funktion des physikalischen Körpers ist und sehr gesund und eine „nützliche“ Sache. Aber durch Euren Gebrauch der Sexualität löst sie nur Konflikte und Mißverständnis untereinander aus, zum einen durch moralische Vorstellungen und Unterdrückung, zum anderen durch das mangelnde Bewußtsein über diese Sache an sich. Man sollte auch keine Beziehungen auf der Grundlage der Sexualität aufbauen. Man sollte sie mehr durch emotionale, geistige Levels aufbauen, durch das Verständnis zueinander. Sexualität ist nur ein Teil vom Ganzen. Es ist zwar ein spezieller Teil einer Beziehung, doch wenn man sie nur darauf aufbaut, ist es der verkehrte Weg.

J.C.: Wir haben ja momentan eine Entwicklung bei uns, daß alle Leute in den Massenmedien über ihr Sexualleben berichten. Auf der einen Seite wird aber nur über physikalische Sexualität und nicht über Liebe geredet, auf der anderen Seite läßt es uns toleranter gegenüber verschiedene sexuelle Verhaltensweisen unter den Menschen werden.

O.O.: Nun ja, hier ist jegliche Form der Sexualität möglich. Sexualität ist für jedermann zugänglich, aber da ist auch so viel Unterdrükkung. All diese Unterdrückungen haben sozusagen den sexuellen Mißbrauch kreiert. Und es geht durch Unterdrückung weiter, und daß Ihr das so gelebt habt, dadurch ist die sexuelle Kriminalität entstanden. Und durch Verfälschung der Sexualität. Denn in Eurer Gesellschaft fehlt das Verständnis zum Schlüssel des Ganzen. Man muß in Harmonie mit sich selbst leben, die Balance aufrecht halten. Wenn man fanatisch wird, gesundheitsfanatisch, nicht trinken und kein Sex haben, weist Du, Du unterdrückst natürliche Tendenzen.

Du willst es perfekt machen, aber es gibt nichts Perfektes in dieser Welt. In dieser Welt mußt Du Dir im Klaren sein, daß Du ein physikalisches Dasein führst, daß Du die Möglichkeit hast, zu entscheiden, was positiv oder negativ für Dich ist, mit dem Gleichgewicht und dem Erkennen Eurer Grenzen, und bedenkt: jede Verfälschung der Realität ist eine Gefahr. Aber fanatisch zu werden, das ist die andere Seite von Unausgeglichenheit. Jeder muß sein eigenes, individuelles Gleichgewicht herausfinden, das kann ich niemandem vermitteln, das muß jeder selber herausfinden. Ich kann nur die Möglichkeiten dahin aufzeigen. Aber ich denke, das Richten und Kritisieren kommt immer wieder. Wenn Du perfekt bist, Du rauchst nicht, trinkst nicht und lebst gesund und ißt nur Gemüse, dann fängst Du an, auf andere Leute zu achten, die all diese Dinge tun, die Du nicht tust, dann kritisierst Du, indem Du feststellst, daß sie nicht das Richtige, so wie Du, machen, daß Du ausgewogen bist und sie nicht, schon kritisierst Du wieder. Das ist es, was ich mit der gegenseitigen Akzeptanz meine. Lasse jeden so leben, wie er es für richtig hält.

J.C.: Du meinst, wir sollen nicht über andere und deren Leben richten, sondern sie so akzeptieren, wie sie sind?

O.O.: Wir alle leben: Menschen leben, Pflanzen leben und die Tiere, sie alle sind dieselben Lebensessenzen, und niemand außer Du selbst hat darüber zu bestimmen, was Du essen willst, wie Du leben willst und was Du denkst.

J.C.: Nun, kommen wir zu einem anderen Stichpunkt, nämlich Technik oder Technologie auf der Venus: Habt ihr dort Technologien, wie wir uns das so in Science-fiction Filmen vorstellen, wie kleine Computer oder Communikatoren, Beamen, kannst Du etwas dazu sagen?

O.O.: Ja, wir haben all diese Möglichkeiten. Wir haben große Raumschiffe und Städte, kleine Flugzeuge, aber sie haben durch Frequenzwechsel und durch Wechseln der Energieform auch die Möglichkeit des Dimensionswechsels. Ja, Du kannst Dir eine Art von Science-fiction-Technologie vorstellen, aber für uns ist es eine Art natürliche Technologie, die mit der Erkenntnis kam, daß alle Energie, die wir haben, auch jene ist, die die Schöpfungsenergie ist. Sie besteht aus natürlicher Lebensenergie, einer Art Brennstoff, die keinen Raubbau am natürlichen System betreibt, eine Energieform, die in Harmonie mit dem gesamten Universum arbeitet. Eine resonanzartige, magnetische Energieform, die wir benutzen, und sie hat eine große Bedeutung in dem Gedankenprozeß, den wir vollzogen haben.

J.C.: Können wir diese Technologien auch erlangen, wenn wir spirituell besser vorbereitet sind?

O.O.: Wenn Du lernst, die Energie zu fühlen, die durch Deinen Körper 24 Stunden am Tage läuft, die von den anderen Dimensionen kommt... einige der Menschen wissen dieses, aber bei den meisten ist diese Fähigkeit versiegt. Wohin auch immer Du Deine Aufmerksamkeit lenkst, da sendest Du auch Deine Energien hin. Wenn Du Deine Energie auf die negativen Dinge des Lebens konzentrierst, auf einen Krieg etwa oder so was, wenn Du zum Beispiel Angst vor einem Krieg hast, so gibst Du ihm damit neue Nahrung oder entfachst neue Kriege mit dieser Energie. Ich bringe es den Leuten bei, sich nicht auf die negativen, sondern auf die positiven Energieformen zu konzentrieren. Statt dessen sollte man Meditationen vornehmen und sich selbst und die Erde mit Liebe segnen und dann die gemeinsame, verbindende Lebenskraft wahrnehmen, fühlen, weil man immer wieder mit seiner Angst geboren wird.

Ich zeige den Leuten, wie sie die Energie fühlen können und wo die lokalen Energiepunkte am Körper des Menschen sind, in die die Energie einfließen kann. Und dann erkläre ich ihnen die unterschiedlichen Dimensionen und was alle diese unterschiedlichen Energien in dem Menschen auslösen.

J.C.: Ist das nicht eine etwas neuere Ansicht? Die Lehre über die Chakren ist doch bestimmt älter oder?

O.O.: Nein, dieses hier ist älter, älter als die Erde.

J.C.: Du warst also nicht die Erste, die das so sagt?

O.O.: Nein, ich gebe nur eine einfache Einleitung dazu, es ist nicht kompliziert. Ich gebe jedem eine verständliche Einleitung dazu ab, damit Du die Funktion des menschlichen Daseins verstehst. Es ist nicht so abgehoben, daß Du nichts verstehst, was ich zu diesem Thema zu sagen habe.

J.C.: Du benutzt aber keine Technologien von der Venus, um die Menschen zu beeindrucken oder um ihnen zu beweisen, daß Du von der Venus bist?

O.O.: Nein, denn ich glaube nicht, daß es notwendig ist. Ich mag es auch nicht, denn dies ist eine Art Effekthascherei, das habe ich nicht nötig. Es ist schon sensationell genug, was sie über sich selbst erfahren, meine Kräfte sind nicht notwendig. Die Leute müssen nicht an meine Kräfte glauben, sondern an ihre Aufgaben und Fähigkeiten.

J.C.: Das heißt, daß die Leute blind vertrauen müssen, ohne zu wissen, ob Du echt bist und die Wahrheit sagst oder nicht?

O.O.: Nun, es ist nicht wichtig, ob sie glauben, daß ich von der Venus komme oder nicht. Hauptsache, sie kehren in sich und erkennen ihr eigentliches Dasein und verändern ihre Wahrnehmungen, Ansichten und Verhaltensweisen. Mein Wissen spricht für sich.

J.C.: Aber einige Leute werden es bestimmt nicht glauben.

O.O.: Aber ich habe einen schnelleren Herzschlag als die Menschen, ich trage meine Kinder länger als die Erdenfrauen aus, ich stelle mein eigenes Kalzium her und verarbeite es dementsprechend, wie zum Beispiel durch ewige Erneuerung der Zähne.

J.C.: Ständig neue Zähne... Können wir Menschen das auch, oder ist es eine spezielle Gabe für Euch?

O.O.: Nun, die Medizin und die Massenmedien haben Euch davon überzeugt, daß man zum Beispiel nur 65 Jahre alt wird und man danach aufhört, zu funktionieren. Sie sagen: Tu dies nicht und tu das nicht und so weiter, und die Menschen glauben es. Deshalb ist es auch so, daß die Menschen krank werden. Ich glaube nicht zu 100 % an diese Aussagen und deshalb geht es mir auch gut. Schau, ich bin ca. 50 Jahre alt, und ich fühle mich in meinem Körper, als währe ich gerade 20 Jahre alt. Ich glaube halt an meine eigene Körperheilung und habe genug eigene Energien, trinke auch ab und an etwas oder rauche Zigaretten. Ich mache es aber in Maßen und kontrolliere meine Gesundheit. Es bringt auch keine Beeinträchtigung meiner Gesundheit.

J.C.: Was kannst Du denn zu Krebs oder AIDS sagen? Woher kommen diese Krankheiten, und werden wir sie besiegen?

O.O.: Entschuldige mal, einige Krankheiten wurden, so denke ich, von Eurer Regierung veranstaltet, um die „erleuchteten" Länder hervorzuheben, die auch die „unzerstörbaren Länder" genannt werden, aber sie werden wieder zurück zu ihren Erzeugern kommen, eine Art Bestrafung für sie. Wenn sie ihre Technologien in der Gesellschaft benutzen, um damit zu manipulieren, was der Schöpfer geschaffen hat, so ist es Stück für Stück der Zusammenbruch der Zivilisation.

J.C.: Und ist die Gentechnik etwas Ähnliches? Sie wollen die Menschheit mit der Technik und dem Ergebnis beeindrucken. Sie wollen perfekte Wesen etc. schaffen.

O.O.: Das ist es, was ich sage. Die Leute müssen das Vorhandene, was schon perfekt ist, erkennen. Sie suchen aber nach dem, was nicht perfekt ist, um es zu verbessern. Das ist das, was ich bei Euch sehe. Quantität hat bei Euch Vorrang.

J.C.: Und so sind die Krankheiten, die wir haben, fehlgeschlagene Experimente?

O.O.: Nun, einige der Krankheiten entstehen durch die Medien. Sie veröffentlichen Bücher, warnen vor irgendwelchen Krankheiten und berichten hier und dort, und die Leute nehmen es auf und verinnerlichen es in ihrem Bewußtsein und produzieren somit die Krankheiten, die sie mit sich tragen, selbst. Aus der Angst heraus, selbige nicht zu bekommen und durch reines Auseinandersetzen mit Krankheiten.

J.C.: Also manifestierte Gedanken. Man denkt intensiv daran, und es passiert?

O.O.: Ja, das ist es, was ich meine: Wenn Du Dich fest genug auf etwas konzentrierst und Du unbedingt möchtest, daß das passiert, worauf Du Dich konzentrierst, so werden sich Deine Gedanken manifestieren und ein Teil von Dir und deiner Umwelt sein. Und wenn Du genau weißt, dieses oder jenes ist Quatsch oder nicht gut für mich, wenn Du sagst: heute gönne ich mir etwas, wenn Du praktisch selber bestimmst, was gut für Deine Gesundheit ist und was nicht und Du nicht an diese Krankheiten glaubst, so wirst Du viele dieser Krankheiten nicht haben. Natürlich schlagen diese zu, wenn Du übertreibst, Du zuviel genießt und Du damit Deinen Körper schädigst. Aber diese gesunde Lebenseinstellung ist auch ein guter Weg, um den Chemikern und Doktoren das Handwerk zu legen, denn noch haben die Chemie-Industrien und Ärzte hier das Sagen.

J.C.: Das wird durch Machtgier und Geld gesteuert.

O.O.: Alles basiert auf demselben Grund. Aber die Menschen leben eigentlich länger, denn sie haben ja all diese erdachten Krankheiten nicht.

J.C.: Sie sterben also nicht, wenn sie ein Alter von ca. 75 Jahren erreicht haben?

O.O.: Nein, natürlich nicht. Nicht, das ich wüßte.

J.C.: Wie bringst Du den Leuten diese Dinge bei?

O.O.: Ich mache ihnen bewußt, daß sie an die Dinge nicht glauben sollen, sondern sie sollen sie wissen. Es ist schon ein Unterschied, ob man an etwas glaubt, oder ob man etwas weiß.

J.C.: Du sagst, daß die Angst oder Furcht auch ein Teil dieser Krankheiten ist.

O.O.: Furcht ist auch ein Teil dessen. Nun, die Furcht ist das größte Werkzeug, das sie besitzen, denn sie kontrolliert alles: in den Kirchen, in den Familien, in den Schulen, man hat Angst vor dem Tode und so weiter. Furcht ist der Schlüssel jeglicher Kontrolle, und sie kontrolliert ja auch alles. Wenn Du realisierst, daß nur Dein Körper stirbt und Deine Lebensenergie weiter lebt und es praktisch ein Leben nach dem anderen gibt und Du dann Dinge lernst, die hier unterdrückt wurden und die Du hier nicht verstehen kannst.

J.C.: Also kommt man danach wieder zurück, um die Dinge zu lernen, die man nicht gelernt hat, oder wie soll man sich das vorstellen?

O.O.: Nun, Du hast die Wahl, aber Du mußt es nicht.

J.C.: Wie soll ich das verstehen? Man sagt sich: jetzt will ich wiedergeboren werden, jetzt ist es an der Zeit; oder wie geht das?

O.O.: Schau, wenn Du stirbst, oder wenn Du denkst, es geht dem Ende zu, und Du hast das Gefühl, Du mußt etwas zu Ende bringen, oder Du bist irgend eine wichtige Verbindung eingegangen, so hast Du auf Deiner Seelenreise die Möglichkeit, umzukehren, damit Du wieder die Möglichkeit hast, einzugreifen und zu handeln.

J.C.: Man sagt, daß uns so etwas wie eine Transformation bevorsteht...

O.O.: Korrekt. Angefangen hat diese Transformation 1993. Zu der Zeit haben wir die alten, versteckten Tempel auf der Erde aktiviert, sie sind die Verbindungen zu den anderen, höheren Dimensionen, und diese höheren Dimensionen senden Energie zur Erde. Sie unterrichten und beauftragen die Vögel und Insekten und andere Arten von Tieren dieser Erde, ihre Stimmen zu erheben und ihre Funktion zu erkennen. Denn die Stimmen dieser Tiere beinhalten Frequenzen, die heilend und helfend auf die Erde wirken. Es fangen kleine Gruppen an zu meditieren in verschiedenen Gegenden und Ländern. Doch der ganze Prozeß wird durch den spirituellen Urzustand vollzogen. Natürlich haben die Weltraumschiffe sie schon an verschiedenen Orten der Erde lokalisiert und senden zusammen mit Millionen von Leuten aus anderen Dimensionen und Galaxien dort Energien aus, welche die Erde wieder in ihren Urzustand versetzen werden.

Dazu entsteht ein neues Chakrensystem. Dieses wird wieder die beiden Hirnhälften in ihrer Funktionalität zusammenführen, wie vor der Genmanipulation, so werden sie ihren Ursprung, ihr eigenes Ich, ihren Schöpfer und woher sie kommen, einfach alles, erfahren. Dann wirst Du auch wieder die Fähigkeiten von einst haben, zum Beispiel auf Deine innere Stimme zu hören, wenn Du etwa jemandem begegnest und Du automatisch weißt, ob er gut oder schlecht ist. Die nächste Generation, die nach diesem Wechsel geboren wird, hat all diese Fähigkeiten dann genetisch drin, sie kommen automatisch mit ihnen zur Welt. Nun, wir sind hier, physikalisch oder in unseren Schiffen oder gar in anderen Dimensionen, um die Energie geballt auf die Erde zu schicken. Diese Energie wird die Erde in ihrer Schwingungs- bzw. Taktfrequenz aufsteigen lassen. Die Vibrationsrate wird sich erhöhen, und das wird zur Folge haben, daß all Eure Technologien nicht mehr funktionieren werden. Alles wird still sein. Das wird aber nicht von heute auf morgen passieren. Es ist ein stetiger Prozeß, er läuft ja auch schon seit 1993. Im Jahre 2000 zum Beispiel, wo alle Computer brach liegen werden, nur weil sie sie nicht richtig programmiert haben und eine Zahl vergessen haben. Das ist zwar deren Problem, nicht unseres oder Eures, aber das ist eine gute Möglichkeit, um zu üben und zu erkennen, daß man auch auf diese ganzen Sachen verzichten kann. (Offensichtlich ist dieser Jahrzweitausend-Crash nicht eingetreten, wie viele erwartet haben. Anmerkung des Autors) Denn in Zukunft werden diese Dinge nicht mehr funktionieren. Dazu kommt die politische Entwicklung. Die Politik ist wackelig und basiert auf Korruption und Schwindel. Doch nun haben Korruption und Schwindel überhand genommen. Diese Systeme werden durch das Nichtunterstützen der Systeme zusammenbrechen, wenn die Menschheit den Glauben an die Politik verloren hat, wie zur Zeit gerade. Auch wenn das Geld keinen Wert mehr hat, werden die Menschen trotzdem überleben, weil sie die Energie haben, sie sind die Kraft.

Du hast jetzt noch die ganzen Industrien und Fabriken, die alles im Monopol haben und manipulieren. Aber die Menschen, die dort zur Arbeit gehen, sind gerade diejenigen, welche die ganze Industrie am Leben halten. Sie manifestieren die schlechten Gedanken der Industrie. Aber die Menschen werden dann die Fabriken und Industrien verlassen und erkennen, daß sie diese gar nicht brauchen, sondern daß die Industrie die Menschen braucht.

J.C.: Also was kommt, ist nicht das Ende der Welt, sondern eine Veränderung. Quasi ein gedanklicher Crash.

O.O.: Ja, genau. Aber die Menschen werden wieder ihre alten Fähigkeiten besitzen, die sie hatten, denn das ganze Wissen ist ja in ihnen verankert. Dazu kommt noch, daß sie ja jahrelang für die Industrie gearbeitet haben. Sie haben die Fähigkeit, Häuser zu bauen und Gemüse anzupflanzen und so weiter. All diese Menschen werden sich wieder zusammenfinden, und schon hat man wieder eine neue Gesellschaft. Gut, es werden zwar einige Menschen dabei umkommen, allein durch Selbstmord. All die ganzen Banker und Großindustriellen, die erkennen müssen, daß das, wofür sie jahrzehntelang gearbeitet haben, und die ganzen Millionen, die dann keinen Wert mehr haben werden... Aber die verbleibende Menschheit wird die gemachten Fehler erkennen und sich ihr Vorgehen sorgsam überlegen.

J.C.: Hast Du schon die elektromagnetischen Wellen erwähnt, die durch unsere Mikrowellen entstehen, durch unsere Mobiltelefone u.s.w. Sind sie schädlich für uns? Versperren sie uns den Weg zum Kontakt?

O.O.: Ja, sie fügen Euch Schaden zu, aber es wird bald nicht mehr funktionieren. Schau, die neue Technologie wird Dir ja vorgestellt und zu Dir gebracht werden, sobald die alte nicht mehr funktioniert und der Wandel vollzogen ist. Es wird sicherlich eine Menge Panik unter den Menschen aufkommen, und das ist auch der Grund, warum ich hier bin und darüber berichte. Dann werden genug Menschen da sein, die den verängstigten Menschen helfen werden. Auch wir werden in Beratungszentren sitzen, werden ihnen Schutz und Sicherheit geben, dafür wird gesorgt sein. Außerdem kann man Informationen zur Transformation im Internet abrufen, Du kannst dort dementsprechende Meditationsweisen erlernen und Programme von dort laden, Kontakt mit anderen Personen zu diesem Thema aufnehmen. Nun, wenn der Prozeß vollzogen ist, wird diese Technologie nicht mehr funktionieren, und es wird Euch eine neue vorgestellt, mit der Ihr die Möglichkeit habt, einen anderen, neuen Weg zu gehen.

J.C.: Was für eine neue Technologie?

O.O.: Freie Energie: Magnetkraft, Sonnenenergie, all die Kräfte, die mit der Natur arbeiten oder von ihr kommen.

J.C.: Keine Elektrik? Was sonst? Etwa photonische Energie oder...

O.O.: Nun, ihr werdet eine Art magnetische Schwingungsenergieform besitzen, und wir werden die Informationen über Kristalle und deren Kräfte weitergeben, die schon seit den Schöpfungszeiten bekannt waren, es wird Heilungsmöglichkeiten geben, die von innen her kommen, durch die eigene Weiterentwicklung.

Weißt Du, es gibt eine Menge freie Energie auf der Erde. Ich besitze Listen, Bücher und Videos zu diesem Thema, aber sie dürfen nicht benutzt werden, weil die Industrie das nicht erlauben wird. Sie geben sich ja auch alle Mühe.

J.C.: Aber irgendwann wird es an der Zeit sein, wo wir diese Techniken benutzen dürfen?

O.O.: Ja, denn ich habe eine ganze Liste von den Leuten, die nur darauf warten, ihre Ergebnisse zu präsentieren.

J.C.: Das sind schöne Aussichten...

O.O.: Nun, es wird eine bessere Welt werden, aber die Übergangszeit wird schwierig werden. Es wird schon eine kleine Panik ausbrechen, und es wird Menschen geben, die diese Transformation aufhalten oder verhindern wollen. Meistens weil sie desinformiert sind und nicht wissen, was vor sich geht, und sie werden die anderen verunsichern und es selbst nicht schaffen, aber es ist ja nur ihr physischer Körper. Die Seele aber wird in die neue, bessere Welt eintreten, denn die Seele ist unsterblich.

J.C.: Helfen uns die Venusianer bei diesem Prozeß? Du sagtest, da wären auch andere hier bei uns...

O.O.: Ja, wir sind da und die Leute vom Sirius... Da sind so viele Galaxien in diesem kooperativen Prozeß mit einbezogen, vom plejadischen Sternensystem, einige sehen nicht aus wie die menschlichen Lebensformen, natürlich auch jene aus anderen Dimensionen, körperlose also, und es wird freundschaftlich sein. In jedem Land, wo wir sie antreffen, wird dieses mit Freundlichkeit geschehen.

J.C.: Was ist denn dann mit den UFO-Sichtungen, mit den kleinen Grauen, Kontaktaufnahmen und Entführungen?

O.O.: Nun, das sind alles negative Einflüsse. Sie existieren. Schau, die Regierung macht Geschäfte mit ihnen, um an deren Technologie zu gelangen, und gestattet ihnen, sich aus freien Stücken heraus Menschen zur Entführung und Untersuchung zu holen.

J.C.: Roswell war also echt?

O.O.: Ja, und die damalige Regierung machte Geschäfte mit ihnen. Auch wir haben unsere geheimen Tempel davon unterrichtet, und wir fingen an, eine Art Schutzfilter um die Erde zu bauen, damit so etwas nicht mehr passieren kann.

J.C.: Das hört sich gut an. Omnec, möchtest Du den Menschen auf der Erde noch etwas Wichtiges sagen?

O.O.: Vorstellung ist der Schlüssel zum Schöpfen, denn alles, was existiert, war vorher in Deiner Phantasie. Und wenn ihr keine Grenzen gesetzt sind, dann kann das, was Ihr Euch vorstellen könnt, auch existieren.

J.C.: Das klingt gut. Omnec, danke für das Interview, ich wünsche Dir eine schöne Zeit hier auf Erden.

O.O.: Ja, bitte schön. Ich hoffe, Du hast auch eine Menge über Dich selbst und Deine Transformation erfahren.

Sind einige gleicher als andere?

Ein Teil meiner Bücher beschäftigt sich immer auch irgendwie mit Politik, wobei auch die deutsche Vergangenheit und Gegenwart eine Rolle spielen. Ich bin deswegen mehrfach öffentlich als Rechtsextremer und Antisemit bezeichnet worden. Da ich weder den Faschismus als gutes System ansehe, noch etwas gegen Semiten jeglicher Art habe, möchte ich erneut auf die Thematik eingehen, obwohl sich Viele vielleicht fragen, warum ich das Thema nicht in Ruhe lasse. Sie werden aber sehen, daß es um globale Entwicklungen geht, die es zu erkennen gilt, daß man zukünftige Kriege nur verhindern kann, wenn man die Entstehung der bisherigen - und deren Folgen - im richtigen Kontext sieht.

Vor einigen Jahrzehnten machte man bei uns eine Hatz auf die „Linken". Nun scheint es eine Kehrtwende um 180 Grad gegeben zu haben. Man fragt sich, ob die Interessen der Mächtigen gewechselt haben, oder ob es denen egal ist, wo das Feindbild herkommt. Offenbar werden heute wie damals die gleichen Methoden angewandt, um mehr Möglichkeiten der Überwachung fordern zu können und Gesetze zu schaffen, um Kritiker ins Gefängnis zu stecken.

Für denjenigen, der hinter die Kulissen schaut, sollte es weniger wichtig sein, ob etwas links- oder rechtsextrem ist, sondern ob es wahr ist. Gerade auf Kritik an bestimmten Zielen der Neuen Weltordnung wird heute mit dem Vorwurf reagiert, diese sei rechtsextrem oder antisemitisch. Damit wird die Kritik natürlich nicht entkräftet, sondern eine Untersuchung über den Wahrheitsgehalt verhindert.

Wenn wir aus der Geschichte lernen sollen, ist es wenig fruchtbar, wenn wir in Schubladen denken. Wenn wir verhindern wollen, daß sich die Geschichte wiederholt, müssen wir auf die Genauigkeit der Informationen drängen, anstatt mit Schlagworten wie rechtsextrem und antisemitisch zu arbeiten. Lassen Sie mich ein Beispiel nennen:

Jahrzehntelang war behauptet worden, die Deutschen hätten die Massenmorde von Katyn begangen. Dort waren im Frühjahr 1940 15.000 polnische Soldaten erschossen und in Massengräbern verscharrt worden. 1943 wurde das Verbrechen von deutschen Truppen entdeckt. Seitdem hat sich jeder, der die deutsche Schuld an dem Massenmord anzweifelte, der Verfolgung durch die Behörden ausgesetzt, wurde als Leugner historischer Tatsachen und Verharmloser der Naziverbrechen bezeichnet. Inzwischen hat die russische Regierung zugegeben, daß der Massenmord von Katyn von russischen Soldaten verübt worden war. 1947 waren 7 deutsche Offiziere für dieses Verbrechen gehängt worden, obwohl bereits 1943 eine internationale Kommission und das Rote Kreuz ermittelt hatten, daß die Täter Bolschewisten waren.

Man kann sagen, daß einem das relativ egal sei, aber der Vorwurf, daß man ein Nazi sei, wenn man die historischen Ereignisse möglichst richtig betrachten will, ist armselig. Ist Revisionismus eine rechtsextreme Bestrebung? Will jemand, der auf die Genauigkeit der geschichtlichen Darstellung drängt, den Faschismus schöner machen, als er war? Will er historische Tatsachen leugnen? Oder genügt es, zu sagen, daß die Nazis ja nun anerkanntermaßen die schlimmsten Verbrecher waren, die es jemals auf diesem Erdenrund gegeben hat und daß es daher nicht sosehr darauf ankommt, ob in dem einen oder anderen Einzelfall Ungenauigkeiten vorliegen? Ich denke, daß man nur aus der Geschichte lernen kann, wenn man die Vorgänge möglichst genau und wahrheitsgetreu darstellt. Jede Einseitigkeit wird wieder zu einer Unbalance führen, die erneut die Gefahr in sich birgt, in irgend ein Extrem auszuschlagen.

Es geht bei meiner Arbeit auch darum, vor zukünftigen Kriegen zu warnen. Deswegen ist es wichtig, daß wir die Hintergründe vergangener Kriege ohne Scheuklappen betrachten können. Die Gründe für Kriege sind sehr komplex und niemals monokausal. Wie wir im Kosovo-Konflikt gesehen haben, gibt es sehr viele unterschiedliche Meinungen dazu und sehr viele Gründe für oder gegen einen Einsatz. Die wahren Gründe erfahren wir meistens nicht. Es wird jedoch offensichtlich, daß sehr viel mit öffentlicher Meinung und mit Manipulation derselben, also Propaganda, gearbeitet wird. Dies gilt auch für alle anderen Kriege.

Wenn Sie glauben, daß ich meine geschichtlichen Kenntnisse von „Ewiggestrigen" beziehe und die Verbrechen der Vergangenheit verharmlosen will, dann will ich im Folgenden einen Juden zu Wort kommen lassen, der Kritik an bestimmten Organisationen übt.

Für ein englischsprachiges Buch ist es ungewöhnlich, daß es bei deutschen Internetbuchhändlern unter den Top 100 rangiert. Norman Finkelsteins Buch „The Holocaust Industry" ist es gelungen. Finkelstein lehrt an der City University of New York. Seine Eltern überlebten das Dritte Reich in KZ´s, während fast seine gesamte Verwandtschaft umkam. Die Nazis zu entlasten, ist also mit Sicherheit nicht sein Anliegen. Dennoch schreibt er, daß die Sonderbehandlung der Opfer des Holocaust nicht gerechtfertigt sei. Durch diese Sonderrolle alle Welt mit Wiedergutmachungsforderungen zu überziehen, würde zu einem Anstieg des Antisemitismus führen.

Natürlich litten seine Eltern unter den Erinnerungen an ihre Zeit in den KZs, dennoch wurden sie skeptisch, als ab 1967 das Thema propagandistisch ausgeschlachtet wurde, immer mehr „Überlebende" auftauchten, enorme Gelder flossen - allerdings nicht unbedingt an die Opfer. Während der ersten zwanzig Jahre nach dem 2. Weltkrieg wurde nicht viel Aufhebens über den Holocaust gemacht. Die Alliierten brauchten Deutschland als Bollwerk gegen die kommunistische Gefahr. Der Staat Israel wurde gegründet und mehrere Kriege gefochten. Der arabisch-israelische 6-Tage-Krieg im Juni 1967 war laut Finkelstein ein Wendepunkt, der den Holocaust (der auf einmal im Englischen mit einem großen H geschrieben wurde) in den Mittelpunkt amerikanisch-jüdischen Lebens rückte. Die militärische Macht der Israelis hatte die Araber besiegt, und damit waren sie zu einem ernstzunehmenden Partner der USA gegen die arabische Welt geworden. *„Um diesen strategischen Vorteil zu schützen, „erinnerte" sich die amerikanische jüdische Elite an den Holocaust,"* schreibt er.

Obwohl die übliche Geschichtsschreibung es so sieht, als kämen die Erinnerungen an den Holocaust auf, da man sich den Arabern gegenüber der Gefahr eines zweiten Holocaust ausgesetzt sah, schreibt Finkelstein, daß die militärische Übermacht Israels im Voraus klar war und die „Holocaustindustrie" erst danach aufkam. Für ihn war es ein Unglück, daß der Holocaust als Druckmittel entdeckt worden war, da man nun durch die Erinnerung an die Opfer jedwede finanzielle und militärische Unterstützung moralisch erzwingen konnte.

Als 1973 die Rückgabe von Land an die Araber, das im Krieg von 1967 erobert worden war, unausweichlich schien, erhöhte die „Holocaust Industrie" ihre Produktion, schreibt Finkelstein auf Seite 27. Er zitiert den Israelischen Autor Boas Evron: *„Holocaust-Bewußtsein ist demnach eine offizielle, propagandistische Indoktrination, die Slogans und eine falsche Sicht auf die Welt am laufenden Band produziert, deren Ziel jedoch nicht ein Verständnis der Vergangenheit ist, sondern eine Manipulation der Gegenwart."*

Der Holocaust wurde zu einem einmaligen, mit nichts zu vergleichenden Ereignis hochstilisiert, während Finkelstein berechtigterweise meint, daß man, um die Einmaligkeit festzustellen, ihn schon mit anderen Verbrechen der Geschichte vergleichen müsse. Die Argumente für die Einzigartigkeit des jüdischen Leidens durch den Holocaust würden ständig wechseln, da keines für sich selber stünde, sondern nur durch die Unantastbarkeit der Argumente aufrecht erhalten würde. *„Jene, die den normalen vergleichenden Prozeß wissenschaftlicher Untersuchung praktizierten, müssen erst durch tausend und ein Stolperloch, um die Anschuldigung der Verharmlosung des Holocaust abzuwehren,“* zitiert Finkelstein Chaumont. Daß historische Forschung dadurch schwierig, ja fast unmöglich wird, bedauern Historiker schon länger. *„Das Dogma hat Israel eine totale Lizenz verliehen: da Nichtjuden den ständigen Wunsch hätten, Juden zu ermorden, hätten Juden jedes Recht, sich zu verteidigen, egal mit welchen Mitteln.“* Kritik an der atomaren Rüstung Israels blieb, wie sonst bei anderen Staaten üblich, also aus.

Finkelstein schreibt, daß die Dogmen, auf denen die Geschichte des Holocaust basiert, weitgehend wissenschaftlich wertlos seien. Er erwähnt die Bücher über Einzelschicksale im Holocaust, die später als reine Erfindung entlarvt wurden. Das Buch „The Painted Bird“ des polnischen Emigranten Jerzy Kosinski beschreibt seine Vergangenheit als während des zweiten Weltkriegs allein durch Polen ziehenden Kindes, dabei lebte er während dieser Zeit bei seinen Eltern. Kosinsky beschreibt in quälender Genauigkeit Momente sadistischer, sexueller Folter, die er angeblich erlebte, die aber erfunden waren. Holocaust-Überlebender Elie Wiesel pries das Buch als beste Anklage über die Nazi-Ära, und viele andere beklatschten die „authentische“ Beschreibung Kosinskis. Selbst als der Schwindel entlarvt war, verteidigte man den Autor noch, da er, wenn er die Dinge auch nicht wirklich erlebt, so doch „seelisch erlitten“ habe. Auch Benjamin Wilkomirskis Buch „Bruchstücke“ baut auf Kosinkis Werk auf, beschreibt, wie er in ein Waisenhaus kam und ständig damit konfrontiert wurde, daß ihm niemand seine schrecklichen Kindheitserinnerungen glauben wollte und jeder behauptete, er hätte alles erfunden. Diese „Autobiographie“ wurde millionenfach verkauft, gewann etliche Preise und wurde in etliche Sprachen übersetzt, bis man herausfand, daß Wilkomirski den zweiten Weltkrieg friedlich in der Schweiz verbracht hatte und nicht einmal jüdisch war. Dennoch dauerte es lange, bis die Verlage das Buch zurückzogen, und noch heute wird Wilkomirski hofiert.

Holocaustüberlebender Elie Wiesel würde durch die Weltgeschichte tingeln, um für die Gage von 25000 Dollar plus chauffierte Limousine Vorträge zu halten, moniert Finkelstein. Um geschichtliche Genauigkeit ginge es ihm nicht, und er sagt selber, vor der Einmaligkeit des Holocaust könne man nur schweigen.

Jedes Anzweifeln der Echtheit von Erinnerungen von Holocaustüberlebenden würde als antisemitisch bezeichnet und hieraus eine eigene Literaturgattung gemacht. Auf den Vorwurf, von der falschen Seite beklatscht zu werden, schreibt Finkelstein: *"...es gibt keinen Hinweis, daß Holocaust-Leugner mehr Einfluß in den Vereinigten Staaten haben als die Flache-Erde-Gesellschaft. Bei dem ganzen Nonsens, den die Holocaust-Industrie ständig vom Stapel läßt, ist es ein Wunder, daß es nur so wenige Skeptiker gibt."*

Während man kurz nach dem Krieg noch von einigen Hunderttausend Überlebenden ausging und es heute kaum mehr ein Viertel davon sein könnten, steigt die Zahl der Holocaust-Überlebenden nach seiner Beobachtung ständig an. Finkelsteins Mutter sagte dann auch öfter: *„Wenn jeder, der ein Überlebender zu sein behauptet, wirklich einer ist, wen hat Hitler dann umgebracht?"*

Selbst Leute aus der Holocaust-Industrie würden manchmal über paradoxe Verhältnisse staunen, wie z.B. Deborah Lipstadt, die sich darüber wunderte, daß fast jeder Holocaust-Überlebende behauptet, von Josef Mengele persönlich untersucht worden zu sein. Finkelstein beschreibt, wie ein Schreiber auf einer Holocaust-Webseite behauptete, obwohl er die Kriegszeit in Tel Aviv verbrachte, er doch ein Holocaust-Überlebender sei, da seine Großmutter in Auschwitz gestorben sei.

Im Holocaust ginge es nun auch nur noch um jüdische Opfer. Obwohl auch die Zigeuner einen ebenso hohen Bevölkerungsanteil durch die Nazis verloren hätten, würden in für teures Geld überall errichteten Holocaust-Museen die nicht-jüdischen Opfer nur marginal erwähnt. *„Den Völkermord an den Zigeunern anzuerkennen, hätte einen Verlust der jüdischen Exklusivität des Holocaust bedeutet, mit einem erheblichen Verlust an jüdischem „moralischem Kapital,"* schreibt er.

Die Deutschen hätten nach dem Krieg fast ganz ohne Druck Unsummen an Wiedergutmachungen gezahlt. Während die Deutschen bei den Verhandlungen mit der Jewish Claims Conference darauf bestanden hätten, daß die Gelder nur an Überlebende ausgezahlt würden, wurden die Gelder später für jüdische Gemeinden und allerlei schwer nachvollziehbare Projekte ausgegeben. Finkelsteins Eltern bekamen etwa 3500 Dollar Entschädigungen, während er aufzählt, welche Gehälter sich die Aktiven der JCC einverleibten. Als die Conference unter Beschuß kam, schnaubte Rabbi Arthur Hertzberg, es ginge nicht um Gerechtigkeit, sondern um Geld. *„Wenn die Deutschen oder Schweizer zögerten, Entschädigungen zu zahlen, könnten die Himmel nicht mal den selbstgerechten Zorn des organisierten amerikanischen Judentums aufhalten. Wenn die jüdische Elite jedoch jüdische Überlebende beraubt, kämen keine ethischen Fragen auf: es geht ja nur ums Geld,"* schreibt Finkelstein.

Auch die Schweizer bekamen das Ausmaß jüdischer Forderungen massiv zu spüren, als ein israelischer Journalist ein (wie sich später herausstellte, fehlinterpretiertes) Dokument zitierte, das angeblich bewies, daß Schweizer Banken verwaiste jüdische Konten hielten, die Gelder aus der Naziära in Milliardenhöhe enthalten sollten. Nach Prüfung durch die Schweizer Banken fand man 775 verwaiste Konten mit einer Gesamtsumme von 32 Millionen Dollar. Dies war natürlich bei weitem nicht das, auf was sich die Jüdischen Organisationen eingestellt hatten. Finkelstein zitiert den juristischen Berater Gregg Rickman, sie hätten die Schweizer Banken in *„den Gerichtssaal der öffentlichen Meinung gezwungen, wo wir die Zielsetzung bestimmten. Die Bankiers waren auf unserem Spielfeld, und wir waren praktischerweise Richter, Schöffen und Henker."*

Dann kam die Sache mit dem Nazigold auf. *„Der WJC (World Jewish Congress) brauchte eine emotionale Verbindung zwischen dem Holocaust und der Schweiz."* Es wurden Untersuchungskommissionen eingesetzt, bestehend aus Schweizer Bankiers und Jüdischen Mitgliedern, *„doch bevor diese überhaupt mit der Arbeit begannen, machte die Holocaustindustrie Druck auf die Schweiz."* Die Schweizer wollten die Ergebnisse der Kommissionen abwarten, aber die WJC-Vorderen machten Druck: *„Mein Problem ist die Zeit,"* sagte der Alkohol-Milliardär Bronfman vor dem House Banking Committee. Die Überlebenden würden langsam aussterben. Auf die Idee, von seinen eignen Milliarden vorübergehende Erleichterung zu schaffen, kam er allerdings nicht, stellt Finkelstein fest.

Er beschreibt das Dilemma der Holocaust Industrie: Würden die Untersuchungsausschüsse tatsächlich die verlassenen Konten auffinden, würden die Erben direkt entschädigt werden, und die Jüdischen Organisationen würden nichts davon abbekommen. Das Angebot der Schweiz vom Februar 1997, 200 Millionen Dollar freiwillig zu zahlen, stieß nur auf höhnische Verachtung. Die jüdischen Organisationen spielten alle Karten aus: Sammelklagen und ökonomischen Boykott. März 98 warnte Bronfman: *„Es ist zu einem Punkt gekommen, wo es entweder eine Lösung gibt oder einen totalen Krieg!“*

Die Schweizer, die schon 500 Millionen Dollar aufgewendet hatten, um die öffentlichen Attacken ganzseitiger Zeitungsanzeigen gegen Schweizer Banken abzuwehren, boten 600 Millionen Dollar an. Abraham Foxmann, Anti-Defamation-League-Vorstand, dazu: *„Dieses Ultimatum ist eine Beleidigung für die Erinnerung der Opfer, die Überlebenden und jene in der Jüdischen Gemeinde, die sich im guten Glauben, eine Lösung zu finden, an die Schweizer gewandt haben.“*

Schließlich einigte man sich darauf, daß die Schweiz 1,25 Milliarden Dollar zahlen würde. Während man noch zuvor darauf hingewiesen hatte, daß täglich Überlebende sterben würden, hatte man es nach der Unterzeichung der Zahlungsverpflichtung scheinbar nicht mehr eilig. In einem Interview mit dem britischen Sender Sky News, das fast zwei Jahre nach der Zahlung der Schweizer stattfand, betonte Finkelstein noch einmal, daß noch kein Penny an die Opfer ausgezahlt worden sei, obwohl man damals darauf gedrängt habe, da jeden Tag bedürftige Opfer sterben würden.

Der Untersuchungsausschuß, der die verwaisten Konten erforschen sollte, legte in seinem Abschlußbericht dar, daß die geschätze Gesamtsummer der Konten, über die Informationen gefunden werden konnten, sich auf 170 bis 260 Millionen Dollar belaufen würde. Man habe einen großen Teil zuordnen können, obwohl auch noch ein Anteil ungeklärter Fälle besteht. Finkelstein macht darauf aufmerksam, daß die amerikanischen Anwälte, die so sehr die moralischen Tugenden einfordern, ganz andere Maßstäbe anlegen, wenn es um amerikanische Versäumnisse geht. Denn es gäbe ebenso viele verwaiste jüdische Konten auf amerikanischen Banken. Auf israelischen Banken übrigens auch, wie er erwähnt. Ebenso hätte sich Amerika bei der Hilfe für jüdische Flüchtlinge während des Krieges kaum besser verhalten als die

Schweiz. Diese hat ebensoviele Flüchtlinge in ihr kleines Land gelassen wie die gesamte, riesige USA.

Die moralische Pflicht, sich seiner Vergangenheit zu stellen, die die Holocaust Industrie ständig einklagt, würde zu nichts verblassen, wenn man an Wiedergutmachungen für Afro-Amerikanische Sklavenarbeiter erinnert. *„Schwarze im amerikanischen Süden erlitten die gleichen legalen Nachteile und waren viel größerer spontaner und sanktionierter, öffentlicher Gewalt ausgesetzt als die Juden im Vorkriegsdeutschland." (Seite 145)"Verbrechen offizieller Feinde, wie das Blutbad der Roten Khmer in Kambodscha, die Sowjetische Invasion in Afghanistan, die Irakische Invasion in Kuwait und die serbischen ethnischen Säuberungen in Kosovo erinnern an den Holocaust, Verbrechen, an denen die USA beteiligt ist, nicht."*

Gizella Weizhaus, die erste, die wegen eines verlassenen Kontos geklagt hatte, entzog ihrem Anwalt Fagan das Mandat. Dessen Gesamtrechnung beläuft sich auf 4 Millionen Dollar. Finkelstein zitiert die New Yorker Jewish Week: *„Jüdische Gruppen und Überlebende ziehen nun die Glacéhandschuhe aus, um einen Teil der 1,25 Milliarden Entschädigung der Schweizer in die Finger zu bekommen."*

Nach dem Erfolg in der Schweiz wandte man die gleiche Masche wieder auf Deutschland an. (Österreich wird auch ganz nebenbei noch um ein paar Millionen ärmer.) In Sammelklagen forderten die jüdischen Organisationen 20 Milliarden Dollar von Deutschland. In ganzseitigen Zeitungsanzeigen in Amerika wurden deutsche Unternehmen öffentlich angeprangert, assoziative Verbindungen hergestellt, z.B. zwischen Josef Mengele und dem Pharma-Riesen Bayer. Auch die Zwangsarbeiter kamen wieder aufs Tapet, obwohl Deutschland schon Zig-Milliarden an Wiedergutmachungszahlungen an die Jewish Claims Conference gezahlt hatte, die die Zwangsarbeiter eingeschlossen hatte. Nach der jüngsten Deutschen Zahlungszusage würde jeder jüdische Zwangsarbeiter 7500 Dollars erhalten, viel weniger als das, was sie schon längst hätten erhalten können, wenn die JCC das ursprünglich für diese Zwecke erhaltene Geld entsprechend verteilt hätte, schreibt Finkelstein. Er wundert sich über die wundersame Vermehrung der Zwangsarbeiter: *„In anderen Worten, die Zahl der noch lebenden jüdischen Zwangsarbeiter stieg fast um das Zehnfache, und das Verhältnis zwischen Nichtjüdischen und Jüdischen Zwangsarbeitern verschob sich drastisch. Tatsächlich, wenn man der Holocaustindustrie Glauben* *schenken will, sind heute mehr Jüdische Zwangsarbeiter am Leben als vor einem halben Jahrhundert."*

Inzwischen haben die Jüdischen Organisationen den Osten Europas entdeckt, nur mit dem Unterschied, daß es in der Öffentlichkeit nicht so viel hermacht, von Habenichtsen Entschädigungen zu verlangen wie von reichen Schweizer Bankiers. Deswegen würden die Forderungen an diese Staaten ohne Medienrummel betrieben. *„Polnische Offizielle befürchten, daß die Forderungen die Nation in den Bankrott treiben könne"*, zitiert Finkelstein die *Jewish Week*.

„Das organisierte, amerikanische Judentum hat den Nazi-Holocaust ausgeschlachtet, um Kritik an Israel und seiner eigenen, moralisch fragwürdigen Politik zu verhindern. Diese Politik weiterzuverfolgen, bringt Israel und das amerikanische Judentum in eine strukturell verhängnisvolle Position: Das Schicksal von beiden hängt nun an einem dünnen Faden, der zu der regierenden amerikanischen Elite führt. (...) Die nobelste Geste für jene, die umkamen, ist, ihre Erinnerung zu bewahren, von ihrem Leiden zu lernen, und sie schließlich in Frieden ruhen zu lassen."

Natürlich hat sich Finkelstein bei jüdischen Organisationen keine Freunde gemacht. Viel öffentliche Häme wird über ihm ausgeschüttet. Der Piper Verlag hat angekündigt, das Buch in deutsch heraus zu bringen, bekam aber schon die Proteste von Sprechern der Juden in Deutschland zu hören. Das heißt, die jüdische Lobby setzt sich dafür ein, die Veröffentlichung eines Buches von einem jüdischen Autor in Deutschland zu verhindern. Ob es also eine deutsche Ausgabe geben wird, bleibt abzuwarten.

Ich habe all dieses nicht geschrieben, weil ich eine „klammheimliche Freude" über diese Diskussion empfinde. Es geht darum, daß wir aus der Geschichte nur lernen können, wenn wir sie richtig dargestellt bekommen. Und daß die Bereitschaft zur Wiedergutmachung, die Deutschland seit mehr als 50 Jahren zeigt, gewürdigt wird und weitere Zahlungen an die wirklich Betroffenen gehen.

Für die Forschung und jeden einzelnen sollte es weiterhin weniger wichtig sein, ob eine Aussage aus einer rechtgerichteten Quelle kommt, sondern ob sie zur Klärung der historischen Tatsachen beiträgt.

Ist es rechtsextrem, Ignatz Bubis, der in seiner Biographie beschreibt, wie in der polnischen Stadt Deblin die Nazis in die Straßenbahn kamen und wahllos jüdische Fahrgäste erschossen, darauf hinzuweisen, daß es in Deblin gar keine Straßenbahn gab?

Die Wahrheit steht für sich selber, da brauchen wir keine Meinungspolizei im Internet oder in den Buchläden. Wir müssen Lügen von Rechtsextremen genauso richtigstellen können, wie alle anderen Lügen. Unsere Erziehung sollte uns gefestigt genug gemacht haben, um nicht auf haßerfüllte Propaganda hereinzufallen. Daher brauchen wir sie nicht zu zensieren – sie erledigt sich von selbst, wenn wir ihr die Wahrheit entgegenhalten.

Es ist leicht, jemandem Meinungsfreiheit zuzubilligen, wenn die Meinungen unseren ähneln. Es ist schwer, Meinungsfreiheit auch für die zu fordern, die Meinungen haben, die uns empörend, ja abstoßend und widerlich erscheinen. Aber genau darum geht es bei Toleranz und Meinungsfreiheit. Und ein bißchen Zensur ist wie ein bißchen schwanger. Wir müssen die von Wahrheitsliebe getriebenen Auf-Rechten unterscheiden von den von Haß getriebenen, gewaltbereiten Rechten, die es aber in Deutschland nicht häufiger gibt als in anderen Ländern.

Im Sommer 2000 begann eine enorme Berichterstattung über grassierenden Rechtsextremismus in Deutschland. Obwohl die Statistiken kaum einen Anstieg ausweisen konnten, entstand der Eindruck, als würden in Deutschland ständig Ausländer verfolgt und mitunter einfach wegen ihrer Hautfarbe verprügelt oder gar ermordet. Ein Bombenanschlag in Düsseldorf löste sofort den Verdacht aus, daß es sich um rechtsextreme Täter handelte, obwohl die Polizei bis heute keinen einzigen Hinweis darauf hat und auf den Fahndungsfotos sogar zwei ausländische Mitbürger zu sehen sind, die lt. Polizei dem Umfeld der Russenmafia zuzuordnen sind! Die Zuordnung von Gewalt nach rechts geschieht heute so schnell, wie zu RAF-Zeiten nach links.

Es wurden die Vorschläge gemacht, daß Firmen Rechtsextreme entlassen können, daß die Post Briefsendungen mit rechtsextremen Inhalt nicht befördern muß, die NPD verboten werden soll usw. Im Zuge der Angst vor den Rechten werden nun demokratische Tugenden über Bord geworfen, die sogar im Grundgesetz verankert sind.

Unsere Gesetze reichen völlig aus, um rechte Gewalttäter zu bestrafen. Da ich selber schon als Rechtsextremer bezeichnet worden bin, sehe ich die Entwicklung mit Sorge. Denn es werden nicht nur die Menschen als rechtsextrem bezeichnet, die wirklich gewalttätig sind, Ausländer verachten und dumpfe politische Vorstellungen haben, sondern auch genau diejenigen, die sich für die Freiheit und gegen Ausgrenzung einsetzen. Ausländer auszugrenzen, einfach weil sie Ausländer sind, ist erbärmlich. Das Ausgrenzen von kritischen Deutschen, die man nun einfach als rechtsextrem bezeichnet, ist jedoch keinen Deut besser.

Wer die politischen Hintergrundmächte erkannt hat und die globalen Bestrebungen zu recht kritisch beäugt, wird allzuoft in diese Ecke gestellt. Die Meinungsfreiheit, die ja sonst so hoch geachtet wird, wird schon seit Jahren massiv eingeschränkt, wird nun aber mit der gesamten Macht und Propaganda der Massenmedien mit den finstersten Kapiteln der Geschichte verbunden. So entstehen bald die Verhältnisse aus Orwells 1984er Staat, in dem die Begriffe so lange vertauscht werden, bis aus gut böse und aus einem totalitären Staat im Sprachgebrauch der freieste Staat überhaupt wird, weil das Wahrheitsministerium es so bestimmt hat.

Gesinnungsschnüffelei wird wieder hoffähig, und während wir denken, es ist ja gut, gegen rechts zu sein, wird die Demokratie abgeschafft und damit die Möglichkeit zur Kritik am Staat.

Im Ausland, in Ländern, in denen sonst kaum je etwas über Deutschland berichtet wird, wird die Berichterstattung über den galoppierenden Rechtsextremismus natürlich begierig aufgenommen und das Bild des häßlichen Deutschen weltweit wieder gefördert. Dies sind sehr besorgniserregende Entwicklungen, aber wie wir ja schon gesehen haben, machen die Mächtigen sowieso mit uns, was sie wollen, und heute können sie jeden Krieg, den sie machen wollen, mit einer Propaganda gegen einen „bösen" Staat, in dem die Menschenrechte mißachtet werden, für „gut" erklären. Auch gegen rechts zu sein, macht jeden, der in dieser Richtung hetzt, automatisch zum guten Menschen. Daß wir auf diese Weise jedoch unsere eigene Freiheit beschneiden und die Demokratie zu einer Farce verkommen lassen, merken die Massen offenbar nicht. Die Bilder des alltäglichen Fernsehens wirken wie Hypnose auf unser Unterbewußtsein. Wenn man es nun schafft, diejenigen, die erkennen, welches Spiel da gespielt wird, in eine Ecke zu stellen, mit der – zu recht – niemand etwas zu tun haben will, haben wir George Orwells Staat in Reinkultur.

Es ist noch gar nicht so lange her, da mußten Schwarze in den USA dafür kämpfen, daß ihr Lebensrecht und ihre Gleichberechtigung anerkannt wurden. Wir bewundern Martin Luther King jr. und seine Leute, die gewaltfrei für ihre Gleichberechtigung kämpften. Sie setzten sich in Restaurants, die „Whites only" waren und ließen sich so lange von der Polizei abführen und zusammenschlagen, bis ihr Recht auf Leben anerkannt wurde. Viele Freiheitskämpfer verloren ihr Leben durch die Hände eines lynchenden Mob. Die Apartheit in Südafrika ist noch nicht lange beendet. Das Bolschewistische System, dem mehrere Zigmillionen Russen zum Opfer fielen, ist zum Glück Vergangenheit, genau wie die Verfolgung und der Mord an Minderheiten durch das faschistische System des Dritten Reichs.

Wir sehen die Gefahr für die Freiheit von den Rechtsextremen kommen, weil es das in unserer Geschichte bereits gegeben hat. Mit dem Blick auf die Drohung von rechts dürfen wir aber nicht vergessen, daß die Unfreiheit auch von anderen Seiten drohen kann. Die Kommunisten hatten ebenso Systeme der völligen Unfreiheit geschaffen. Die Bolschewisten vernichteten fast die gesamte russische Mittelschicht und (systemkritische) Intelligenz. Auch in der ehemaligen DDR konnte jeder Nachbar ein Spitzel des Systems sein und jeden diffamieren.

Während heute die Gefahr von rechts propagiert wird, dürfen wir nicht vergessen, daß unter diesem Deckmäntelchen vermummte Autonome durch die Straßen ziehen und Schaufensterscheiben zerschlagen. Die Massenmedien berichten nur selten darüber, daß auch linke Gruppen mit Baseballschlägern ihre politischen Gegner zusammenknüppeln. Es wird nicht über die Fälle berichtet, wenn die Polizei zusah, wie Rechte von Linken zusammengeschlagen und getreten wurden. Doch sind diese Fälle nicht genauso bedenklich wie Angriffe auf Ausländer?

Der Verfassungsschutz hat seine V-Männer auch unter den Rechtsextremen. So berichtet der SPIEGEL 28/2000, daß ein wegen Mordversuchs an einem Asylbewerber verurteilter Neonazi dem brandenburgischen Verfassungsschutz jahrelang als V-Mann gedient hatte. Die Gefahr ist – wie damals bei der RAF – groß, daß diese Gewalttaten provozieren, um eigene Erfolge zu erzielen. Es wurden schon des öfteren Verfassungsschützer enttarnt, die in rechten Gruppen zu Gewalttaten animierten und Sprengstoffe anlieferten. Die Jerusalem Post brachte am 14.8.2000 einen Artikel, in dem deutlich wurde, daß nach der Öffnung der Mauer Stasi-Agenten in deutsche Neonazi-Organisationen eingeschleust wurden, um dort Anschläge gegen jüdische Einrichtungen und andere Gewalttaten zu provozieren.

Die einseitige Ausrichtung der Massenmedien ist so eindeutig wie die der Politiker. Als die FPÖ in Österreich an die Macht kam, sah man die rechte Gefahr einziehen. Österreich wurde, trotz demokratisch gewählter Regierung, als undemokratisch verbannt. Israel zog empört seinen Botschafter ab, weil nun eine angeblich ausländerfeindliche Regierung gewählt war. Aber wie ist denn die Politik in Israel? Ausländerfreundlich? Wie wird da mit Arabern umgegangen, mit Palästinensern, denen das Land gehörte, bevor der Staat Israel gegründet wurde? Sie können dort jederzeit verhaftet und gefoltert werden. Wir verschließen die Augen vor alltäglichem Rassismus und Gewalt dort, weil es sich um die Opfer unserer Väter handelt. Aber indem wir jeden Kritiker des Antisemitismus bezichtigen, schaffen wir den Deckmantel, unter dem weiterhin Gewalt und Intoleranz blühen können.

Bestimmte Meinungen, die man in einem liberalen, demokratischen Staat wohl haben dürfte, dürfen heute nicht mehr ungestraft öffentlich geäußert werden, weil sie angeblich rassistisch, ausländerfeindlich, antisemitisch sind. Wir müssen aufpassen, daß wir mit dem Blick auf Rechts nicht die Unfreiheit vergessen, die wir uns selber errichten, wenn wir neue Verbote und Kontrollen schaffen.

Wenn wir heute Demonstrationen verbieten wollen, obwohl die Behörden wissen, daß sie friedlich geplant sind, auch wenn die dahinter stehende Ideologie uns nicht gefällt, dann sollten wir bedenken, daß das Recht auf (friedliche) Demonstration eines der wenigen Mittel der Bevölkerung gegen die Willkür von Machthabern ist. Im Moment laufen überall auf der Welt, gerade in den sogenannten demokratischen Staaten, Bestrebungen, demokratische Rechte einzuschränken, wobei rechtsextreme Gewalt als Grund dafür angegeben wird.

Wir dürfen bei der Gefahr von rechtsextremer Gewalt nicht ein Klima schaffen, in dem vermummte Linke ungestraft selber Gewalttaten begehen können. Sonst müssen wir eines Tages wieder Sit in´s machen, um für unsere Freiheit in unserem eigenen Land zu kämpfen.

Um es noch einmal klar zu machen. Ich bin nicht national eingestellt. Ich sehe, daß alles Leben Teil von Gott ist und somit keiner besser oder schlechter ist, auch keine Nation oder Volk. Dennoch sind Bestrebungen im Gange, die dazu führen, daß bestehende Gesellschaftsstrukturen zerstört werden, um eine neue Weltordnung zu schaffen, die keineswegs auf Frieden, Wohlstand und Freiheit basiert. Diese

Bestrebungen werden von jenen verfolgt, die die Menschen ausbeuten wollen und am besten gleich global.

Natürlich stellt man die positiven Ziele dieser Neuen Weltordnung immer voran, wenn es darum geht, sie durchzusetzen. Gegen Rechtsextreme zu sein, ist demnach positiv, anstatt zu sagen, gegen Gewalt zu sein, wäre positiv.

Eine intakte Familie ist den Machthabern viel zu schwer zu kontrollieren, da aus solch einer Familie Stärke und Rückhalt entspringt. Was teilweise als rechtsextrem und nationalistisch bezeichnet wird, ist oft nur der Widerstand gegen die Bestrebungen der Neuen Weltordnung, bei denen viele natürliche Ordnungen zerstört werden. Eine interessante Aussage machte Jan. J. Kagedan, Direktor für Regierungsbeziehungen der jüdischen B´bai B´rith Loge im Toronto Star vom 26.11.1991: *„Die Erinnerung an den Holocaust ist das Hauptelement der Neuen Weltordnung."*

Sie werden an meinem Verstand zweifeln, wenn ich Ihnen sage, daß es in Berlin wieder eine kommissarische Vertretung des Deutschen Reichs gibt. Ich schreibe dies nicht, weil ich mir so etwas schon immer gewünscht hätte, sondern weil die Zusammenhänge äußerst interessant sind: Es ist bekannt, daß das Deutsche Reich nie aufgehört hat, zu existieren. Nach völkerrechtlicher Auflassung sowie nach Vereinbarung der Siegermächte (Potsdamer und Londoner Protokolle) und Urteilen des Bundesverfassungsgerichts ist die Bundesrepublik Deutschland nicht Rechtsnachfolger des Deutschen Reiches. Entsprechend haben wir mehr als 50 Jahre nach dem Krieg noch keinen Friedensvertrag. Demontagen und Zahlungen, die die BRD und die DDR im Laufe der Jahrzehnte nach dem 2. Weltkrieg geleistet haben, wurden nicht mit befreiender Wirkung für die Kriegsschulden des Deutschen Reichs geleistet und werden als Reparationen nicht angerechnet. Reparationen oder eine Wiedergutmachung der Kriegsschäden des 2. Weltkriegs können deshalb nur in einem Friedensvertrag zwischen den Siegermächten und einer Regierung des Deutschen Reichs geregelt werden.

Die kommissarische Regierung des Deutschen Reiches wurde von den Siegermächten eingesetzt, um möglicherweise in Bälde in Kraft gesetzt zu werden, um Reparationsforderungen zu regeln. Die Amtsträger der Kommissarischen Regierung Deutsches Reich seien auf den Oberbefehlshaber der vier Siegermächte, dem SHAEF-Gesetzgeber USA (Supreme Headquarters Allied Expeditionary Forces) als oberste

Gesetzgebungsinstanz in Deutschland vereidigt. (Also dem amerikanischen Präsidenten.) Es gelte die Weimarer Verfassung und die SHAEF Gesetzgebung.

Angeblich kann man von der kommissarischen Vertretung des Deutschen Reichs Reisepässe und Führerscheine bekommen. Das Problem ist, daß die meisten Beamten von diesen Dokumenten natürlich nichts wissen. Die höher gestellten Beamten größerer Orte seien aber über die Rechtsgültigkeit der Papiere informiert worden. In den Medien ist verschiedentlich über die kommissarische Regierung berichtet worden, zumal es kuriose Rechtsstreitigkeiten zwischen Behörden der Bundesrepublik Deutschland und Vertretern der kommissarischen Vertretung gegeben hat.

Angeblich wurden zwischen den USA und den übrigen Siegermächten nach Ende des 2. Weltkrieges Geheimverträge geschlossen, wonach die Wiederaufbauhilfen der USA von der Bedingung abhängig sind, daß ein vereintes Europa und eine europäische Einheitswährung unter der Kontrolle der USA eingeführt werden. Da die EU sich offenbar nicht der Kontrolle der USA unterwirft und der Euro von den USA unabhängig eingeführt wird, planen die entsprechenden Kräfte unter Federführung der USA, die EU und das Eurosystem zu stören, indem man die Bundesrepublik Deutschland, die angeblich ohnehin seit der Wiedervereinigung nicht mehr legal existent ist, abschafft und die kommissarische Vertretung des Deutschen Reichs in Kraft setzt. Das ist die Idee eines Europa unter der Kontrolle der USA.

Aus einer Verlautbarung der kommissarischen Vertretung geht hervor: *1) Die Existenz des Staates Deutsches Reich ist völkerrechtlich und mit Bundesverfassungsgerichtsurteilen 2BvL6/56, 2Bvfl/73 und 2BvR373/83 unwiderruflich festgestellt.*

2) Die Existenz der Kommissarischen Reichsregierung ist durch Urteil des Sozialgerichts Berlin S/56 Ar239/92 und Landessozialgericht Berlin L14Ar50/92 festgestellt.

3) Durch Urteil des Sozialgerichts Berlin S72 Kr 433/93 wurde festgestellt, daß der Einigungsvertrag vom 31.08.1990 ungültig ist.

4) Der territoriale Geltungsbereich des Grundgesetzes ist spätestens mit der Streichung des Artikels 23 am 23.09.1990 im Bundesgesetzblatt erloschen. Das heißt: Die Bundesrepublik Deutschland ist de jure seit diesem Datum nicht mehr existent.

5) Der Vertrag über die abschließende Regelung in bezug auf Deutschland („2+4 Vertrag) vom 12.9.1990 ist nichtig, da weder ein besatzungsrechtliches Provisorium Bundesrepublik Deutschland noch ein besatzungsrechtliches Provisorium Deutsche Demokratische Republik über die Grenzen Deutschlands verhandeln kann. Deshalb wurde dieser Vertrag im Übereinkommen zur Regelung bestimmter Fragen in bezug auf Berlin vom 25.09.1990 aufgehoben. Im Bundesgesetzblatt 11 1990 auf Seite 1274 heißt es im Pkt. 6 der Präambel: Die deutsche Souveränität in bezug auf Berlin wird nicht berührt. Im Artikel 2 heißt es: Alle Rechte und Verpflichtungen der alliierten Behörden bleiben in jeder Hinsicht nach deutschem Recht in Kraft. (...)

6) Da Artikel 53 und 107 der UN-Charta („Feindstaatenklausel") immer noch gilt und Deutschland einen fälligen Friedensvertrag mit den Siegermächten des 2. Weltkrieges schließen muß, kann nur eine vom Volk legitimierte handlungsfähige Regierung des Deutschen Reiches den Friedensvertrag unterschreiben.(...)

7) Im Artikel 146 des Grundgesetzes heißt es: Dieses Grundgesetz, das nach Vollendung der Einheit und Freiheit Deutschlands für das gesamte deutsche Volk gilt, verliert seine Gültigkeit an dem Tage, an dem eine Verfassung in Kraft tritt, die von dem deutschen Volke in freier Entscheidung beschlossen worden ist. In welchen Grenzen diese Verfassung in Kraft tritt, steht im Artikel 116 des GG. (...)

8) Weil ein Grundgesetz nach Artikel 43 Hager Landkriegsordnung dem Grunde nach ein Gesetz zur Aufrechterhaltung von Ruhe und Ordnung in einem militärisch besetztem Gebiet für eine bestimmte Zeit und keine vom Volk gewählte Verfassung ist, muß sich Artikel 146 des GG zwangsläufig erfüllen. (...)

Auf Veranlassung des SHAEF-Gesetzgebers sei im Juli 1990 das Wiedervereinigungsgebot aus der Präambel des Grundgesetz gestrichen worden, ebenso der ursprüngliche Artikel 23, in dem der Geltungsbereich des Grundgesetzes definiert ist, nämlich für die alten Bundesländer. Der Geltungsbereich wurde vor dem Beitritt der DDR gestrichen! Das würde bedeuten, daß das Grundgesetz nicht mehr existent sei, da es keinen Geltungsbereich habe. *„Nach Auffassung des SHAEF-Gesetzgebers ist die BRD 1990 de jure erloschen und gilt völkerrechtlich als Diktatur, weil sie ohne Verfassung regiert wird, die „Vereinigung" mit der DDR gilt nach dieser Auffassung als „Annektion".*

Es gibt ein Extraheft des „Magazin 2000“ mit weiteren Einzelheiten zu dieser Thematik.

Ich schreibe dies alles nicht, weil ich mir ein Deutsches Reich herbeisehne, sondern um aufzuzeigen, daß es recht kuriose Bestrebungen gibt, von denen die meisten Menschen nicht viel erfahren. Ob es tatsächlich soweit kommt, wie die Amerikaner es gerne sehen würden, bleibt abzuwarten. Wenn es zu einer Regierung des Deutschen Reichs kommt, sollte uns bewußt sein, daß dies eine Bestrebung der Amerikaner ist, um Deutschland zu kontrollieren und Reparationsforderungen stellen zu können. Andererseits ist damit natürlich auch die Chance für einen Friedensvertrag und für eine vom Volk in freier Selbstbestimmung gewählte Verfassung gegeben.

Wahrscheinlich sind die Globalisten nicht besonders erbaut, daß die Europäische Gemeinschaft sich offenbar von den Amerikanern unabhängig entwickelt. Bestimmte Entwicklungen in Deutschland und Europa könnten damit zusammen hängen, daß die amerikanischen Globalisten uns für unser eigenmächtiges Handeln bestrafen wollen.

Das heißt aber nicht, daß das vereinte Europa ein unabhängiger Bund ist. Die Abhängigkeiten sind nur sehr schwer zu erkennen.

Der Vertrag von Maastricht sieht zwar vor, daß Länder beitreten können, aber es gibt im gesamten Vertragswerk keinen einzigen Satz darüber, daß Länder auch wieder austreten können, wenn sie merken, daß das Europa doch nicht ihre Interessen vertritt. Und genau das ist zu erwarten. Der Vertrag von Maastricht wurde von Staatsmännern unterzeichnet, ohne daß sie das Votum ihrer Bürger zu dieser Entscheidung hatten. Und die Bürger haben nicht mehr viel demokratischen Einfluß auf die europäische Regierung.

Wenn das amerikanische Ostküstenestablishment, das mit der Entwicklung der EU offenbar nicht glücklich ist, nun das Deutsche Reich wieder einsetzen will, um Sand ins Getriebe Europas zu streuen, darf man wirklich gespannt sein, was in den nächsten Jahren auf uns zu kommt.

Gesundheit ist machbar

Gesundheit ist für viele Menschen zu recht das höchste Gut. Andere haben jedoch andere Prioritäten und setzen ihre Gesundheit für Vorteile, die ihnen das Ego diktiert, aufs Spiel.

Über die verschiedenen Ansätze habe ich schon mehrfach geschrieben: die einen halten Viren, Gene, Hormone und chemische Balance für das A und O der Gesundheit, andere glauben, daß der Geist sich den Körper baut und demnach Krankheit und Verfall erst auftreten, wenn der Geist diese Gedanken manifestiert.

Wie bei vielen meiner Ansichten ist es schwer, zu beweisen, wie sich geistige Vorgänge auf die physische Welt auswirken. Letztlich ist es jedem selber überlassen, welche Sichtweise ihm näher ist. Ich will Ihnen an einem Beispiel verdeutlichen, wie die Wahlmöglichkeiten des Glaubens sind: Viele Menschen haben Angst vor Hautkrebs. Sie fürchten, daß die Strahlen unserer Sonne potentiell gefährlich sind, und propagieren Schutz durch Sonnencremes und -öle. Statistiken weisen jedoch aus, daß die Zahl der Hautkrebsfälle gerade dort am höchsten ist, wo am meisten Sonnenschutzmittel verkauft werden. Die Frage ist natürlich, kaufen die Menschen dort mehr Mittel, weil so viele Menschen in der Region Hautkrebs bekommen, oder ist vielleicht sogar der Schutz die Ursache für die Häufung der Krankheitsfälle.

Ich gehe ja bei meinem Weltbild davon aus, daß alles sinnvoll und kaum etwas aus Willkür geschieht. Was halten Sie von dieser Sichtweise; da die Sonne unser natürlicher Lichtspender ist, wird ihre Strahlung kaum giftig sein. Also müßte sich der Mensch natürlicherweise auch auf eine mehr oder weniger starke Sonneneinstrahlung einstellen, ohne krank zu werden. Die Augen nehmen die Informationen des Sonnenlichts auf und der Körper stellt sich dann auf diese Strahlung ein. Wird dem Körper jedoch z.B. beim Tragen von Sonnenbrillen die Information über die Intensität des Sonnenlichts vorenthalten, kann sich der Körper nicht darauf einstellen. Wenn die Haut dann doch einer intensiven Bestrahlung ausgesetzt ist, ohne daß der Körper sich darauf einstellen konnte, kommt es zu Krankheitserscheinungen der Haut.

Sicher, das ist völlig unwissenschaftlich. Ich kann es nicht beweisen und will es auch nicht behaupten. Aber vielleicht erscheint es Ihnen ja irgendwie einleuchtend. Auch ich trage oft eine Sonnenbrille, aber eben absichtlich auch sehr häufig nicht. Ich genieße die Sonne und fühle mich sehr viel wohler, von ihr beschienen zu werden, als bei regnerischem Wetter Trübsal zu blasen. Auf Sonnenschutzcremes verzichte ich, zumal bekannt ist, daß die meisten Mittel der Kosmetikindustrie keineswegs unschädlich sind. Wie hoch mein Hautkrebsrisiko ist, weiß ich nicht. Ich habe Vertrauen in das, was die Natur uns anbietet. Vielleicht liege ich schief und muß irgendwann doch Krankheiten erleiden. Nun gut, aber ich übernehme die Verantwortung für mich selber und für meine Gesundheit.

Natürlich ist es auch naheliegend, daß das Sonnenlicht in unserer Welt durch radioaktive Strahlung, Ozonloch, Gifte in der Luft und elektromagnetische Belastung nicht mehr unbedingt genauso gesund ist, wie es sein sollte. Dennoch glaube ich, daß der Mensch ein sehr anpassungsfähiges Wesen ist, das über große Selbstheilungskräfte verfügt und nicht so einfach umzubringen ist – es sei denn, man legt es gezielt darauf an.

Was ich aufzeigen wollte, ist, daß Sie die Möglichkeit haben, das eine zu glauben oder das andere. Wenn Sie Angst vor Krankheit haben und glauben, daß man im medizinischen Bereich doch eher auf die Fachmänner hören sollte, ist das völlig okay. Aber wie sagte schon Voltaire: *„Ärzte schütten Medikamente, von denen sie* wenig *wissen, zur Heilung von Krankheiten, von denen sie* weniger *wissen, in Menschen, von denen sie* nichts *wissen."*

Jedoch gibt es sogar Ketzer unter den Ärzten, die meinen, daß man ihnen lieber nicht über den Weg trauen sollte. Das Buch „Trau keinem Doktor" ist von einem Doktor, nämlich Dr. Mendelsohn. Er schreibt z.B.:

...Man sollte Ärzten im allgemeinen mit dem gleichen Mißtrauen begegnen wie Gebrauchtwagenhändlern.

...Wenn Sie naiv genug sind, einmal im Jahr zur sogenannten Vorsorge-Untersuchung zu gehen, kann schon die Gereiztheit der Sprechstundenhilfe oder die bloße Anwesenheit des Arztes ausreichen, Ihren Blutdruck so zu steigern, daß Sie bestimmt nicht mit leeren Händen nach Hause gehen. Mit antihypertonischen (blutdrucksenkenden) Mitteln ist dann wieder ein Leben „gerettet". Und wieder ein Sexualleben beendet! Denn Impotenz wird weit häufiger durch medikamentöse Therapie verursacht als durch psychische Probleme.

Denn der Gebrauch eines Stethoskops birgt zweifellos große Ansteckungsgefahr von einem Patienten auf den anderen. Dabei gibt es kaum eine ernsthafte Krankheitserscheinung, die nicht genausogut ohne Stethoskop diagnostiziert werden kann.

Dr. Mendelsohn ist der Ansicht, daß Ärzte eine Art Religion aufgebaut haben, an die man glauben kann oder nicht. Aufgrund seiner Erfahrungen behauptet er, Ärzte würden nicht viel anderes machen als auf den blinden Glauben ihrer „Schäfchen" zu zählen und im Grunde eigentlich nur mit einer erheblichen Unverfrorenheit von ihren eigenen Fähigkeiten überzeugt sein können.

...Inzwischen glaube ich, was wohl auch die meisten Ärzte — bewußt oder anderswie — erkennen, daß nämlich die Patienten diese Berührungen mit dem sakralen Instrument brauchen.

...Angenommen, eine Mutter kommt mit ihrer kleinen Tochter zur jährlichen Vorsorge-Untersuchung. Das Kind hat keinerlei Anzeichen irgendeiner Krankheit. Aber der Arzt hört in seinem Stethoskop ein „funktionales Herznebengeräusch" — ein harmloses Herzgeräusch, das man bei mindestens einem Drittel aller Kinder irgendwann einmal feststellen kann. (...) Sie werden dann vielleicht von einem Kinder-Herzspezialisten zum nächsten laufen, die alle ein EKG nach dem anderen machen, die Brust röntgen oder gar Herzkatheter einführen. Und alle wollen sie der Mutter helfen, „der Sache auf den Grund zu gehen". Außerdem haben Untersuchungen gezeigt, daß Eltern, bei deren Kindern ein solches Herznebengeräusch festgestellt wurde, gewöhnlich zwei Dinge tun: Sie schränken die Bewegungsfreiheit des Kindes ein und erlauben ihm keinen Sport, und sie halten das Kind an, mehr zu essen. Das sind natürlich die beiden schlimmsten Dinge, die sie tun können! Sie machen buchstäblich Herzkrüppel aus ihren Kindern.

Dr. Mendelssohn war selber lange Jahre in Kinderkliniken tätig und stellte viele Untersuchungen einfach in Frage, da er überzeugt war, daß sie eher schadeten als nutzten und nur gemacht wurden, weil schließlich jede Untersuchung Geld bringe und die Patienten von der Notwendigkeit der Vorsorge überzeugt worden waren.

Noch viel beeindruckender als das Stethoskop ist das Elektrokardiogramm, kurz EKG genannt — kaum mehr als ein teures elektronisches Spielzeug für den Arzt. Schon vor über zwanzig Jahren haben Tests ergeben, daß in zwanzig Prozent der untersuchten Fälle die Diagnosen der EKG-Experten nicht übereinstimmten, und daß bei ebenfalls zwanzig Prozent ganz andere Werte gemessen wurden, wenn dieselbe Person ein zweites Mal untersucht wurde. Die Tageszeit, was man gerade vorher gemacht hat und vieles mehr kann die Meßwerte erheblich beeinträchtigen. In einem der Tests wurden auch EKG-Untersuchungen an Fällen von nachgewiesenem Myokardinfarkt durchgeführt. Nur bei einem Viertel konnte das EKG den Infarkt positiv anzeigen, bei der Hälfte unentschieden und beim übrigen Viertel sogar negativ. Und bei einem anderen Test mit ausnahmslos gesunden Personen fielen die Messungen bei mehr als der Hälfte hochgradig abnormal aus.

...Meine Vorstellung ist keinesfalls übertrieben. Im Gegenteil: In den „modernen" Herz-Spezialabteilungen gibt es sogar elektronische Geräte, die „korrigieren" den Herzschlag des Patienten selbständig, indem sie bei elektronisch angezeigtem Bedarf Herzstöße erzeugen. Mir sind genügend Fälle bekannt, wo solch ein Gerät sich für „Bedarf" entschied, obwohl das Herz des Patienten ganz normal schlug.

Und dann erst das Elektroenzephalogramm, kurz EEG! Das ist zwar ein ausgezeichnetes Instrument, um bestimmte krampfartige Störungen und Gehirntumore festzustellen und zu lokalisieren. Aber nur wenige, die es benutzen, sind sich auch seiner Beschränkungen bewußt. Ungefähr zwanzig Prozent klinisch nachgewiesener Fälle von meist conischklonischen Krämpfen wie bei der Epilepsie weisen ein ganz normales EEG auf. Andererseits haben fünfzehn bis zwanzig Prozent absolut normaler Leute ein völlig unnormales EEG. Bei einem der Tests wurde demonstriert, wie unzuverlässig das EEG ist. Gehirntätigkeit zu messen: Angeschlossen an den Gipskopf einer Schaufensterpuppe zeigte das Gerät „lebendig" an.

Speziell Kinder sollten nur in den wirklich gefährlichen Fällen zum Arzt geschickt werden, da das meiste, was man aus übertriebener Wissenschaftsgläubigkeit für nötig halte, weitgehend überflüssig sei. Und schon der Vorgang der Geburt sei inzwischen zu einer riskanten Sache gemacht worden, obwohl Jahrmillionen lang Tiere und Menschen sich auch ohne Ärzte hervorragend fortpflanzen konnten.

Einer Untersuchung zufolge sind Kinder, deren Geburt elektronisch kontrolliert wurde, zu fünfundsechzig Prozent anfälliger für spätere Verhaltens- und Entwicklungsstörungen.

Selbstverständlich ist, was die werdende Mutter fühlt und will, zweitrangig. Der Herr Doktor bestimmt. Er bestimmt auch den Zeitpunkt der Geburt, nämlich dann, wenn es ihm am besten paßt. In vielen Kliniken ist die künstlich eingeleitete Geburt zwischen neun und siebzehn Uhr längst die Regel. Der Arzt geht dabei nur von seinen Berechnungen aus, wann das Baby „fällig" ist — und die können bis zu sechs

Wochen falsch sein! Er leitet die Wehen ein, ganz wie es ihm beliebt, und nicht etwa, wenn das Kind bereit ist, sich durch den Geburtskanal zu zwängen. Wehen-Einleitung kann direkt zum Kaiserschnitt führen; denn ein Kind, das zur Geburt noch nicht bereit ist, zeigt mehr abweichende Herzsignale auf dem Bildschirm — die Notsignale des frühgeburtlichen Herausgeschmissenwerdens.

Die gefährlichen Folgen der eingeleiteten Geburt reichen von fötalen Lungendefekten bis zur Verhinderung normalen Wachstums und normaler Entwicklung. Vier Prozent aller Säuglinge, die in Intensivstationen für Neugeborene behandelt werden müssen, sind medizinisch eingeleitete Geburten. Und auch die Mütter enden nach Geburts-Einleitungen viel häufiger auf den Intensivstationen. Bei der Hälfte aller Frauen mit Kaiserschnitt kommt es zu Komplikationen; und die Müttersterblichkeit ist sechsundzwanzig mal so hoch wie bei Vaginal-Geburten. — Nach all dem sollte man den Fötal-Monitor doch eigentlich treffender in Fatal- Monitor umbenennen.

...Viele Geburtshelfer bestehen immer noch auf Röntgen, wenn sie sich nicht zutrauen, die Embryolage mit den Händen zu ertasten. Und das, obwohl kindliche Leukämie in exakt nachgewiesenem Zusammenhang mit vorgeburtlicher Röntgenbestrahlung steht.

Zu Tausenden treten jetzt Schilddrüsenschäden, viele davon krebsartig, bei Leuten auf, die vor zwanzig bis dreißig Jahren einer Bestrahlung im Kopf-, Nacken- oder oberen Brustbereich ausgesetzt waren.

Ärzte mit angeblicher Spezialausbildung in Mammographie (einer röntgendiagnostischen Untersuchungsmethode der weiblichen Brust) konnten Brustkrebs auf den Röntgenbildern auch nicht genauer feststellen als ihre ungeschulten Kollegen. Schon vor über dreißig Jahren hatte ein Test ergeben, daß vierundzwanzig Prozent der Röntgenologen ein und dasselbe Brustbild ganz unterschiedlich beurteilten, sogar bei Fällen ausgeprägter Krankheit. Einunddreißig Prozent von ihnen stimmten nicht einmal ihrem eigenen ersten Urteil zu, wenn sie dieselbe Aufnahme im Laufe des Tests noch einmal vorgelegt bekamen! In weiteren Studien von 1955 wurden von Röntgenaufnahmen mit eindeutigen Abnormalitäten in der Lunge zweiunddreißig Prozent als negativ fehldiagnostiziert. 1959 stimmten dreißig Prozent der Experten bei der Beurteilung von Röntgenbildern mit den übrigen Experten nicht überein, und zwanzig Prozent stimmten bei Wiedervorlage nicht einmal mit ihrem eigenen, ersten Urteil überein! Und schließlich zeigte eine Studie der Harvard-Universität von 1970, daß das gängige Maß an

Nichtübereinstimmung unter Röntgenologen immer noch bei mindestens zwanzig Prozent lag.

In den meisten Arzt- und Zahnarztpraxen ist aber das Röntgen immer noch heilig. Immer noch gehen Hunderttausende von Frauen jedes Jahr zu Brustdurchleuchtungen, und dies, obwohl wissenschaftlich nachgewiesen und in der Öffentlichkeit wohlbekannt ist, daß die Mammographie selbst mehr Brustkrebs verursacht als bereits vorhandenen aufdeckt!

...Medizinische Laboratorien arbeiten so ungenau, daß es ein Skandal ist. 1975 meldete die zentrale Gesundheitskontrolle CDC (Center for Disease Control), ihre Überprüfungen von Laboratorien in den gesamten U.S.A. hätten ergeben, daß zehn bis vierzig Prozent ihrer bakteriologischen Tests ungenügend waren; dreißig bis fünfzig Prozent verschiedener, einfacher chemischer Kliniktests falsch ausfielen; zwölf bis achtzehn Prozent der Blutgruppen- und Bluttypenbestimmungen ebenso wie zwanzig bis dreißig Prozent der Hämoglobin- und Blutserumtests gepfuscht waren. Insgesamt wurden fehlerhafte Resultate in mehr als einem Viertel aller Tests festgestellt.

Die Macht der Ärzte habe sich verselbständigt und die Ausbildung führe dazu, daß der Student lerne, sich skrupellos gegen seine Mitstudenten durchzusetzen und niemandem zu trauen. Sie würde aus der Angst zu versagen eine gewisse Arroganz geboren, die sich später vom Mitstudenten auf den Patienten verlagert, dem man nur „beikommen" könne, wenn man sich nicht in die Karten schauen lasse und sich keinerlei Unsicherheiten anmerken lasse.

Ärzte erhalten dafür, daß sie einschreiten, meist mehr Beachtung und Anerkennung als dafür, daß sie nicht einschreiten. Sie sind darauf trainiert, einzuschreiten und lieber irgend etwas zu tun, als etwa nur zu beobachten und abzuwarten, ob es dem Patienten nicht von selber bald besser geht — oder er freilich einen anderen Arzt aufsucht. Ich gebe Medizinstudenten, die ein Examen bestehen und überhaupt das ganze Medizinstudium absolvieren möchten, ohne den gesunden Menschenverstand zu verlieren, manchmal den despektierlichen Rat: Auf Prüfungsfragebögen immer die Antwort ankreuzen, die den größtmöglichen medizinischen Eingriff bedeutet, dann liegt man genau richtig.(...)

Man muß sich ja nur einmal die Hinweise durchlesen, die der Hersteller einem dieser Mittel, das in den U.S.A. unter dem Namen „Butazolidin alka" vertrieben wird, beifügt, und sich dabei vorstellen, der Arzt habe einem dieses Zeug verschrieben — das allein genügt doch schon, einen krank zu machen! Dort steht schwarz auf weiß: „Dies ist ein starkes Medikament; sein Mißbrauch kann zu ernsten Folgen führen. Fälle von Leukämie sind ebenso nach kurzer wie nach Langzeit-Therapie aufgetreten. Die Mehrzahl der Patienten war über vierzig." Und wer weiterliest, wird entdecken, daß ihn sein Arzt bedenkenlos zweiundneunzig möglichen Nebenwirkungen aussetzt, einschließlich Kopfschmerzen, Schwindelgefühl, Bewußtlosigkeit, Bluthochdruck, Netzhautblutungen und Gelbsucht. Der Hersteller fährt fort: „Man sollte die einzelnen Patienten sorgfältig aufklären und unter Beobachtung halten, besonders die älteren (vierzig und darüber), bei denen erhöhte Empfindlichkeit gegen dies Mittel besteht. Benutzen Sie die kleinste noch wirksame Dosis. Wägen Sie die nicht zu garantierende Linderung der Beschwerden ab gegen das Risiko ernsthafter, sogar lebensgefährlicher Reaktionen. Das Krankheitsbild selbst wird durch das Mittel nicht verändert."

Das Krankheitsbild wird nicht verändert. Ja, warum um alles in der Welt soll man dann solch ein Mittel nehmen? Und warum werden die Beipackzettel eher als lästiger Verpackungsmüll angesehen, denn gelesen?

Krankenhäuser seien nach Möglichkeit zu meiden, schreibt Dr. Mendelsohn, da dort kaum jemand wirklich gesund werden könne. Das, was dem Leben zuträglich sei, nämlich frische Luft, Sonne, Bewegung, gesunde Ernährung und die Nähe der Familie, würde einem da, wo es am nötigsten wäre, um Menschen wieder gesund zu machen, am wenigsten gegeben.

Es gibt in Krankenhäusern gar keine Einrichtungen für die Gesundheit oder für die Dinge, von denen hinlänglich bekannt ist, daß sie die Gesundheit fördern. Das Essen ist so schlecht ' wie im übelsten Schnellimbiß. Vorrichtungen für Körpertraining gibt es nicht. Alle persönlichen Faktoren, die einen wohlauf und gesund erhalten, werden ausgeschaltet — Familie, soziales Umfeld und Selbstbewußtsein. Wer ins Krankenhaus geht, der gibt sich auf.(...)

Es gibt Kinderarzte, die einer Mutter vom Stillen abraten, sobald ihr Kind nicht genau in dem Maße an Gewicht zunimmt, wie es seine Tabellen vorschreiben, die er natürlich von der Herstellerfirma einer Babynahrung bekommen hat. Es gibt Kinderärzte, die halten es nicht für nötig, eine Mutter zu informieren, daß Säuglings-Fertignahrung zehn bis tausendmal mehr Blei enthalten kann als Muttermilch; daß Muttermilch ihr Kind vor allen Infektionskrankheiten schützt, die sie selbst schon einmal durchgestanden oder mittels ihres Immunsystems abgewehrt hat; daß Muttermilch nachweislich den Knochenaufbau und die geistige Entwicklung des Kindes besser fördert; und daß schließlich das Stillen die Mutter selbst vor Brustkrebs bewahren hilft.

Auch für die Familie ist es besser, wenn ein Kind die Mutterbrust bekommt. Die Bindung zwischen der Mutter und ihrem Kind ist verläßlich und gesund, wenn die Mutter stillt. Das Saugen an der Brust regt nicht nur Hormone an, die nachgeburtliche Blutungen und Beschwerden mindern und die Gebärmutter sich schneller wieder zusammenziehen lassen, es bereitet der Mutter auch gefühlsmäßig Vergnügen.

Kritik an der Schulmedizin gibt es allenthalben. Hans Ruesch schreibt in „Nackte Herrscherin“: *„Diese Pseudowissenschaft, die mit der Unwissenheit, den Leiden unzähliger Menschen und ihrer Furcht vor Schmerzen und Krankheiten spekuliert, gaukelt uns mit Hilfe der Massenmedien vor, daß sie über geheimnisvolle Kräfte und unbegrenzte Macht verfügt, wovon die Rettung der Menschheit abhängt.“*

Daß dieses Buch von den Medien nicht positiv aufgenommen wurde, versteht sich von selbst. „Weltwoche“-Journalist Peter M. Ronner tat sich damit hervor, das Buch zu verreißen, bekam daraufhin einen Job bei den Baseler Pharmariesen. Seine profunde Kenntnis der Medizin und Verbindung zu den Herstellern tausender Medikamente verhinderte jedoch nicht, daß er im jungen Alter von 41 Jahren das Zeitliche segnete.

In dem umfangreichen und fundierten Werk „Die Pharma Story“ macht Hans Ruesch dann auch klar, daß eigentlich alle wissen, daß *„Tierversuche trügerisch sind und nur als Alibi dienen, als eine Rückversicherung gegen den Tag, an dem es nicht mehr möglich sein wird, die verhängnisvollen Nebenwirkungen eines Medikaments zu vertuschen.“*

„Jeder, der einmal ein Tier in seiner Obhut hatte, mußte bald erfahren, daß man niemals eine für Menschen bestimmte Arznei einem Tier geben darf; es könnte daran sterben.“

„Zwei Gramm Scopolamin töten einen Menschen, doch Hunde und Katzen können hundertmal höhere Dosen vertragen. Ein einziger Amanita phalloides (grüner Knollenblätterpilz) kann eine ganze Familie ausrotten, ist dagegen für ein Kaninchen, eines der beliebtesten Versuchstiere, gesunde Nahrung.“

Nur zwei Beispiele aus Rueschs Werk, die zeigen, daß es vollkommener Unsinn ist, Medikamente an Tieren auszuprobieren. Daß es nicht nur Unsinn, sondern äußerst grausam und unmenschlich ist, belegen zum Himmel schreiende Grausamkeiten an 20 Millionen Tieren jedes Jahr, Tiere mit in das offene Gehirn eingepflanzten Elektroden, zugenähten Augen, verbrannt, verätzt und mit unmenschlichen, ich möchte sie als satanisch bezeichnen, Quälereien gequält, wobei es nur um ein großes Geschäft geht, das nicht im Mindesten der Sicherheit des Menschen vor krankmachenden Medikamenten dient, sondern nur der Erfüllung gesetzlicher Vorlagen, die von den Experten der Pharmaindustrie selber initiiert wurden.

„Ohne eine große Anzahl von immer neuen synthetischen Medikamenten mit geheimnisvollen oder zauberkräftig klingenden Namen, zu denen sie Zuflucht nehmen können, würden die meisten der heute praktizierenden Ärzte nicht wissen, wie sie ihren Beruf ausüben sollen,“ schreibt Ruesch.

Ich weise an dieser Stelle noch einmal darauf hin, daß ich die Erfolge der Medizin im Notfallbereich keineswegs schmälern möchte, ja sogar hoch achte, wie schwer verletzte Menschen binnen kurzer Zeit wieder auf die Beine gebracht werden. Im Bereich chronischer Erkrankungen werden jedoch ohne Kenntnis der Ursachen Methoden angewandt, die bestenfalls auf Wunschdenken und auf jeden Fall auf Profitgier beruhen, ohne die Gesundheit der Patienten auch nur im Geringsten zu achten.

Ich könnte endlos aus Rueschs hervorragendem Werk zitieren, und bei jedem einzelnen Zitat würde Ihr Respekt vor den Segnungen der modernen Medizin sinken. Ich kann Sie nur auffordern, die Verantwortung für Ihre Gesundheit wieder selber zu übernehmen, und den Versprechungen der Ärzte, wenn Sie krank sind, bestenfalls kritisch gegenüberzustehen.

Nicht nur den Ärzten sollte man mit gesundem Mißtrauen begegnen, vor allem aber auch, und ganz speziell, Psychiatern. Besonders jenen, die nicht die geringste Vorstellung von den geistigen Anteilen des Menschen haben und meinen, alles Denken würde durch chemische Reaktionen in den Nervenzellen ausgelöst. Sie können nämlich aus einem durchaus gesunden Menschen, der ein paar seelische Probleme hat, in kurzer Zeit mit der Zuhilfenahme chemischer Medikamente ein menschliches Wrack machen.

Es ist den wenigsten bekannt, daß jedes Jahr 600.000 Menschen in Deutschland in die Psychiatrie eingewiesen werden. Keineswegs wegen irgendwelcher psychischen Probleme, sondern es kann durchaus jeden erwischen. So kann man z.B. bei einem Unfall, wenn man einen Schock hat, vom Arzt in die Psychiatrie gebracht werden. Die Pharmazeutika, die dort verabreicht werden, dienen keineswegs der Besserung eines psychischen Zustands, sondern tragen eher zu Störungen bei. Natürlich kann auch etwas, das im Geistigen vorgeht, durch Verabreichung chemischer Stoffe kaum gesteuert werden. Die meisten der Psychopharmaka haben erschreckende Wirkungen. U.a. ist bekannt, daß die Schüler, die das Massaker auf dem Schulhof in Littleton begangen haben, zuvor in der Psychiatrie waren und Psychopharmaka bekommen haben, von denen bekannt ist, daß sie gewalttätig machen.

Die meisten denken immer noch, daß die Psychiatrie etwas Gutes tut, doch das Gegenteil ist der Fall. Die Zusammenhänge der Psyche werden dort auf das physische, also die chemischen und elektrischen Vorgänge reduziert. Die Wenigsten wissen, daß auch heute noch Elektroschocks verabreicht werden, die natürlich nichts anderes anrichten können, als Hirnzellen zerstören.

Diese „Hilfe“ wird richtig gut bezahlt, und ein Psychiater, der Elektroschocks verabreicht, kann sein Einkommen damit erheblich aufbessern, obwohl es keinem einzigen jemals genutzt hat.

Nachdem man Ernest Hemingway Elektroschocks gegeben hatte, nahm er sich das Leben. Ihm war bewußt, daß sie ihm die Seele und seine Erinnerungen und Kreativität zerstört hatten. Marilyn Monroe hatte 23 Filme gedreht, bevor sie psychiatrische Hilfe in Anspruch nahm. Im gleich Zeitraum nach der „Hilfe“ drehte sie nur noch sechs Filme. An dem Tag, an dem sie ums Leben kam, war ihr Psychiater 6 Stunden bei ihr gewesen. Scheint ihr nicht viel geholfen zu haben.

Wer erst mal nur in die Nähe der Psychiatrie gekommen ist - was jedem viel leichter geschehen kann, als er ahnt - wird er fortan damit in Verbindung gebracht und nicht mehr richtig ernst genommen, da man annimmt, daß er ja wohl eine Störung der Psyche haben müsse, sonst hätte er ja damit nichts zu tun. Durch die Behandlung wird einem Menschen das eigenverantwortliche Handeln erschwert, oftmals wird er einfach entmündigt. In der Psychiatrie werden Behandlungsmethoden oftmals ohne Einwilligung des Patienten angewandt, da man ihn ja schon als Gestörten betrachtet, der ohnehin nicht so recht zurechnungsfähig ist.

In einer Sendung, die ich zu dem Thema machte, rief eine Zuschauerin an, die sagte, daß sie Allergikerin sei und sie fast in der Psychiatrie landete, als sie wegen einer starken allergischen Reaktion einen Krankenwagen gerufen hatte. Man sagte ihr, im Moment sei nur ein Bett in der Psychiatrie frei. So leicht kann man in die Mühlen der Psychiatrie geraten. Und dies geschieht viel öfter als den meisten bewußt ist.

Allein in den letzten acht Jahren wurde Amerika von sechzehn großen Blutbädern an Schulen erschüttert, fast immer begangen von Jugendlichen. Laut CNN sollen zehn Prozent aller amerikanischen Schulen im Schuljahr 96/97 eines oder mehr Gewaltverbrechen gemeldet haben. Dazu gehören Mord. Selbstmord. Vergewaltigung. Raub und Auseinandersetzungen mit Waffen.

Außerdem treten immer häufiger Amokläufer auf - erwachsene wie jugendliche. Die Gründe für solch irrationale Bluträusche bleiben meist im dunkeln. Einen Grund, der von den Medien seltsamerweise fast vollkommen totgeschwiegen wird: Psychopharmaka.

So läßt denn ein Satz aus der Agenturnachricht über den 19jährigen Koblenzer Amokläufer aufhorchen: Der Gymnasiast habe ..bei den Vernehmungen keinerlei Gefühlsregung gezeigt. Es stelle sich die Frage, ob der Täter möglicherweise verrückt sei." - Verrückt, aber weshalb?

Psychopillen boomen. Sie scheinen die ultimativen Wunderheiler für zwei um sich greifende Psychokrankheiten zu sein: Depressionen und Hyperaktivität. Die Wahrheit dahinter sieht jedoch ganz anders aus.(...)

Das von EU Lilly hergestellte Prozac verändert den Serotonin-Gehalt im Gehirn und soll Depressionen vorbeugen. Gerade in den USA ist es weit verbreitet und wird von Ärzten gern verschrieben. obwohl man es schon wiederholt mit Suizid und Homizid (Selbstmord und Mord» in Verbindung gebracht hat (so auch eine epidemiologische Studie, welche 1995 vom British Medical Journal veröffentlicht wurde). Über Prozac und Co. sagt der amerikanische Psychiater Dr. Joseph Tarantolo: ..Alle diese Mittel lösen den Patienten von seinen Gefühlen. Er wird weniger emphatisch, kann sich weniger in die Menschen einfühlen und entwickelt eine 'Mir-doch-egal-Haltung'. Das bedeutet: 'Es ist leichter für mich, dir weh zu tun'. Wenn ein Arzt jemanden behandelt, der nur schon große Kraft aufbringen muß, um geradlinig denken zu können, dann kann die Verschreibung eines sol-

chen Medikamentes diesen Patienten in ein gewalttätiges Verhalten hineinstoßen.“ (Aus ZeitenSchrift 26)

Natürlich nehmen wir auch über die Nahrung eine Menge Substanzen ein, die unserer Gesundheit nicht immer zuträglich sind.

Die zweifelhafte Hypothese vom „Jodmangelgebiet Deutschland“ hat zu einer flächendeckenden undeklarierten Zwangs-Medikation mit Jod geführt - über die weitgehende Jodierung des Viehfutters und damit nahezu aller unserer Lebensmittel. Einen hohen Preis für die Vorsorge-Maßnahmen im „Kampf um den Kropf“ zahlen zu viele Menschen durch massive Einbußen an Gesundheit und Wohlbefinden, weil sie kein zusätzliches Jod vertragen. Die »Deutsche Selbsthilfegruppe der Jodallergiker, Morbus-Basedow- und Hyperthyreosekranken« lehnt die Zwangs-Jodierung in dieser Form ab! Schreibt Dagmar Braunschweig Pauli zu ihrem Buch „Jod-Krank - Der Jahrhundert Irrtum“.

Daß auch bei Krebs, einem der größten Angstfaktoren, alternative Ansichten kursieren, darüber habe ich schon geschrieben. Ich will mich nicht wiederholen. Dennoch halte ich die Neue Medizin des Dr. Hamer für eine der größten unterdrückten Neuerungen im medizinischen Bereich.

Da wir über Onkologen gesprochen haben, wollen wir nun einen Teil davon, nämlich die Logen untersuchen. Ohne sie wäre überhaupt nicht zu verstehen, wieso die Neue Medizin vollständig unterdrückt werden kann. Man kann verstehen, daß die Pharmaindustrie ein Interesse hat, weiterhin ihre teuren Medikamente zu verkaufen, aber wenn jährlich Millionen Menschen gerettet werden könnten, indem man die Neue Medizin zumindest in das Gesundheitswesen mit einbezieht, dann fragt man sich doch, warum Politiker oder die Medien sich nicht auf solch revolutionäre Erkenntnisse stürzen. Schließlich haben wir doch eine freie Presse und mutige Aufdeckungsjournalisten, Reporter von Stern, Spiegel und Focus-TV. Bei der bunten Vielfalt der Medien müßte es auch eine bunte Vielfalt von Berichten über die Neue Medizin geben. Allerdings erleben wir hier tatsächlich eine Gleichschaltung der Presse, wie aus besten DDR-Zeiten. Überall die selben Begriffe: Wunderheiler und Scharlatan. Warum redet nicht mal ein Politiker oder eine Pfarrer von der Kanzel über die Neue Medizin? Also, die übereinstimmende Ablehnung der Neuen Medizin ist nur zu erklären, wenn zumindest in den Chefetagen der Medien, genauso wie in den höheren Rängen der Politik und Wissenschaft Logenbrüder sitzen.

Von der breiten Öffentlichkeit völlig unbeachtet fand über Pfingsten 1999 im schweizerischen Biel der erste Kongreß über die Neue Medizin statt, der ziemlich deutlich machte, welche Revolution in sämtlichen Bereichen der Medizin ins Haus steht, wenn - ja, wenn die wissenschaftliche Gemeinde bereit ist, anzuerkennen, was inzwischen längst geschehen ist; die wissenschaftliche Untersuchung der Neuen Medizin und deren Bestätigung. Die Universität des tschechischen Trnava hat nämlich genau dies vor geraumer Zeit getan, und somit ist die Neue Medizin also anerkannt, wenn sie nicht widerlegt wird. Dies ist in den 17 Jahren ihrer Existenz und auch nach der Bestätigung von Trnava nicht geschehen. Und es wird auch nicht geschehen, da sie nicht auf Hypothesen beruht, sondern auf wissenschaftlichen Gesetzmäßigkeiten, die an jedem Patienten nachvollzogen werden können.

Ein sichtlich gutgelaunter und niemals ungeduldiger Dr. Hamer begrüßte während der Eröffnung des Kongresses sogar den eigens angereisten Doktor Miklosko, Prorektor aus Trnava, einen der Unterzeichner der wissenschaftlichen Bestätigung der Neuen Medizin. Hamer, der für über ein Jahr im Kölner Gefängnis Ossendorf gesteckt hatte, erzählte, daß man ihn nur freigelassen hatte, da man vorhatte, ihn bei der Anerkennung der Habilitation in Trnava durchfallen zu lassen. Das negative Ergebnis stand schon fest. Allerdings kam es zu einem formalen Fehler, so daß erneut abgestimmt werden mußte. Hamer ging es um die Überprüfung der Neuen Medizin. Die tschechischen Professoren untersuchten 7 Krebspatienten mit verschiedenen Erkrankungen auf Übereinstimmung mit den von Dr. Hamer behaupteten Eisernen Regeln des Krebs. An allen Patienten fanden sich alle Punkte der Zusammenhänge zwischen einem Konfliktschock, den entsprechenden Einschlüssen im Gehirn, die auf einem CT (Computertomogramm) sichtbar sind, und dem Verlauf der zwei Phasen der Krankheit, nämlich konfliktaktive und Heilungsphase, bestätigt.

Auf mehreren parallel laufenden und zum größten Teil ins Französische übersetzen Vorträge wurde immer mehr klar, welche Ungeheuerlichkeit darin besteht, diese Medizin in der Öffentlichkeit totzuschweigen oder als Scharlatanerie zu bezeichnen, die Justiz zur Bekämpfung einzusetzen und billigend das Leiden und den Tod von Millionen Menschen jedes Jahr in Kauf zu nehmen, die ohne weiteres geheilt werden könnten.

Nicht nur Krebs, gegen den die Schulmedizin anerkannterweise noch weitgehend machtlos ist, sondern auch jede andere Krankheit,

Allergien und sogar Psychosen könnten mit der Neuen Medizin geheilt werden, so Bulemie, Suizidgefährdung, Desorientierung, Autismus und sexuelle Probleme. Auf dem Kongreß gab es zahllose Beispiele für die unterschiedlichsten Krankengeschichten. Ja sogar ein Mädchen mit Down Syndrom - der moderne Begriff für mongoloide Kinder - wurde vorgestellt, das sich durch die Bewältigung des Konflikts innerhalb weniger Monate völlig verändert und zu einem gesunden, „normalen" Mädchen geworden war. Auch wenn die Zusammenhänge hier noch nicht endgültig geklärt sind, zeigt dieses Beispiel doch, wie universell die Erkenntnisse von Dr. Hamer sind, dem man versucht hatte, aus der Krebsbehandlung der kleinen Olivia aus Österreich einen Strick zu drehen, obwohl, wie später auf dem Vortrag von Vater Helmut Pilhar deutlich wurde, die medizinischen Verbrechen von den Schulmedizinern begangen wurden und die Medien den Fall so weit verdrehten, daß der gegenteilige Eindruck entstand.

Hamer berichtete, wie die Staatsanwaltschaft in Österreich eine große Aktion startete und 6500 Patienten, die sich nach der Neuen Medizin hatten beraten lassen, von Kriminalbeamten aufsuchen ließ, um ihm etwas anzuhängen. Zur Überraschung mußten sie feststellen, daß von diesen noch 6000 lebten, was bei einem durchschnittlichen Onkologen eine Sensation wäre, da doch mehr als 90 Prozent der Patienten innerhalb weniger Jahre sterben.

Nach der Neuen Medizin hat jede Krankheit einen zweiphasigen Verlauf, eine konfliktaktive Phase, also die Sympathicotonie und die Heilungsphase (Vagotonie) mit jeweils spezifischen Symptomen. Beim Betrachten eines Computertomogramms des Gehirns kann jemand, der in der Neuen Medizin bewandert ist, genau darauf schließen, welches Organ betroffen ist, welche Art von Konflikt vorgelegen haben muß und in welcher Phase die Krankheit ist. Aber auch ohne CT kann man durch das betroffene Organ auf die Stelle im Gehirn schließen, die im CT sichtbar sein müßte und auf den Konfliktinhalt. Jede Krankheit ist nach der Neuen Medizin durchaus biologisch sinnvoll und kann durch die verschiedenen Evolutionsstufen des Gehirns und den damit verbundenen Konflikten erklärt werden.

Auch wenn Dr. Hamer zugibt, daß er noch lange nicht alle Zusammenhänge erkannt hat, kann er doch schon einen umfangreichen Plan mit verschiedenen Krankheiten und den ursächlichen Konflikten und der sichtbaren Stelle im Gehirn CT vorweisen, mit dem man die Diagnose beginnen kann. Dann aber ist detektivische Arbeit angesagt. Es wurden viele Beispiele genannt, wie er Patienten stundenlang nach möglichen Konflikten befragt, um schließlich zu einer Lösung zu kommen. Das ist eine ganz andere Arbeit wie die der Schulmediziner. Er selber war jahrelang einer und an diversen deutschen Universitäten und Kliniken tätig. Und er spielte gut gelaunt vor, wie er sich als junger Arzt mit weißem Kittel und Stethoskop in der Tasche zu einem Patienten herunter beugte und herablassend fragte, wie es denn ginge, wie viel Unsinn sie gemacht hätten, da natürlich niemand einen Schimmer von den Ursachen von Krebs hatte, man aber eine große Menge lateinischer Begriffe kannte und damit selbstbewußt brillierte, ohne sich anmerken zu lassen, daß man im Grunde kaum etwas wußte.

In der Neuen Medizin werden die Ärzte keine teuren Autos fahren, gibt es keine Chefärzte, sondern nur Chefpatienten. Der Arzt muß sich in die Probleme des Kranken hineindenken, wozu die stolzen Schulmediziner seiner Ansicht nach gar nicht mehr in der Lage oder bereit seien. Man konnte aber während des gesamten Kongresses bewundernd beobachten, wie dieser von der Erscheinung her beeindruckende Mann mit einer sehr starken Persönlichkeit niemals die Geduld verlor, sich mit Teilnehmern des Kongresses zu unterhalten, und niemals versuchte, jemanden zu dominieren.

Auf einem Vortrag von Helmut Pilhar, dem Vater der kleinen Olivia, wurde noch einmal deutlich, welcher Unsinn in der Schulmedizin betrieben wird. Er legte einige Dokumente vor, die zeigen, daß den Ärzten durchaus bewußt ist, daß von ihren Krebspatienten zwischen 95 und 98 Prozent innerhalb der nächsten Jahre sterben. Er berichtete, wie die Chemotherapie aus dem Giftgas Lost, das aus dem 1. Weltkrieg stammt, entwickelt wurde und daß eine Behandlung damit oft ein paar Hunderttausend Mark kostet. Die Interessen der Pharmaindustrie, diesen Milliardenmarkt nicht zu verlieren, sind einsichtig. Er erzählte, wie er im Krankenhaus den Aushang über die Vorsichtsmaßnahmen beim Umgang mit Cytostatika gesehen hatte, wonach man Handschuhe und nach Möglichkeit Atemschutz beim Verabreichen der Chemotherapie benutzen sollte, da die Substanzen toxisch, carzinogen, also selber krebserregend, und mutagen, also erbgutverändernd sind.

Dann berichtete er, wie Olivia offenbar benutzt wurde, um in der Öffentlichkeit Werbung für die Schulmedizin und gegen Dr. Hamer zu machen, wobei fast alles verdreht wurde, was geschah. Während es so dargestellt wurde, als habe die Chemotherapie Olivia im letzten Augenblick gerettet, nachdem man endlich den Eltern das Sorgerecht entzogen hatte, war genau das Gegenteil der Fall. Durch den Giftschock beim ersten Einsatz der Chemotherapie erlitt Olivia einen Exitus. D.h. sie starb und wurde dann reanimiert, was man an diversen Rippenfrakturen und einer Verletzung der Lunge durch eine Rippe bei den Wiederbelebungsversuchen erkennen konnte. Die Ärzte, die Olivia behandelten, rückten die Krankenakten natürlich nur teilweise und widerstrebend heraus. Es wurde jedoch klar, daß man dem Mädchen sehr viel weniger Chemotherapie gegeben hatte, als sie es nach Vorschrift hätten tun müssen, da sie sich auf keinen Fall leisten konnten, die kleine Patientin, die im Licht der Öffentlichkeit stand, zu verlieren.

Inzwischen ist das zweibändige Werk „Vermächtnis einer neuen Medizin" von Dr. Ryke Geerd Hamer erschienen. Es enthält eine Menge von Erfahrungen mit diesen Erkenntnissen, zahllose Fallbeispiele und Einblicke in die Krebsmedizin. Dr. Hamer lebt in Spanien, da er in Deutschland weiterhin von Strafverfolgung bedroht ist.

Man kann nur im Interesse der Millionen unnötig leidender Kranken in aller Welt hoffen, daß die Inquisition gegen Dr. Hamer aufhört und die Lügen nicht erst in ein paar hundert Jahren richtig gestellt werden, wie die Kirche das erst vor kurzem mit den Lehren von Galileo Galilei machte.

Es gab noch andere Vorträge, u.a. von Christian Joswig, der eindrucksvoll belegte, daß bisher noch keine Isolation des angeblich AIDS auslösenden HIV gelungen ist und sämtliche zu AIDS zählenden Krankheiten schon vorher existiert haben, und einem Vortrag von mir, der sich mit den Geheimlogen befaßte, denn natürlich ist überhaupt nicht zu verstehen, warum eine solche Revolution in der Medizin totgeschwiegen wird, wenn nicht die Pharmaindustrie mit ihrem Interesse am Verkauf von Zytostatika über die Logen auch mit den Politikern und den Massenmedien verknüpft wäre, da alle gemeinsam mauern und lügen, und damit den Tod von Millionen Menschen jedes Jahr billigend in Kauf nehmen.

Ich habe auch schon über AIDS in meinen beiden vorherigen Büchern geschrieben, und da ich immer abwägen muß zwischen einer Einleitung für diejenigen, die diese Bücher nicht kennen, und zu vermeidenden Wiederholungen, möchte ich nur darüber berichten, daß abzusehen ist, daß die AIDS-Front zusammenbricht. Im Jahr 2000 fand die erste AIDS-Konferenz in Durban statt, in der es kein einvernehmliches Abschlußkommuniqué gegeben hatte. Zum ersten Mal bei solch einer weltweiten Konferenz wurden die Ansichten der AIDS-Kritiker, die das HIV nicht für die Ursache von AIDS halten, einbezogen. Dafür hatte sich der südafrikanische Präsident Mbeki stark gemacht, womit er sich die AIDS-Lobby zum Feind machte. Zwar haben die Medien bei uns dies nur als Verstocktheit eines afrikanischen Naivlings dargestellt, aber in Wirklichkeit hat es sehr viel fundamentalere Auswirkungen.

Er hat nämlich auf der Konferenz in Durban den Entdecker des HIV, Montagnier, aufgefordert, bis zum Ende des Jahres ein solches Virus zu isolieren. Gäbe es ein HIV, müßte es doch leicht sein, diese Forderung zu erfüllen. Zum Zeitpunkt, da ich dieses schreibe, steht die Erfüllung der Aufforderung von Mbeki noch aus. Des weiteren hat er gefordert, daß die Tauglichkeit von HIV-Tests nachgewiesen werden soll. Sie denken vielleicht, daß das alles längst geklärt sein sollte. Ist es aber nicht. AIDS-Kritiker in aller Welt haben seit Jahrzehnten auf die ganzen Widersprüche hingewiesen. So auch ich. Von der Öffentlichkeit wurden diese Kritiker entweder lächerlich gemacht, als schwulenfeindlich oder als Gefahr für die Gesundheit bezeichnet. Nun, die Konferenz in Durban hat gezeigt, daß die Vertreter der offiziellen Version, die sie mit wissenschaftlicher Überheblichkeit verfochten haben, langsam den Druck der Wahrheit zu spüren bekommen.

Auch ein amerikanisches Gericht hat inzwischen ein Urteil gefällt, das der Pharma-Industrie schwer im Magen liegen wird. Denn es entschied nicht die Zwangsbehandlung für ein HIV-positives Kind, sondern anerkannte die Zweifel der Mutter. Die HIV-positive Valerie Emerson übertrug nach klassischer Sichtweise das Virus auf ihre beiden Kinder. Als ihre Tochter Tia vorbeugend AZT gegen das „böse" Virus verschrieben bekam, ging es ihr zusehends schlechter. Auch als ihr 4-jähriger Sohn Nikolas und sie selber mit einer AZT-Behandlung begannen, verschlechterte sich ihr Gesundheitszustand rapide. Valerie setzte bei sich und ihrem Sohn AZT ab, nachdem Tia nach einer Lungenentzüdung 1996 gestorben war. Sie wurde auf Prof. Duesberg und die AIDS-Kritik aufmerksam und lehnte die weitere Behandlung ihres Sohnes mit AZT ab, ebenso die dann von den Ärzten vorgeschlagene Kombitherapie. Ein Arzt erstattete darob Bericht über die renitente Mutter, und man beantragte, ihr das Sorgerecht zu entziehen, um dem Kind die antivirale Therapie angedeihen lassen zu können. Olivia läßt grüßen.

Schließlich wurde das ganze vor Gericht ausgetragen, wo der Experte für Proteasehemmer David Rasnick und Dr. Roberto Giraldo, Experte für Infektionskrankheiten aussagten, daß HIV harmlos sei, während die antiviralen Medikamente erhebliche Folgen für die Gesundheit hätten. Richter Clapp entschied schließlich, daß die Gutachten der Befürworter der Chemotherapie nicht genügend Beweise dafür liefern konnten, daß das Kind ohne die Medikamente nicht überleben werde und daß die Medikamente ihm nicht sogar schaden würden. Er gestand der Mutter zu, daß die Zweifel an der von den Ärzten vorgeschlagenen Therapie berechtigt seien. Die klagenden Ärzte gingen darob in Berufung, was jedoch kein anderes Ergebnis erbrachte, womit Valerie Emerson am 19.11.1998 ihr Recht auf Nichtbehandlung mit sogenannten AIDS-Medikamenten vom Gericht bestätigt bekommen hatte. Natürlich berichteten die Medien hier schon gar nicht darüber. Aber es ist offensichtlich, daß die AIDS-Lobby auf wackeligen Füssen steht und es nur noch eine Frage der Zeit ist, bis AIDS als einer der größten Irrtümer der modernen Medizin in die Geschichte eingehen wird.

Kurz vor Fertigstellung dieses Buches rief mich ein Mann an, der einen meiner Artikel zu AIDS gelesen hatte und sich sehr dankbar darüber äußerte, daß ich über die Dinge geschrieben hatte, die er am eigenen Leib erleben konnte. Vor fünf Jahren bekam er die Diagnose, HIV positiv zu sein. Von dem anfänglichen Schock, nun ein Todgeweihter zu sein, entwickelte sich in ihm Widerstand gegen die klassische Sterbebegleitung, die einem allenfalls als AIDS-Hilfe angeboten wird. Daß die meisten AIDS als „ab in den Sarg" buchstabierten, sagte ihm nicht zu, sondern er empfand diesen Einschnitt in sein Leben eher als „Auferstehung in das Selbst". Begleitet und seelisch unterstützt von einer Freundin vermied er jegliche antiviralen Medikamente und überlebte sogar die ansonsten als für HIV Positive als tödlich angesehene Lungenentzündung.

Einen ganz anderen Ansatz zu AIDS beschreibt Schlagersänger Christian Anders in seinem Buch „Der Mann, der AIDS erschuf", das nun auch in deutsch erschienen ist. Einen großen Teil widmet er den eigenen Aussagen von Dr. Wolf Szmuness, der im Rahmen eines größeren Programms Impfversuche an jungen, gesunden weißen Homosexuellen in New York durchführte. Es wurde ein Doppeltblindversuch durchgeführt, in dem die eine Hälfte der Probanden einen Hepatitis-B Impfstoff der Firma Merck erhielten und die andere eine wirkstofffreie Injektion. Als sich immer mehr abzeichnete, daß viele der Probanden an Kaposi Sarkom und Pneumocystis-carinii-Pneumonie erkrankten, begann Dr. Szmuness an dem Programm zu zweifeln. Mit der Zeit lernte er sogar, generell Impfungen für gefährlich zu halten, was er jedoch während seiner Karriere zunächst für absurd gehalten hätte. „Es ist eine völlig üble Idee, einen Teil eines erkrankten Tieres oder Menschen in einen zuvor offensichtlich völlig gesunden Organismus zu bringen," schreibt er. Und der Vorgesetzte seines Programms, Dr. Hillemann habe gesagt: „Kein Impfstoff kann in einem Labor auf völlige Sicherheit überprüft werden. Dies muß im menschlichen Körper nachgewiesen werden." Mit anderen Worten: Erst, wenn ein Proband krank wird, weiß man, daß der Impfstoff nicht sicher ist.

Als Dr. Smuness also Zweifel an dem Impfprogramm bekam, setzten sich zu seiner Überraschung seine Vorgesetzten für die Weiterführung der Versuche ein, und sogar Präsident Jimmy Carter rief ihn persönlich an, um die Wichtigkeit der Versuche zu betonen. Auch der damalige CIA-Chef George Bush bemühte sich persönlich, ihn davon zu überzeugen, wie wichtig das Programm sei.

Für Dr. Szmuness verdichtete sich der Verdacht immer mehr, daß in dem Impfstoff ein künstliches Virus enthalten war, das genau die Aufgabe hatte, bestimmte Bevölkerungsgruppen zu dezimieren. Und zwar weiße Homosexuelle in den westlichen Ländern und Schwarze in Afrika. Dort begann nämlich ebenfalls die sogenannte AIDS-Epedimie, nachdem die WHO dort Massenimpfungen vorgenommen hatte.

Er starb 1982, nachdem seine Vorgesetzten offenbar erkannt hatten, daß er seine Erkenntnisse über das absichtlich unters Volk gebrachte Virus nicht zurück halten wollte. Eines Abends verabreichte ihm ein Kollege, den er nicht kannte, eine Injektion, die ihm helfen sollte, zu schlafen. Am nächsten Tag hatte er alle Symptome der Krankheit, die „sein" Impfstoff verhindern sollte. Ihm war plötzlich klar, daß man ihn beseitigen wollte, und er dachte sogar, daß er es verdient hatte.

In dem Buch „Der Mann der AIDS erschuf" wird auch beschrieben, daß die klassischen Medikamente, die bei HIV-Positiven zur Anwendung gebracht werden, auch dazu da sind, die Menschen umzubringen. Es sind aber auch viele Heilmethoden darin, zurückgehaltene Medikamente, die nur schwer zu bekommen sind. Immerhin sind 300 HIV-Positive zu HIV-Negativen gemacht und die Behandlungen der entsprechenden Ärzte beschrieben worden. Er erwähnt u.a. folgende Methoden oder Medikamente als erfolgversprechend: DMSO, Krebiozen, Fasten, Energiemedizin, MORA (Eigenschwingungstherapie)

Homöopathie, Antigene, Revici-Behandlung, Issels, Germanium, Livingston-Wheeler-Behandlung, Rife (Behandlung mit einer bestimmten Frequenz, die ein bestimmtes Virus zerstören kann), Ribavirin (das nicht in den USA, aber in Mexiko erhältlich ist), Photophoretische Behandlung und Ozontherapie.

Ich würde jedem, der sich für das Thema interessiert, das 420 Seiten starke Buch empfehlen, da ich es erst kurz vor Drucklegung meines Buches erhielt und nur anregen kann, es zu lesen.

Nun werden Sie sich fragen, wie die sehr unterschiedlichen Ansichten, nämlich die derjenigen, die meinen, daß es gar kein HIV gibt und derjenigen, die es für ein künstliches Virus halten, zusammenpassen. Immerhin sind sich beide Gruppen einig in der Ablehnung der klassischen Behandlung mit pharmazeutischen Produkten wie AZT oder anderen antiviralen Kombinationstherapien.

Meine Vermutung ist, daß es durchaus ein künstlich erzeugtes Virus geben mag, für das das Buch „Der Mann, der AIDS erschuf" viele eindeutige Hinweise liefert, daß aber keineswegs jeder, der als HIV-positiv getestet wird, dieses Virus in sich haben muß. Denn ein HIV-Test zeigt lediglich bestimmte Eiweißanbindungen auf, die auch bei anderen Umständen (z.B. Impfung oder Muskelkater) auftreten können. Für mich, der ich den Menschen eben nicht als biologisch-chemische Maschine ansehe, sondern als geistiges Wesen in einem physischen Gefährt, ist der Gedanke, daß Krankheiten auch mit den damit verbundenen Gedanken zu tun haben, immens wichtig. Egal ob Virus oder nicht, wird die Angst, die weltweit vor diesem Virus aufgebaut wurde, sich unbedingt schädigend auswirken, z.B. wenn jemand die Diagnose HIV-positiv erhält. Sich dann über Jahre von dem Gedanken einer Todesbestimmung zu befreien, erfordert sicherlich eine große geistige Kraft und Vertrauen in die eigene Lebenskraft. Wer sich antiviral behandeln läßt, obwohl er „nur" ein HIV-positiv Ergebnis hat, wird durch die Wirkungen der Medikamente mit Sicherheit extrem gesundheitlich geschädigt.

Wenn Impfungen, Viren, immunschwächende Verhältnisse wie Mangelernährung, Medikamenten- oder Drogenmißbrauch, Angst, Todesprophezeiungen usw. zusammen kommen, ist es sicherlich schwierig, gesund zu bleiben. Der Ausgang des AIDS-Kongresses in Durban hat jedenfalls gezeigt, daß es ganz erhebliche und schwer zu widerlegende Zweifel an der Isolation des HIV und an der Aussagekraft der HIV-Tests gibt. Wäre alles ganz eindeutig, hätte man eindeutige Beschlüsse fällen können. Südafrikas Staatspräsident Mbeki hat eine große Verantwortung für das AIDS-Problem in Afrika. Offenbar konnten ihn aber die Vertreter der „klassischen" HIV-macht-AIDS Hypothese nicht überzeugen. Ich kann nur jedem raten, sich nicht auf die Ebene der Angst vor einem Virus zu begeben und sich über alternative Ansätze beraten zu lassen, wenn es für ihn von Bedeutung ist.

Vielleicht haben Sie nun große Schwierigkeiten damit, zu verstehen, was denn nun für die Gesundheit entscheidend ist. Ich bin kein Mediziner, möchte Ihnen aus meiner Sicht aber die Dinge aufzählen, die ich durch meine Arbeit als entscheidend für die Gesundheit des Menschen halte.

Zunächst: ich glaube an ein sinnvolles Universum. Leben und Tod sind nicht willkürliche Erscheinungen. So ist auch ein Virus, das einen heimtückischerweise anfällt und um die Ecke bringt, wenig als sinnvolles Geschehen zu erkennen. Natürlich gibt es Viren, aber wir haben ständig alle möglichen in uns, die aber keine Krankheit zum Ausbruch bringen, wenn unsere Lebenskraft so stark ist, wie sie sein sollte. Für unsere Lebenskraft ist sicherlich entscheidend: Ernährung, Bewegung, Luft, Licht, Gedanken.

Ich habe nicht vor, mich über verschiedene Ernährungsweisen auszulassen, da viel weniger entscheidend ist, wie viele Kalorien, Cholesterin, Vitamine oder Ballaststoffe wir zu uns nehmen, sondern wie viel Licht in der Nahrung enthalten ist. Die Forschungen von Popp et al. über die ich schon geschrieben habe, haben ergeben, daß die Zellen in unserem Körper Licht austauschen. Nun nehmen Pflanzen und Tiere beim Wachsen Licht auf. Es gibt aber Licht von unterschiedlicher Qualität. Unter einer Neonlampe aufzuwachsen ist für eine Pflanze zwar auch möglich, sie nimmt aber nicht die Lichtinformation unserer Sonne auf. Was mit unserer industriell erzeugten Nahrung geschieht, ist zwar noch eßbar, über die Qualität des darin enthaltenen Lichtes müssen wir uns aber ernsthafte Sorgen machen, wenn wir uns nicht gerade aus dem eigenen – giftfreien – Garten ernähren. Nun, das wäre ein umfangreiches Thema, aber ich will mich auf die grundlegenden Gedanken, die jeder in seine Vorstellungen einfließen lassen kann, beschränken.

In unserer heutigen Welt wird uns oftmals das Natürliche als gefährlich und die künstlichen Produkte der chemischen Industrie als wahre Wunder dargestellt. Ein Beispiel ist Stevia. Dies ist ein Süßstoff, der aus einer Pflanze gewonnen wird. Es ist ein sehr ergiebiger Zuckerersatz mit der Vielfachen Süßkraft normalen Zuckers. Die Einfuhr von Stevia wurde jetzt von den Behörden verboten. Zeitungen melden, daß es gesundheitsschädliche Folgen haben soll, obwohl in anderen Ländern bisher keine bekannt sind. Hingegen ist der künstliche Süßstoff Aspartam ein hervorragendes Ameisengift. Ja, Sie haben richtig gelesen: Ein Amerikaner, der seit langem vergeblich mit allen Mitteln versucht hatte, die Ameisen aus seinem Haus zu bekommen, machte eines Tages einen Versuch mit Aspartam. Innerhalb eines Tages hatte er kein Ameisenproblem mehr. Aspartam ist erlaubt und in vielen „Lebensmitteln", die wir lightfertig als „light" bezeichnen. Und Stevia soll angeblich Genschäden hervorrufen. Wie viele Pflanzen gibt es, die Gene schädigen?

Aspartam ist es eine der gefährlichsten Substanzen, die jemals als „Lebensmittel" auf die Menschheit losgelassen worden sind und unter den Namen „NutraSweet", „Equal", „Spoonful" und „Equal-Measure" in den Handel und die Lebensmittel kommt. Aspartam besteht aus Asparagin-Säure, Phenylalanin und Methanol, die allesamt hohe Gesundheitsrisiken bergen. Wie im Februar 1994 vom Department of Health und Human Services berichtet wurde, sind 90 verschiedene Symptome dokumentiert, die von Aspartam verursacht werden, u.a. Kopfschmerzen/Migräne, Schwindelgefühle, Anfälle, Übelkeit, Starrheit, Muskelkrämpfe, Gewichtszunahme, Hautausschläge, Depression, Müdigkeit, Reizbarkeit, Schlaflosigkeit, Sehschwierigkeiten, Hörverlust, Herzklopfen, Herzrhythmusstörungen, Atmungsschwierigkeiten, Beklemmungen, undeutliche Aussprache, Geschmacksverlust, Tinnitus, Schwindelanfälle, Gedächtnisverlust und Gelenkschmerzen. Außerdem können folgende chronische Krankheiten durch Aspartam ausgelöst oder verschlimmert werden: Gehirntumore, Multiple Sklerose, Epilepsie, chronische Müdigkeit, Parkinson, Alzheimer, geistige Behinderung, Lymphgefäßerkrankungen, Geburtsfehler, Blutgerinnungsstörungen, Gefäßerkrankungen und Diabetes. Dr. Diane Dow Edwards wurde von Monsanto beauftragt, eventuelle Geburtsfehler durch Aspartam zu untersuchen. Als die ersten Daten Geburtsschäden aufzeigten, wurde der Geldhahn zugedreht. In einem im Jahre 1993 verabschiedeten Gesetz billigte die FDA den Gebrauch von Aspartam als Lebensmittelzusatz.

Während gefährliche, chemische Substanzen zugelassen werden, bemüht sich die Industrie, natürliche Stoffe als gefährlich darzustellen. Kürzlich versuchte eine Kommission erneut, Gesetzesvorlagen durchzubringen, die den Verkauf von Vitaminpräparaten verbieten sollten und sogar auch die Informationen über die gesundheitlichen Wirkungen von Vitaminen. Der sogenannte „Codex Alimentarius" wurde jedoch durch den massiven Protest aufmerksamer Bürger vorerst verhindert. (siehe www.rath.nl)

Die Medien hatten zeitgleich wieder Artikel darüber geschrieben, daß zuviel Vitamine gesundheitsschädlich sein könnten. Dabei müßte man schon enorme Mengen an Vitaminen zu sich nehmen, um davon krank zu werden. Die meisten Medien haben inzwischen einen Medizinexperten in den Redaktionen, der - wie sollte es anders sein - von der Pharmaindustrie eingebracht wurde. Natürlich: die Natur hat keine Lobby.

Als nächstes: Bewegung. In meinem ersten Buch stellte ich die Forschungen von Dr. West vor. Einleuchtend erschien mir, daß der Lymphkreislauf in unserem Körper dazu da ist, die Gifte aus den Zellen abzutransportieren. Anders als der Blutkreislauf fließt die Lymphe aber nicht von selber. Sie wird nur durch die Bewegung des Gewebes zum Fließen gebracht. Das leuchtet mir zumindest ein, auch wenn es vielleicht völlig unwissenschaftlich klingt. Ich merke selber, wenn ich sehr faul bin, daß ich träge werde und meine Haut pickelig wird. Die Gifte suchen dann irgendwo einen Ausgang. Es genügt schon, ein paar Minuten mit dem Rad zu fahren am Tag, um einen Unterschied festzustellen. Man braucht nicht unbedingt ein großer Sportler zu sein, um sich zu bewegen. Dr. West schlägt sogar einfach nur ein Trampolin vor, bei dem eine große Bewegungsenergie erzeugt wird, ohne daß man selbst viel dazu tun muß. Er hat etliche Beispiele von schwerkranken Leuten aufgezählt, die nach kurzem Einsatz eines Trampolins erhebliche gesundheitliche Fortschritte machten. Selbst ein leichtes Wippen darauf für Leute, die unsicher auf den Beinen sind, führt schon zu einer Verbesserung. Bewegung gehört einfach zum Leben dazu. Wenn wir es uns zu bequem machen, verkümmern die Muskeln und Nervenzellen, die wir nicht benutzen. Jeder kann für sich selber entscheiden, wie viel an Bedeutung er der Bewegung in seinem Leben bemessen will.

Daß auch das Atmen zu den natürlichen Vorgängen zählt, ist klar. Manchmal ertappt man ich aber dabei, daß man sehr flach atmet. Durch Bewegung wird die Atmung ganz natürlich aktiviert. Es kann aber kaum schaden, ab und zu mal ganz bewußt zu atmen. Seine Atemluft mit Rauch zu vergiften, kann natürlich auch bei noch so viel positivem Denken nicht als förderlich für die Gesundheit angesehen werden.

Daß viele Einflüsse aus dem technischen Bereich uns krank machen können, habe ich schon an anderen Stellen erwähnt. Vor schnurlosen DECT-Telefonen im Haus möchte ich Sie an dieser Stelle also nur ganz kurz ebenso warnen wie vor Mikrowellenherden.

Neben der Vermeidung von giftigen Substanzen und Strahlungen gibt es viele, viele unterschiedliche Heilmethoden, mit denen man sich befassen kann. Homöopathie und Akupunktur z.B. und ich kenne Menschen, die bei einigen Krankheiten erstaunliche Erfolge mit Magneten hatten. Dabei solle man nicht auf teure Angebote von Heilmagneten hereinfallen, normal erhältliche Magnete tun´s auch. Oder besser, Neodyn-Magnete, die eine höhere Magnetkraft haben. Man könne sie an verschiedenen Akupunkturpunkten anbringen und damit viele Leiden mindern. Das Buch „Mit Magnetismus heilen“ sei denjenigen empfohlen, die sich näher mit dieser Methode befassen möchten.

Daß unsere Gedanken eine Rolle spielen, scheint mir sogar mit das Wichtigste zu sein. Schließlich sind wir geistige Wesen. Dieser Körper ist nur unser Gefährt. Es wird von einem Körperelementarwesen aufrecht erhalten nach einem geistigen Plan. Je nach dem wieviel Aufmerksamkeit wir unserem Körper schenken, kann er auf oder abbauen. Wenn wir manchmal feststellen, warum einige Menschen so schön sind, dann werden wir erkennen, daß sie auch meistens gerne vorm Spiegel stehen. Auch ein Bodybuilder, der seinen Körper zu extremen Muskelformen bringt, gibt seinem Körper viel Aufmerksamkeit. Man mag das eitel nennen, und ob man es schön oder abstoßend findet, ist Geschmacksache. Ich glaube aber, daß solche Körper nur möglich sind, weil derjenige seinen Körper immer wieder im Spiegel betrachtet, und damit Aufmerksamkeitsenergie auf den Körper richtet. Das Körperelementarwesen kann dadurch die Formen besser manifestieren, als bei jemanden, der seinen Körper nicht würdigt. Eitelkeit ist nicht unbedingt eine positiv belegte Eigenschaft, aber seinen Körper als etwas Schönes anzunehmen, erweist Gott und seiner Schöpfung Ehre und wird sich dergestalt auswirken, daß diese Schönheit – die man als Kind meistens noch hat – länger aufrecht erhalten werden kann.

Aber auch sonst spielen Gedanken eine Rolle. Wer ständig Angst vor einer Krankheit hat, manifestiert damit genau das. Er erzeugt eine Resonanz zu der Schwingung seiner Angst. Ich denke, daß genau das ein wesentlicher Bestandteil des AIDS-Phänomens ist.

Ich hoffe, ich konnte mit diesen verschiedenen Beispielen aufzeigen, daß Gesundheit und Krankheit viel mehr mit Gedanken zu tun hat als ausschließlich mit Viren, Bakterien oder Metastasen. Einen Wissenschaftler kann man natürlich kaum mit so etwas überzeugen. Das Erstaunliche ist, daß auch viele Menschen, die krank sind, nicht bereit sind, ihr Denken zu ändern. Natürlich ist es schwer, etwas Positives zu denken, wenn man Schmerzen hat. Der Ruf nach dem Doktor, einem so schnell wie möglich etwas zu geben, das einem Linderung verschafft, ist dann schnell da. Das geht uns allen so. Allerdings haben auch sehr viele Menschen die von den Ärzten „anberaumte" Sterbezeit völlig hinter sich gelassen, indem sie sich von dem Massendenken, das bestimmte Krankheiten für „sterbepflichtig" hält, lösten und ihren eigenen Weg einschlugen.

Wichtig ist, daß man für seine Krankheit nicht ein grausames Schicksal verantwortlich macht und sich den vom Arzt verschriebenen Tabletten überläßt, sondern die Verantwortung für seine Gesundheit übernimmt, nach möglichen Ursachen sucht, diese versucht, abzustellen und sich von der Überzeugung leiten läßt, daß man als Teil von Gott die Möglichkeit hat, die Erfahrung von Krankheit und Sterben oder Lernen und Leben zu machen. Welche Erfahrung man auch immer wählt; es ist alles im Einklang mit dem Universum, denn nichts kann den herrlichen Lebensausdruck verletzen oder zerstören, der wir - inkarniert oder nicht - sind.

Veränderungen

Während die Egomanen weiter versuchen, ihr System aufrecht zu erhalten, das nur auf Gier nach Macht und Besitz basiert, haben sie Angst. Denn dieses System kann jederzeit zusammen brechen. Allein das Geldsystem, das durch Zins und Zinseszins auf stetigem Wachstum basiert, kann nicht ewig wachsen. Schon heute wird an den Börsen so viel Geld in wenigen Tagen gewechselt, wie es eigentlich auf der ganzen Welt in einem Jahr überhaupt erarbeitet wird. D.h. das meiste ist heiße Luft. Die Nationen sind verschuldet bis über beide Ohren, gänzlich ohne Aussicht darauf, das Geld je zurückzahlen zu können. Es läßt sich nur noch aufrechterhalten, indem weitere Kredite gewährt werden. Das bedeutet aber, daß im Grunde alles, was wir besitzen, bereits als Sicherheit für diese Kredite herhalten muß. Sollten die Kredite also jemals zurückgefordert werden, dann könnten die Kreditgeber locker die ganze Erde zu ihrem Besitz erklären.

Das Zinssystem ist so unnatürlich, als wolle man sagen, jemand, der einen Speicher voller Getreide hat, würde immer mehr bekommen, je länger er es liegen läßt, anstatt es weiterzugeben an die Bäckereien, damit die Menschen Brot essen können. Natürlich würde das Getreide mit der Zeit schlecht und wertlos werden, anstatt sich von selber zu vermehren. Aber das Zinssystem füllt die Geldspeicher einiger weniger Nichtstuer immer mehr, und es liegt im System, daß der größte Speicher irgendwann alles, was es gibt, angehäuft haben wird.

Die Bankleute haben uns weisgemacht, daß sie durch geschickte Investitionen das Geld arbeiten lassen, daß nur sie wissen, wie man durch Zinsanhebungen oder -senkungen die Wirtschaft am Laufen hält. Sie sagen, wenn es eine Inflation gibt, könne man die Wirtschaft ankurbeln, indem man die Zinsen senkt. Ja, würde es dann nicht bedeuten, daß die Wirtschaft ganz erheblich florieren würde, wenn die Zinsen Null wären? Dumme Frage? Nun, es gibt keine dummen Fragen, nur welche, die keiner stellt, weil alle denken, daß das Ganze unheimlich kompliziert ist und man es daher besser den Bankern überläßt.

Solange es Wachstum gibt, funktioniert dieses System auch irgendwie. Was aber, wenn das Wachstum stagniert? Die Zinsen müßten weiter bezahlt werden, aber es gäbe nicht mehr das Wachstum, dem nachzukommen. Und tatsächlich gibt der Markt kaum noch etwas her. Schließlich haben die meisten Menschen schon alles. Vieles doppelt und dreifach. Zweitauto, mehrere Fernseher und Videorecorder, Computer, teure Uhren, Klamotten... Es leuchtet ein, daß langsam eine Sättigung eintritt, die einigen Menschen erhebliche Kopfzerbrechen verursacht. Tatsächlich kann man viele Produkte heute nur noch zu Dumping-Preisen verkaufen. Leider befinden sich auch die täglichen Nahrungsmittel unter diesem Preisdruck. Vernünftig produzieren kann ein Landwirt heute schon lange nicht mehr. Klar, daß er keine Lust mehr hat, daß er nicht mehr mit Liebe und Befriedigung an die Arbeit gehen kann.

Doch wenn auch alles trostlos scheint, gibt es doch zwei Aspekte zu berücksichtigen: Erstens: dieses System steht kurz vor dem Kollaps. Wenn dann diese rücksichtslosen Nichtstuer darauf beharren, daß die ganze Welt eigentlich ihnen gehöre, da schließlich alles als Sicherheit für ihre großzügigen Kredite gedient hat, wird sich zeigen, ob die Mehrheit der Menschen damit einverstanden ist, ihnen alles zu übergeben. Wenn es dann soweit ist, wird - zweitens - wieder alles auf das Ursprüngliche zurückkommen.

Viele Quellen sprechen von einem Goldenen Zeitalter, das nach einer Phase der Umwandlung bevorsteht, von einer Anhebung der Erde in der Schwingung, von der dritten in die vierte und fünfte Dimension.

Viele Menschen versuchen, ihr Schicksal mit Horoskopen vorauszuplanen. Denn die Prophezeiungen für unsere unmittelbare Zukunft machen Angst. Kommt man auf den Kern der Frage, ergibt sich letztlich eine sehr elementare Überlegung, nämlich die, ob das Universum einer zufälligen Entwicklung entsprungen ist, oder ob es eine sinnvolle Ordnung dahinter gibt. Denn dann müßte auch das, was uns bevorsteht, sinnvoll sein und somit kein Grund zur Besorgnis.

Ob also ein 3. Weltkrieg kommen wird, wie viele Seher das prophezeit haben, ob bestimmte Gebiete der Erde überschwemmt oder durch Erdbeben zerstört werden, das steht nicht fest. Auch das individuelle Schicksal steht nicht in den Sternen und kann kaum exakt vorausgesagt werden. Es sind immer nur Wahrscheinlichkeiten, die sich erfüllen können oder aber auch nicht. Viele sehen das allerdings anders, daher will ich darlegen, wie ich zu dieser Überzeugung komme.

Die Ängste vor der Zukunft sind real. Gehäufte Katastrophen in aller Welt zeigen, daß es auch uns erwischen kann. Dann wollen wir natürlich möglichst genau wissen, ob wir vielleicht besser wegziehen sollten, da für unseren Wohnort irgendeine Katastrophe prophezeit ist. Wir suchen also Rat bei Astrologen, Kartenlegern und Wahrsagern.

Mir ist jedoch wichtig, mehr Vertrauen zu bekommen, daß alles, was geschehen wird, für unsere Entwicklung nötig sein wird.

Vielleicht wollen wir lernen, wie es ist, auf einmal ohne Hab und Gut dazustehen, da wir uns zu sehr an die materiellen Dinge geklammert haben und wieder lernen müssen, dankbar zu sein für das, was die Natur uns bietet, Hilfe von anderen Menschen anzunehmen, ohne nach der Bezahlung gefragt zu werden. Die Menschen, die das Kriegsende miterlebten oder andere schwierige Zeiten, berichten fast übereinstimmend, daß die Menschlichkeit zu diesen Zeiten am größten war und man über die kleinsten Dinge glücklich sein konnte.

Wenn es denn einen Gott gibt, warum greift er dann nicht ein? Nun, von dem grausamen Gott des Alten Testaments habe ich mich inzwischen getrennt, wie das wohl auch viele Menschen bei uns inzwischen getan haben. Ich glaube an einen Gott, der uns Freiheit gegeben hat, damit wir Erfahrungen sammeln können. Das Kind lernt auch nicht, wenn wir ihm ständig alles verbieten, sondern dadurch, daß es Dinge ausprobieren kann. Der Sprößling mit dem frisch gemachten Führerschein sammelt Erfahrungen nicht, wenn wir ihm ständig verbieten, alleine zu fahren, sondern erst, wenn wir die Ängste und Sorgen, was alles passieren könnte, loslassen und er seine Erfahrungen im Straßenverkehr selber machen kann.

Gott gab uns Freiheit, auch wenn er sich Sorgen um das Leid macht, das uns zustoßen könnte. Aber wie können wir lernen, daß Gewalt niemals Glück erzeugt, wenn wir es nicht ausprobieren?

Sinn macht das Ganze also nur, wenn die Menschen die Konsequenzen ihres eigenen Tuns erfahren können. Wenn jemand, der andere Menschen ausbeutet, irgendwann selber die Erfahrung machen muß, wie es ist, ausgebeutet und versklavt zu werden. Dabei ist Reinkarnation unabdingbar, denn nur in mehreren Leben unter verschiedenen Voraussetzungen kann die Seele unterschiedliche Erfahrungen sammeln.

Wenn die Zukunft jedoch schon feststünde, wie könnten wir dann etwas lernen? Nun, vielleicht hat Gott festgeschrieben, daß wir erst zwei mal in der Kneipe zusammengeschlagen werden müssen, erst einmal von einem Bus überfahren, drei mal im Schützengraben elendig verrecken müssen, um zu lernen. Aber wenn er es in der Hand hat, warum sagt er dann nicht, es reicht, wenn es auch mit weniger Leid geht, ja warum nicht ganz ohne Leid? Ja, warum erläßt er uns nicht einfach alles Leiden? Warum schreibt er - verdammt noch mal - nicht endlich das Happy end für uns alle? Nein, die Zukunft steht nicht fest, nicht einmal Gott weiß, wie wir uns entscheiden, denn zu unserem Lernen brauchen wir unbedingt die Freiheit der Wahl.

Das Massenbewußtsein unserer Welt ist leider nicht darauf ausgerichtet, Vertrauen in die Einheit allen Lebens mit seiner kosmischen Quelle zu finden, sondern, im Gegenteil, Angst zu machen, die materiellen Aspekte des Lebens zu bestärken und die Geistigen zu unterdrükken.

Trotz aller Manipulationen durch die Massenmedien findet jedoch eine Anhebung des Bewußtseins statt. Einige sagen, daß es damit zu tun hat, daß wir im Wassermannzeitalter wieder näher an die Zentralsonne kommen, andere sagen, daß es mit dem Photonenring zu tun hat, in den wir eintreten werden, wieder andere sagen, daß die Sonne neue Energien ausstrahlt. Es ist nicht mein Thema, darauf näher einzugehen, sondern Vertrauen in die Entwicklung zu bekommen, nicht mit Angst zu reagieren, sondern mit Gelassenheit.

In der Natur gibt es ständiges Werden und Vergehen. Es gibt keine sinnlose Zerstörung, sondern geregelte Kreisläufe des Lebens. Angst trennt uns von der Liebe, die alles geschaffen hat und in einer sinnvollen Ordnung hält. Liebe verbindet uns mit Allem-was-ist. Alles, was geschieht, wird uns die Erfahrungen verschaffen, die wir für unseren geistigen Fortschritt brauchen. Was auf uns zukommt, hat mit dem zu tun, was wir in die Welt gesetzt haben. Wer weiter in einer Welt voller Chaos, Gier, Neid und Gewalt leben will, wird andere Erfahrungen machen als jemand, der seinen Frieden mit der Welt, mit Gott, gemacht hat, weil er erkannt hat, welche Liebe uns diese Erfahrung ermöglicht.

Wenn wir uns die Prophezeiungen ansehen, die von vielen Sehern für das Jahr 1999 gesehen wurden, oder auch die Sorge um den Jahr-2000-Crash, dann müssen wir feststellen, daß wir den vielfach prophezeiten 3. Weltkrieg noch nicht gehabt haben und auch viele andere Katastrophen bisher nicht stattgefunden haben. Ich bin durchaus optimistisch, daß unsere Entwicklung doch in die positive Richtung geht. Allein die Architektur ist heute lichtvoller. Sehen Sie sich die Studierstuben und muffigen Wohnungen früherer Zeiten an. Daß es heute mehr Licht in den Gebäuden gibt, deutet für mich auch eine Anhebung des Bewußtseins an. Die einen erwarten den Weltuntergang, die anderen ein Goldenes Zeitalter. Ich denke, daß wir auch weiterhin ein Spiel der Kräfte auf der Erde haben werden. Viele Menschen hadern immer noch mit Gott, wie er denn all dieses Leid, den Hunger, die Kriege,

Krankheiten usw. zulassen könne. Dabei sind wir es, die mit unseren Gedanken und Taten diese Welt erschaffen.

Wenn man sich etwas von Gott wünscht, verhindern die eigenen Zweifel meistens die Erfüllung dieser Wünsche oder Gebete. Wenn man hingegen wirklich überzeugt ist, daß alles in Fülle zur Verfügung steht und Gott für das dankt, was er einem schenken wird, könne man so sicher sein wie Jesus, daß die Dinge, die er befielt, geschehen werden. In „Gespräche mit Gott" wird klar, daß wir, wenn wir etwas wünschen, es von uns fort stoßen. Jesus konnte Wunder vollbringen, weil er wußte, daß ihm alles zur Verfügung stand.

„Er kam nie auf den Gedanken, nicht dankbar zu sein, weil er nie auf den Gedanken kam, daß das, was er verkündete, nicht eintreten würde."

Wir in unserer modernen, westlichen Zivilisation müssen uns immer wieder selber überzeugen, daß genug da ist, und schaffen so riesige Einkaufszentren, die uns das Gefühl geben, daß man alles kaufen kann. Dabei haben wir das Vertrauen in die Natur, die uns alles im Überfluß bereit hält, verloren. Es ist das Geldsystem mit seinen Zinsen, das aus dem Überfluß eine Perversion der natürlichen Kreisläufe gemacht hat.

Und so haben wir beim Geld den Gedanken, daß es schlecht sei und daß nicht genügend da ist. Viele Menschen verhindern den Ausgleich, weil sie Angst haben. Sie nehmen zwar gerne Geld an, aber schieben das Bezahlen von Rechnungen gerne lange hinaus, um sich etwas „Luft zu schaffen", ohne zu ahnen, daß sie selber verhindern, daß es fließen kann. Nur, indem wir unser Denken ändern, können wir das ändern, was uns das Leben bereit hält.

Natürlich erinnern wir uns irgendwo in uns daran, daß es Welten gibt, in denen das Leben sehr viel mehr Freude und Leichtigkeit bietet, und finden es vielleicht ungerecht, daß wir in dieser Welt mit so vielen Problemen konfrontiert werden. Aber uns muß klar sein, daß wir viele dieser Probleme selber mit geschaffen haben. Es ist wirklich ein Segen, daß wir uns nicht an unsere früheren Leben erinnern, denn einiges, was wir getan haben, würde uns extrem belasten. Alle Energien, die aus der Quelle kommen, die uns zur Verfügung gestellt wurden und die wir mißbraucht haben, tragen unsere Signatur und kommen daher immer wieder zurück, um von uns erlöst zu werden. Wir können auf die unangenehmen Dinge, die uns zustoßen, aggressiv oder liebevoll reagieren. Wir können uns mit dem Nachbarn streiten, jedermann verklagen, über die Politiker wettern, unsere Wut an Gegenständen auslassen, oder wir können anerkennen, daß alles, was uns begegnet, eine Gelegenheit ist, etwas, was wir mißbraucht haben, wieder positiv zu qualifizieren, eine Gelegenheit, einen anderen Aspekt von Gott kennenzulernen, um Gott neu zu erfahren.

Wenn Sie wirklich glauben, daß diese Welt brutal und lieblos ist, sollten Sie sich weniger Filme wie „Das Schweigen der Lämmer" oder „Seven" ansehen. Nicht, daß es ein Gesetz dagegen gibt. Aber unsere Wahrnehmung der Welt wird heute zu einem großen Teil von Bildern aus dem Fernsehen bestimmt. D.h. wenn Sie die Welt in einem besseren Licht sehen wollen, sollten Sie sorgfältiger auswählen, was Sie sich „reinziehen". Ein paar Empfehlungen für Ihre Videothek: „Und täglich grüßt das Murmeltier", „Pleasantville", „Don Juan de Marco", für die weniger empfindlichen „Matrix" als Film über den Umgang mit Realität bzw. Illusion, „Staatsfeind Nummer 1", „Hinter dem Horizont". Es gibt viele Filme, in denen kleine oder große Wahrheiten elegant verpackt sind. Auch aus Hollywood kommen nachdenkenswerte Produktionen, die auch den Wandel des Bewußtseins der Menschen widerspiegeln.

Ein einfaches Gefühl der Liebe kann etwas befreien, was wir irgendwann einmal mißbraucht haben. Vielleicht ist es nicht einfach, jemanden zu lieben, dem man im Gerichtssaal gegenüber steht oder der einem beim Autokauf übers Ohr gehauen hat. Aber vielleicht gelingt es Ihnen jetzt im Moment einmal, sich auch an die „Knackpunkte" in Ihrem Leben zu erinnern und mit Freude daran zu denken, daß Sie jetzt gerade ein bißchen was befreien können, was Sie so lange belastet hat. Sicher, irgendwann holt uns der Alltag wieder ein, und manchmal geht uns der Hut hoch, nerven uns die Drängler oder Schleicher im Verkehr, das Finanzamt, der Computer oder die Anwälte. Aber vielleicht können Sie kurz einen Blick aus höherer Warte auf das alles werfen und mit dem nachsichtigen Lächeln des höheren Selbst das eine oder andere auflösen. Vielleicht scheint draußen die Sonne, und Sie gehen einfach hinaus, entdecken einen schönen Flecken in der Landschaft, den Sie noch nie beachtet haben, bedanken sich bei einem Baum, lächeln einer Katze zu oder schmusen mit der warmen Schnauze eines Pferdes. Vielleicht blicken Sie hinauf in den Himmel und werden sich bewußt, daß Sie in Ihrem Leben nicht ungerecht behandelt werden, sondern einfach nur die Chance bekommen haben, ein neues Leben anzufangen.

Vielleicht hilft Ihnen eine harmonische Musik, die Sie lange nicht mehr gehört haben, Ihren Geist zu beflügeln, vielleicht rufen Sie jemanden an, den Sie mögen und sagen etwas Nettes. Es gibt tausend Möglichkeiten, das Leben zu würdigen. Auch wenn Ihre Arbeit, Ihre Nachbarn oder Ihre Steuern nerven, bringen Sie Ihre Sachen in Ordnung, dann kommt bestimmt etwas Neues. Das Leben ist vielfältig. Es besteht nun mal nicht nur aus Sonnenschein und wunderschöner Landschaft. Es besteht auch aus dem Dreck, den wir liegengelassen haben.

Wenn Ihnen bewußt wäre, was Sie in früheren Leben alles verbrochen haben, würden Sie vielleicht sogar dankbar für Ihre jetzige Situation sein. Denn Sie haben die Fähigkeit, zu erkennen, daß es einen Grund für Ihr Hiersein gibt, daß nichts im Universum sinnlos ist, daß alles da ist, um neue Erfahrungen zu sammeln und daß alles erlaubt ist – mit dem Hintergedanken, daß uns die Verantwortung für unsere Gedanken oder Handlungen niemand abnimmt. Nehmen Sie jedes Problem, das Ihnen begegnet, als Gelegenheit, etwas besser zu machen. Wenn Sie mit Ihrem Schicksal hadern, weil Sie nicht die große Liebe finden, von der Sie träumen, denken Sie daran, daß Sie nicht zum Vergnügen hier sind, sondern um Ihre Sachen aufzuarbeiten. Und daß Sie Liebe geben müssen, um Liebe zu empfangen. Aber was machen wir meistens? Wir halten Liebe zurück. Wir haben unsere Verletzungen aus der Kindheit, die uns dazu gebracht haben, Liebe zurückzuhalten. Aber wir sind selten nur Opfer, wir sind auch Täter gewesen.

Die Liebe, von der wir träumen, ist das Höchste, was es gibt. Verdient haben wir sie erst dann, wenn wir mit anderen zusammen unsere früheren Fehlleistungen aufgelöst haben. Die Chance dafür ist da. Jetzt!

Gehen Sie hinaus in die Natur. Es regnet oder ist kalt und die Straßen sind grau und trostlos? Es ist Nacht und Sie müssen früh raus? Nun, Sie können das Leben lieben, wo immer Sie sind. Selbst trostlose, regnerische Straßen haben das Potential der Erinnerung an den Ursprung aller Energien. Alles ist aus der Substanz Gottes. Alles kann erlöst werden, einfach durch unsere Gedanken. Auch wenn wir es die meiste Zeit nicht schaffen, alles zu lieben. Versuchen Sie es, jetzt gleich. Und wenn es geht, morgen noch mal. Und übermorgen, und darüber hinaus...

Die Liebe aus der Quelle, aus der auch Sie stammen, ist da, jetzt und hier. Sie spüren Sie nicht? Nun, wir haben uns angewöhnt, trotzig wie kleine Kinder nach Liebe zu verlangen, obwohl sie immer da ist.

Wir wollen mehr, sind beleidigt, wenn uns jemand was tut, und sagen: „Der hat angefangen." Merken Sie, daß wir dieselben Spiele immer wieder spielen? Seit Millionen Jahren. Nicht vorstellbar? Doch, wir sind störrisch. Es dauert wirklich lange, bis wir lernen, mit unseren Schöpferenergien verantwortungsvoll umzugehen. Aber der Weg ist das Ziel. Auch die Fehlschläge können äußerst faszinierend sein.

Wenn Sie Gott immer noch für einen „Onkel" halten, der Ihnen vorschreibt, was Sie tun dürfen und was nicht, werden Sie es immer schwer haben. Wenn Sie sich für das verurteilen, was Ihnen Spaß macht, dann beschweren Sie sich nicht bei Gott, sondern bei Ihren Vorstellungen von ihm. Im Buch „Gespräche mit Gott" werden so manche Vorstellungen gerade gerückt. Z.B. warum wir so viele Schuldgefühle bei Sex haben, wo es uns doch eindeutig schöne Gefühle bereitet. *„Töte die Leidenschaft und Du tötest Gott. Leidenschaft ist Gott, der „hallo" sagen möchte."*

Das aber alles, weil wir als göttliche Wesen uns als außerhalb des Lichts erfahren wollten. Da man es kaum schöner erklären kann, darf ich wohl eine kleine Parabel aus „Gespräche mit Gott" zitieren.

Es war einmal eine Seele, die sich als das Licht erkannte. (...) in dem Reich, aus dem die Seele auftauchte, gab es nichts außer dem Licht. Jede Seele erstrahlte im Glanz meines ehrfurchtgebietenden Lichts. Inmitten des grandiosesten Lichts - von dem sie ein Teil war - konnte sie sich selbst nicht sehen und auch nicht erfahren, wer-und-was-sie-wirklich-ist.

Nun geschah es, daß diese Seele sich danach sehnte und verzehrte, sich selbst kennenzulernen. Und so groß war ihr Verlangen, daß ich eines Tages zu ihr sagte: „Weißt du, Kleines, was du tun mußt, um dein Verlangen zu befriedigen?" „Oh, was denn, Gott? Was? Ich werde alles tun!" sagte die kleine Seele.

„Du mußt dich vom Rest von uns trennen", gab ich zur Antwort, „und dann mußt du für dich die Finsternis herbeibeschwören."

„Was ist die Finsternis, o Heiligkeit?" fragte die kleine Seele.

„Das, was du nicht bist", erwiderte ich, und die Seele verstand. Und so entfernte sie sich von Allem und machte sich sogar in ein anderes Reich auf. Und in diesem Reich hatte die Seele die Macht, sämtliche möglichen Formen von Finsternis in ihre Erfahrung zu rufen. Und das tat sie auch. Doch inmitten all der Finsternis rief sie aus: „Vater, Vater, warum hast du mich verlassen?" So wie ihr das auch in euren dunkelsten Zeiten getan habt. Doch ich habe euch nie verlassen, son-

dern euch immer zur Seite gestanden, bereit, euch daran zu erinnern, wer-ihr-wirklich-seid; bereit, immer bereit, euch nach Hause zu rufen. Seid deshalb der Finsternis ein Licht und verflucht sie nicht.

Und nun gehen Sie hinaus, umarmen Sie einen Baum, lachen den Himmel an oder den Nächsten, der Ihnen begegnet. Oder stellen Sie sich vor den Spiegel und lieben sich. Aber nein, es gibt keine Regeln, wie man „richtig“ lebt. Nicht einmal Gott beurteilt unsere Taten. Wir haben in uns eine Institution, die weiß, ob etwas okay ist oder nicht. Wir lassen uns viel zu sehr ein schlechtes Gewissen machen durch etwas, was andere gesagt oder geschrieben haben.

Da gibt es die, die sagen, daß ich euch einen freien Willen gegeben habe, doch dieselben Leute behaupten, daß ich euch zur Hölle schicke, wenn ihr mir nicht gehorcht. Was für eine Art freier Wille ist denn das? Wird Gott dadurch nicht zum Gespött gemacht – von irgendeiner Art wahrhafter Beziehung zwischen uns ganz zu schweigen?

Das war wieder ein Zitat aus „Gespräche mit Gott“, das ich Ihnen als nächstes Buch wirklich ans Herz legen möchte.

Wir können es kaum fassen, daß Gott uns völlige Freiheit gegeben hat. Daß wir jede Erfahrung machen dürfen, die wir gerne machen möchten. Daß unsere Erfahrungen Teil der Erfahrungen Gottes sind. Daß Gott „sterben“ würde, wenn wir aufhören würden, Erfahrungen zu sammeln. Und daß es keinerlei neue Erfahrungen gäbe, wenn alles Licht wäre. Nur durch die Unterscheidung von der höchsten Quelle können wir uns als Lichtwesen erfahren, nur dadurch, daß wir in die Finsternis hinabsteigen konnten, um sie kennenzulernen.

Sie wählen eine Situation, z.B. daß Sie nicht ausgelastet und oft träge und faul sind, oder daß Sie zu viel zu tun haben oder zu wenig Geld oder zu viel - was auch immer - und dann haben Sie ein schlechtes Gewissen deswegen. Wenn Sie es genießen, sich mehrmals am Tag einfach hinzulegen, dann tun Sie es, und verurteilen sich nicht dafür. Sie denken, Sie müßten eigentlich doch eher was „tun“? Sie müssen gar nichts!

Hören Sie auf zu urteilen, auch über sich selbst. Es gibt keine Regeln. Warum fühlen Sie sich schlecht über Ihren Zustand? Warum denken Sie, daß Sie dieses oder jenes tun oder lassen sollten? Nun, das ist der Antrieb, der Sie am Leben erhält. Aber warum verurteilen Sie das, was Sie sich als Erfahrung ausgesucht haben?

Sie sehen eine schöne Frau oder einen schönen Mann, fühlen sich sexuell erregt, und vielleicht ergibt sich ein Augenblick der Zweisamkeit. Und dann fühlen Sie sich schlecht, weil Sie denken, daß Sie sich hätten enthalten sollen. Sie haben ein schlechtes Gewissen, weil es in unserer Welt tausend verschiedene Vorstellungen darüber gibt, wie man mit Sex umgehen sollte. Sex sollte es nicht ohne Liebe geben, Sie sollten Ihren niederen Begierden nicht nachgeben und so weiter und so fort. Wenn es ein schöner Augenblick war, warum glauben Sie dann, daß es aus Gottes sich „falsch" oder „schlecht" war? Warum meinen Sie, Sie müßten nun eine Beziehung eingehen, weil Sie sonst nur Ihren niederen Trieben nachgegeben hätten? Kann es niedere Triebe geben für einen Teil von Gott?

Sie sollten sich nur irgendwann als Göttliches Wesen erkennen, das Erfahrungen macht. Das die Wahl hat. Das sich mit seinen Gedanken die Realität um sich herum schafft. Das die Dinge anzieht, die es denkt, eben auch die Zweifel und Ängste. Verurteilen Sie sich und andere nicht dafür, daß Sie sich diese Realität geschaffen haben. Geben Sie Gott nicht die Schuld für etwas, das Sie tun und von dem Sie meinen, daß Sie es nicht tun sollten, oder für etwas, was Sie nicht tun, aber Ihrer Meinung nach doch tun sollten. Geben Sie nicht einem Teil von Gott Schuld für etwas, das Sie in Ihr Leben ziehen, indem Sie Ihre Aufmerksamkeit darauf richten. Verurteilen Sie sich nicht dafür, daß Sie diese oder jene Erfahrung machen, sondern übernehmen Sie die Verantwortung für Ihre Taten und Ihre Wahrnehmung der Realität.

Was für eine Realität haben Sie sich geschaffen? Nun, in diesem Augenblick haben Sie sich die Realität geschaffen, dieses Buch zu lesen. Wen wollen Sie dafür verurteilen? Sich selbst oder mich? Nun können Sie auf mich sauer sein, weil Sie vieles in diesem Buch für Quatsch halten oder dankbar sein für die spannende Lektüre. Sie können aber auch sehen, daß dieses Buch ein Teil von Allem-was-ist ist und daß Sie ein Teil davon sind. Daß Sie also dieses Buch mit geschaffen haben. Ohne daß jemand meine Bücher lesen wollte, wäre es nicht entstanden. Wer ist also der Schöpfer der Situation, in der Sie sich gerade befinden? Ich? Sie? Gott?

Es hätte genügen können, nur ein Buch über positive Dinge zu schreiben, aber mal ehrlich: hat es nicht auch eine gewisse Faszination, sich mit den Dingen zu befassen, die geheim sind, die nicht so positiv sind? Wenn wir sie lesen, haben wir dann nicht ein Gefühl in uns: Gottseidank bin ich an so etwas nicht beteiligt? Empfinden Sie ein bißchen Freude daran, neue Dinge zu entdecken? Ich schon!

Dieses Buch ist sicher keineswegs die Erfüllung aller Bücher, aber stellen Sie sich vor, es gäbe nur ein Buch, das alles enthält. Dann hätten Sie es in der Schule durchgenommen und Sie hätten jetzt nichts mehr zu lesen. Verstehen Sie? Die Welt ist so vielfältig, weil es faszinierend ist, Erfahrungen zu machen. Diese Erfahrungen sind nur möglich, weil wir uns im Moment nicht der völligen Einheit mit Allem-was-ist bewußt sind. Wären wir es, würde sofort alles Physische aufhören zu existieren. Also genießen Sie die Erlebnisse in Ihrem Leben, die Möglichkeiten, das Potential, ohne sich oder andere dafür zu verurteilen.

Was auch immer Sie tun; Die Erinnerung daran, daß Sie ein Teil von Gott sind, kann Ihnen nie wieder jemand wegnehmen.

Literaturverzeichnis

Bruderschaft des Bösen, David Icke, Kubiak Verlag, ISBN 3-9804767-2-3
Das Ende der Endzeit, Udo Brückmann, Ama Deus Verlag 3-9805733-8-9
Das Genie steckt in jedem, Walter Russel, Genius-Verlag ISBN 3-9806106-0-8
Der Mann, der AIDS erschuf, Christian Anders, Libri Books on Demand, ISBN 3-89811-440-6
Der Vertrag von Maastricht, J. Rothkranz, Pro Fide Catholica Verlag, ISBN 3-929170-36-1 / 37-X
Die Akte Jan van Helsing, Jan Udo Holey, Ama Deus Verlag, ISBN 3-9805733-9-7
Die apokalyptischen Reiter, Milton William Cooper, Edition Pandora, ISBN 3-89539-285-5
Die 13 satanischen Blutlinien, Robin de Ruiter, Pro Fide Catholoca Verlag, ISBN 3-932352-20-3
Die geheime Macht hinter den Zeugen Jehovas, Robin de Ruiter, Pro Fide Catholica Verlag, ISBN 3-929170-67-1
Die innere Welt, Jan Udo Holey, Ama-Deus Verlag, ISBN 3-9805733-1-1
Die Insider, Gary Allen. VAP-Verlag ISBN 3-922367-00-3
Die Pharma Story, Hans Ruesch, Hirthammer, ISBN 3-88721-027-1
Energie aus dem All, I.+A.Schneider, Jupiter-Verlag ISBN 3-906571-17-3
Erfolgsfaktor Liebe, K. Fuchs-Häseli, Pan Verlag ISBN 3-9521451-0-6
Erfolgsgeheimnisse der Natur, H. Haken rororo ISBN 3-499-19744-8
Geheimakte Gestapo-Müller I+II, Gregory Douglas, Druffel Verlag ISBN 3-8061-1104-9 und -1111-4
Geheimakte Mossad, Victor Ostrovsky, Goldmann, ISBN 3-442-12658-4
Geheimsache Mond, Ingo Swann, Kopp Verlag, ISBN 3-930219-29-8
Gespräche mit Gott, Neale D. Walsh, Goldmann ISBN 3-442-30737-6
Ich kam von der Venus, Omnec Onec, Myrddin Verlag, ISBN 3-930243-00-8
Kosmische Begegnung, Courtney Brown, Knaur TB ISBN 3-426-77269-8
Machtwechsel auf der Erde, Armin Risi, Govinda Verlag 3-906347-44-3
Mit Magnetismus heilen, A.van der Burg, MVG, ISBN 3-478-08560-8
Psychopolitik II, Michael Kent, Selbstverlag, e-mail: AutorKent@aol.com
666, Die Zahl des Tieres im Internet, Frank Sunn, Arkana Verlag
The Biggest Secret, David Icke, Bridge of Love, ISBN 0-9526147-6-6
The Holocaust Industry, Norman Finkelstein, Verso ISBN 1-85984-773-0

The Message from Water, M. Emoto, ISBN 4-939098-00-1,
zu beziehen bei J. Schweitzer, 40764 Langenfeld, Fax 0212-61947
Trau keinem Doktor, Dr. Robert S. Mendelsohn, Mahajiva Verlag,
ISBN 3-924845-22-0
Vermächtnis einer Neuen Medizin, Dr. Ryke Geerd Hamer
ISBN 84-930091-0-5
Wasser, die gesunde Lösung, F. Batmanghelidj, VAK-Verlag
ISBN 3-924077-83-5
Wyrd Positiv, Tom Graves, Neue Erde Verlag, ISBN 3-89060-414-5
Zaubergesang, Fosar/Bludorf, ISBN 3-7766202-4-2

Zeitschriften:

CO´MED, Zeitschrift für Complementär-Medizin, Postfach
65836 Sulzbach, Tel: 06196-574057 e-mail: verlag@comedverlag.de
Magazin 2000 *Plus*, Argo Publishing, Markt Oberdorf
Tel.: 08349-920440
Zeiten*Schrift*, Postfach, CH Rotkreuz, Schweiz: 041-7981198 oder
Postfach 1607 D 02606 Bautzen, Tel.:035930-55760 Fax: 55761

Buchhändler, die auch schwierig zu beschaffende Literatur besorgen:
Aldebaran Versand, Weißenburgstr. 10a, 50670 Köln, 0221-737000
Andromeda, Obere Schmiedgasse 37, 90403 Nürnberg, 0911-221046
Osiris-Buchversand, Alte Passauer Str. 28, 94513 Schönberg
Tel. 08552/91100

Video: Die NASA Akte, Ein Mann sucht die Wahrheit über die Mondlandung. Low Budget Spielfilm von und mit Jo Conrad, 78 Min. DM 35,-

Voraussichtlich erscheint demnächst eine CD-Rom mit weiterführenden Texten, Internetquellen, Videos, MP3-Musik und Fotos von Jo Conrad.

BIGNOSE MEDIA
Osterweder Str. 2a 27726 Worpswede Fax/AB: 04792-3537
e-mail: info@joconrad.de oder conradjo@web.de
Weitereführende Informationen und aktuelles: www.joconrad.de